八事山仏教シリーズ 1

『普賢行願讃』のテキスト資料

Bhadracarīpraṇidhāna Text Vol.1

周　夏【編】

八事山仏教文化研究所

発足の序

「八事山仏教文化研究所」発足にあたって

「伝灯」とは、法の灯を伝えることであります。法の灯とは過去から現在そして未来へと繋がる、更に「この世からあの世」、「微細なものから大宇宙」にまで広がる、命の灯であります。

「伝統」もまた信仰・思想・芸術・音楽など、更に家庭や地域の文化などの基軸であり、民族・社会の拠りどころでもありましょう。

しかし伝灯も伝統も、形や旧習を頑なに守ることだけではありません。いつの時代においても、時代文化の先端は前衛であり続けてきたといえるでしょう。

八事山興正寺においては、私が住職就任以来「令和の中興」を目標に掲げてシンプル、スモール、スローという３つのＳの中に霊性と神秘（スピリチュアリティ）の現成を求め続けてまいりました。真言密教における寺院活動・布教活動とは、まさに神秘性の顕現と加持力に依る衆生の救済に他なりません。加えて伝統行事・加持祈祷・先祖供養、教化活動の推進と地域文化や芸術・社会教育・社会福祉活動等への貢献が期されるところであります。

さて、この度興正寺では「八事山仏教文化研究所」を発足することとなりました。

伝灯も伝統も、そしてそこから生まれ来る前衛（アバンギャルド）も長い歴史観の中に護られてきたものでありますし、歴史文化の中に社会的豊穣を育みながら今日へと続いてきたものでもあります。八事山仏教文化研究所は、仏教を主軸とした歴史、民俗文化、信仰等を主題としながら、それらの源泉と変遷、更には東南アジアや中国その他の地域的特性や共通性または歴史観や歴史に及ぼした影響などを八事山興正寺に伝わる資料や歴史習俗、その他の資料を主な研究対象としながら、仏教学的、宗教学的、民俗学的、歴史学的、更には社会学的な手法を用いて考究していこうとする試みであります。

お寺には、長い歴史と貴重な宗教的・文化的遺構や文化財、その他の文物が多く伝わっています。それらの研究を進めることによってその宗教的、文化的、歴史的価値が高められ、次世代へと受け繋がれ、布いては地域文化の涵養と地域社会の人々の心の豊穣に貢献できますことを願っております。

幸い、所長は立川武蔵先生にお引き受けいただくこととなりました。立川先生は名古屋大学において長く仏教学の教授を勤められ、その後、国立民族学博物館教授、現在は名誉教授に就かれています。所員・研究員にはベテラン・若手を含め８名の方々にご参加いただく予定です。

また本年度事業として「普賢行願讃テキスト資料」の刊行を予定しております。

今日社会を俯瞰するとき、世界は新しい未知の社会へと突き進んでいるように感じられます。世界中が未知の混乱の只中にいるようにも感じられます。新しい社会への生みの苦しみを目の当たりにしているのかもしれません。

八事山仏教文化研究所が、過去の歴史文化を見据えながらも、これからの開け行く社会の法灯明としての役割を続けられますことを願って止みません。

合掌

2022 年 10 月 14 日

八事山興正寺　住職 西部法照

はしがき

日本の真言宗、浄土宗、禅宗などの僧侶は「我昔より造る所の諸の悪業は、みな無始の貪・瞋・痴に由る、身・口・意より生ずる所なり、一切、我今みな懺悔したてまつる。」（我昔所造諸悪業　皆由無始貪瞋痴　従身語意之所生　一切我今皆懺悔）の懺悔文を日常に唱えていますが、その出処となっているのは「普賢行願讃」と呼ばれる小さな経典です。

この経典は早くも3世紀に基本形ができており、後世に少しずつ膨らまされ、8世紀あたりに今日に近い形となってきました。名前で見られるように、この経典は容易に普賢菩薩と連想させられ、僧侶の中でも普賢菩薩をほめたたえる経典として重んじられてきました。

サンスクリット・テキストを最初に日本に持ってきたのは弘法大師空海です。空海の師の師である不空三蔵は8世紀中葉にこの経典を中国語に翻訳しました。原本のサンスクリット・テキストは恵果阿闍梨より空海大師を経由して日本に伝わってきて、もはや千三百あまりの歳月を経てきました。

普賢菩薩は文殊菩薩と対となって、大乗仏教代表経典の一つである『華厳経』の影響によって、慈悲と知恵の象徴でもありました。特に普賢菩薩は菩薩の行と願のもっともすぐれた実践をする尊格として多くの信仰を集めてきました。後世において普賢の行願は大乗菩薩の修行の指針として僧俗ともに親しまれてきました。そのあまねくすばらしい行願は中国において「十大行願」と名付けられ、仏を敬い、その功徳をほめたたえ、供養を広く修め、業障を深く懺悔し、功徳を随喜し、積み重ねた功徳を衆生に振り向けるなどのような内容のものからなります。それらはやがて大乗菩薩の究極とされ、中国や日本の仏教においても相当大きな影響を与えています。また、それは浄土思想を推進するものとして浄土を崇める方々にも受持されてきました。

八事山仏教文化研究所の創立に際して、貴重な仏教文献を世に披露することができました。八事山興正寺の西部住職が発心して、八事山仏教文化研究所を建立し、我々の研究を世に公開できるステージを提供してくださったことに深く感謝します。仏教、とりわけ真言密教は古い伝統を抱えながら現代社会に貢献しており、このように今後も大いに活躍できると堅い信念をもって研究所を発足させたことに大変感謝しております。

恩師立川武蔵に御礼を申し上げます。長年にわたってご教示を承っておりますが、無礼に物事を申し上げても、寛大に許してくださり、感謝の念にたえません。本書は恩師の指導の下で完成が成し遂げられました。

また、仏教資料文庫の相生山徳林寺の高岡秀暢長老に感謝の意を申し上げます。これまでの多大なご尽力で蒐集したネパールサンスクリット文献の掲載を快く認めてくださいました。仏教資料文庫が 1970 年代に成立して以来、古文献の保存、保護に地道に力を注いでおられたことに敬意を表します。

2008 年に私がネパールのアーシャー・アーカイヴズ（Āśā Saphū Kuthi）に資料蒐集に赴いた際、多大な協力をしてくださったバッタチャリヤ・マニック氏（ドイツ・ハイデルベルク大学研究員）にも感謝を申し上げます。現地に滞在している間、オートバイクに乗せていただき、パタン市からカトマンズ市まで一日何回も往復しました。炎天下でとても疲れましたが、忘れ難い愉快な思い出でした。

サンスクリットの文献・資料は他の言語に比べて、扱いに諸注意が必要であったかと思いますが、出版を受けてくださった出版社あるむのみなさんに心より御礼を申し上げる次第です。

本書が「普賢行願」を研究される方々の一助となれば幸いです。

2022 年 9 月
周夏　撈月齋にて

もくじ

序

賢行願と普賢行願讃

混淆仏教サンスクリットで書かれた *Bhadracarīpraṇidhāna* は大乗菩薩の「賢行願」（bhadracaryāpraṇidhāna）をほめたたえる賛歌であり、修行者のためのすぐれた修行内容を提示するものでもある。「賢」のサンスクリットである bhadra は「称賛すべき」、「巧みな」を意味する。そもそも「賢」という漢字の原義は白川［1994: 265］によれば「祭祀において神意にかなうような多才な」意味をなしている。また、bhadra の漢訳には「効能がある」、「機能する」との意が含まれているように考えられる。したがって、平たく言えば bhadracaryā は「あらゆる場合においても効果のある行い」と解釈されるべきであろう。日本において「賢行願」は「普賢行願讃」として知られているが、それは経典自身が普賢菩薩と深く関わっており、普賢菩薩のサンスクリットは samantabhadra であるため、それにちなみ、タイトルの bhadracarīpraṇidhāna に samanta を付け加えて、「普賢行願」として広められたからである。

中村［2003: 131］は『賢行願』が西暦３世紀以前に編成されたと推測している。『賢行願』のテキストには 40 巻『華厳経』（以下『四十華厳』）のサンスクリット・テキストとされる *Gaṇḍavyūha* の最後に付されるものと独立した経典として扱われるものの２種類がある。[1]中国漢伝仏教の伝統においては、それが『四十華厳』の末尾に見られるゆえに『賢行願』が『華厳経』と深くかかわっているとされてきた。『賢行願』を含む『四十華厳』の第 40 章のみに対する華厳宗第四祖澄観の註釈（疏）と第五祖宗密（780〜841）の復註釈（鈔）を合わせて刊行したのは『華厳経普賢行願品別行疏鈔』（卍続 229、以下『疏鈔』）と呼ばれている。『疏鈔』において、澄観は「西域において、『賢行願』は略された『華厳経』であり、『華厳経』は詳説された『賢行願』である」（故西域相傳云普賢行願讃為略華嚴經大方廣佛華嚴經為廣普賢行願讃。卍続巻 5・253c）と述べている。

---

1 厳密にいうと *Gaṇḍavyūha* と四十巻『華厳経』のサンスクリット・テキストとは異なる。テキストの異同に関しては周［2010a］を参照されたい。

『賢行願』の内容は『四十華厳』の最終章に現れる普賢菩薩が語った「十大行願」（あるいは「十大誓願」）としてまとめられていると後世の中国の註釈者たちが考えている。「十大行願」とは『四十華厳』において普賢菩薩が自ら説いたものとされている。もっとも、周［2010a］はこの「十大行願」は中国にて最終の形が整ってきたとの説を立てているが、中国、朝鮮においてそれは華厳思想を総括したものとして、日本において浄土思想を推進したものとしても重要視されている。

サンスクリット・テキストについて

従来『賢行願』のサンスクリット・テキストは南伝と北伝の両系統がある。北伝たるものはネパール、チベット系に属し、『四十華厳』の最終章に付け加えられたものを指している。一方、南伝たるものは、南インドから不空三蔵によって伝えられ、独立の経典としたものを指している。また、不空三蔵のテキストの最後に「速疾満普賢行願陀羅尼」との真言も付加され、当時の密教僧の日課に入れられ、毎日唱えられていたと考えられる。[2]

日本にある『賢行願』のサンスクリット・テキストはかなり多い。泉芳璟は南伝本を「日本伝本」[3]と呼んでおり、村下［1970: 68-70］もその説に従い、日本に少なくとも五度将来されているといっている。『大正新脩大蔵経』（以下『大正蔵』）の目録部にそれらの名が載せられている。

- 空海将来本　普賢行願讃一巻（五紙）
- 円珍将来本　梵字普賢菩薩行願讃一本
- 恵運将来本　普賢行願讃一巻（梵本普賢行願讃一巻、文殊行觀讃、梵漢普賢行願讃一巻）
- 円行将来本　梵字普賢菩薩行願讃一巻（梵漢兩字相對）
- 円仁将来本　梵漢對譯普賢行願讃一巻（唐梵兩字普賢菩薩讃一本）

空海、円珍、恵運、円行、円仁の将来本の中、空海本のみが慈雲尊者飲光

---

2 岩崎［1997］参照

3 泉［1929: 160-161］参照。

のもとに帰属され、1767年、慈雲はその古本に基づいての梵本及び漢訳の対照研究を行った。現存する慈雲尊者が編著した『梵学津梁』の中には「普賢行願讃」に関するものが20部あまり見られる。それらは皆南伝の系統に帰せられ、密教系の単独経典として流布してきた。なお、南伝系の『賢行願』のサンスクリット・テキストは日本のみに伝わっていることについて再度念を押したい。『梵学津梁』に収録されるテキストの中、不空の翻訳本に見られる「速疾満普賢行願陀羅尼」真言のサンスクリットも幾本のものに載せられており、大変貴重なものと評価できる。

校訂サンスクリット・テキストとして刊行されたものは、早くも1902年に渡辺海旭が慈雲本、ネパール写本、チベット訳本を比較、整理し、ドイツのライプティヒからロイマン博士の独訳を附して刊行した。次に1929年、泉芳璟は『大谷学報』に東京大学の蔵本を底本とし、京都大学の蔵本によって校訂を加え、主要なる3つの漢訳（仏駄跋陀羅訳、不空訳、般若訳）ならびに和訳を掲載した。また、小島通正は伊勢天台真盛派西来寺にある宗淵の書写本のサンスクリットと不空の訳を対照し、『天台学報』にてテキストを発表した。さらに、より正確なサンスクリット本を提供する目的で、足利惇氏は1988年慈雲本を底本にし、京都大学に所蔵される3つの写本を対校したものを再度、「普賢菩薩行願讃の梵本」と題して論文を発表した。

その他、白石真道、P.L. Vaidya, Sushama Devi の比較対象テキストとしての刊行本もある。1958年出版された Sushama Devi のテキストは梵、蔵、漢の対照テキストである。それは Śatapiṭaka Indo-Asian Literatures Vol. 4 とされ、タイトルは *Samantabhadracaryāpraṇidhānarāja* としている。テキストは主に慈雲本を参考にしたが、作者は慈雲の解読および仏駄跋陀羅、不空、般若の漢訳を並べた上、自ら作成した chāyā（標準サンスクリットに直したもの）も加えており、原文の混淆サンスクリットをより理解しやすくした。校訂サンスクリット・テキストを整理すると、次のとおりである。

- Watanabe Kaikyoku
  1912　“Die Bhadracrī,” eine Probe buddhaschi-religioser Lyrik, untersucht und herausgegeben, Laipzig.
- 泉　芳璟

1929　「梵文普賢行願讃」『大谷学報』10(2): 152-208.

- Sushama Devi

  1958　*Samantabhadracaryāpraṇidhānarāja*, Śatapiṭaka Vol.4, New Delhi: International Academy of Indian Culture.

- P.L. Vaidya

  1960　*Gaṇḍavyūhasūtra*, Buddhist Sanskrit Texts-No.5, Darbhanga: The Mithila Institute of Post-Graduate Studies and Research in Sanskrit Learning.

- 白石　真道

  1962　"Bhadracarī ein Sanskrittext des heiligen Jiun. Abdruckim Jahre 1783,"『山梨大学学芸学部研究報告』13.

- 小島　通正

  1975　「日本梵語学史の研究—宗淵書写本中に見える普賢行願讃について—」『天台学報』18: 71-89.

- 足利　惇氏

  1988　「普賢菩薩行願讃の梵本」『足利惇氏著作集　第二巻　インド学』東海大学出版会、59-78.

現在、ネパールに伝わる写本にも一見、２種類があり、単行経典とされているものと *Gaṇḍavyūha* を末尾に付されているものとがある。しかし、単行経典の内容を見るとその冒頭に「その時、普賢菩薩摩訶薩、このように（atha khalu samantabhadro bodhisattvo mahāsattvaḥ, evam eva）」云々と記されているため、それはあくまでも *Gaṇḍavyūha* より抽出されて流布したものであると判断でき、北伝の系統に帰せることができる。

翻訳テキストについて

概説　『賢行願』の主な翻訳として漢訳および蔵訳のものがある。その他、モンゴル語、西夏語やコータン語訳なども伝わっている。『賢行願』は多種の言語によって訳されたことより、当時かなり多くの地域において普及していたことが推知できる。もっとも、注意すべきなのは漢訳以外その他の言語に訳されたものはことごとく北伝の系統に従属し、『華厳経』に付着されるものとして知られていることである。

漢訳　『賢行願』の漢訳について、次の５つのものが挙げられる。

(1) 420年　『文殊師利発願経』仏駄跋陀羅訳（大正蔵296）

(2) 8世紀後半　『普賢菩薩行願王経』失訳（大正蔵2907）

(3) 8世紀後半　『大方廣佛花厳経普賢菩薩行願王品』失訳（大正蔵2908）

(4) 753年　『普賢菩薩行願讃』不空訳（大正蔵297）

(5) 795年　『普賢廣大願王清浄偈』般若訳（大正蔵293）

訳出時代順に沿ってこれら漢訳について紹介する。

- 文殊師利発願経

  『文殊師利発願経』はわずか44偈からなり、これまで知られている中で、最も偈文数が少なく、最も古い訳である。それの基とされるサンスクリット・テキストは未だ発見されていないが、最古の姿を呈していることはいうまでもない。訳者の仏駄跋陀羅は60巻『華厳経』（以下『六十華厳』）の翻訳も務めたが、『文殊師利発願経』は『六十華厳』に見られないことから、当時の『六十華厳』のサンスクリット底本において『賢行願』はまだ収録されていなかったと推知できる。原典サンスクリット・テキストは法領が于闐国（コータン）から請来したものである。[4]コータンは『華厳経』が編纂される場所とされる説もあるが、該当経典が訳された当時はまだ『華厳経』と結び付けられていなかったと思われる。

- 敦煌訳本

  (2)の『普賢菩薩行願王経』と(3)の『大方廣佛花厳経普賢菩薩行願王品』はともに敦煌で発見されたものであり、『大正蔵』の第85巻に収録されている。その中で、『普賢菩薩行願王経』の写本は大英博物館および北京図書館において所蔵されており、中国仏教研究者の陳垣が著した『敦煌劫余録』において、それらは唐の訳であると言われてい

[4] 文殊師利発願経一巻。晋元熙二年歳在庚申於道場寺出。（中略）右十部凡六十七巻。晋安帝時天竺禅師仏駄跋陀羅至江東及宋初於廬山及京都訳出。（大正蔵巻55, 11c）

る。ただし、『大正蔵』に見られる翻訳はそれほど多くの写本との校訂が行われていなかったため、数箇所の誤植が見られる。

『大正蔵』に収録されている『普賢菩薩行願王経』は敦煌出土のスタイン蒐集本 S2361 を底本とし、同じく S2324 をもって対校してあり、また『大方廣佛花厳経普賢菩薩行願王品』は S2384 のみを参考にしている。また、三万点を超える敦煌写本の中に他の仏駄跋陀羅、不空、般若の訳本は一つも見つからない。そのことは敦煌写本に帰せられる両経の写本が敦煌地域にのみ伝承されたという事実をもの語っている。[5]この二部の経典に共通している特徴は偈文の数が同じく 60 であり、偈順が南伝本とまったく一致している。しかし、現在流布しているサンスクリット・テキストの第 61、62 偈に相当するものはない。それに関係する四大家（龍樹、陳那、厳賢、世親）の註疏[6]に書かれた分科も 60 の偈文を基準にして整理されている。井ノ口［1982: 26］は敦煌本の二訳が、吐蕃支配時期の敦煌において、チベット語訳『賢行願』より翻訳されたと推定している。

- 不空の訳本

唐不空が訳した『普賢菩薩行願讃』の梵本は不空本人が師子国（今日のスリランカ）から持ってきたもので、天宝 12 年（西暦 753 年）開元寺において訳されたという。不空の訳文の順番は前に言及したサンスクリット・テキストの Vaidya 本にもっとも相似している。また、不空訳の最後に「速疾滿普賢行願陀羅尼」が付されており、「毎日『普賢菩薩行願讃』を唱えた後で、ただちにこの真言を 1 回唱えると、普賢の行願はことごとく円満され、三摩地人は即座に三昧をえることができ、福徳および智慧の二の荘厳も現前し、堅固たる法を獲得し、成

---

5 井ノ口［1982: 24］参照。

6 インド註疏に関しては、龍樹、陳那、釈友、厳賢、世親の五つが伝えられている。いずれもサンスクリット本がなく、チベット訳のみが残されており、チベット大蔵経の丹殊爾の諸経疏部および雑部に収録されている。四大家の註疏についての論文は月輪［1971: 486-514］の「普賢行願讃の註疏（竜樹・世親・陳那・厳賢）に就て」がある。

就することがすばやく実現できる」（毎日誦普賢菩薩行願讃後。即誦此真言纔誦一遍。普賢行願悉皆圓滿。三摩地人速得三昧。現前福徳智慧二種莊嚴。獲堅固法速疾成就。大正蔵巻 10・881c）との文句も記されている。したがって、当時では『賢行願』を読誦することは毎日の修行内容の一環とされたことが分かる。

慈雲尊者の『梵学津梁』に悉曇文字で記されているサンスクリット・テキストの最後に、同様に真言が付されるものもみられ、それらが不空の系統を受け継いでいることを物語っている。このようなテキストは今日伝わっている多くのものの中では唯一のものである。

- 般若の訳本

不空の後、『賢行願』は再び般若によって訳された。『四十華厳』の最後に書かれた後記によると、本経の梵本は烏荼国（今日インドオリッサ州に所属）国王が貞元 11 年（西暦 795 年）に献上したものであると分かる。[7]般若の『賢行願』は独立した経典ではなく、『四十華厳』の最後尾に付している「普賢廣大願王清浄偈」とされるものであった。それは今日伝わっている北伝写本と同じ系統に属しているように見える。一方、般若の訳文の偈頌の数は不空訳と同じ 62 であるが、偈順は不空訳と大いに異なっている。それは、漢訳の際に「十大行願」の内容に合わせて調整されたものと考えられる。[8]

チベット語訳　サンスクリット・テキストと同様にチベット語訳にも２種のものがあり、独立した経典と 80 巻『華厳経』（以下『八十華厳』）に準ずるチベット語訳『華厳経』に付されたものとがある。チベット語訳『華厳経』は漢訳の『八十華厳』に近いが、完全に一致しているとは言えない。漢訳の「入法界品」に相当するチベット語訳の部分の末尾において gaṇḍavyūha のチベット語直訳である sdong pos brgyan pa（茎荘厳）との訳名が与えられている。特

---

7 南天竺国烏荼国。深信最勝善逝法者。修行最勝大乗行者吉祥自在作清浄師子王上献摩訶支那大唐国大吉祥天子大自在師子中。大王手自書写大方廣佛華厳経百千偈中所説善財童子親近承事佛刹極微塵数善知識行中五十五聖者善知識入不思議解脱境界普賢行願品謹奉進上。（大正蔵巻 10, 848b）

8 詳細な偈順対照についての情報は周［2010a］の論文にて掲載されている。

に、『六十華厳』、『八十華厳』の「入法界品」には『賢行願』の訳文がないのに対して、チベット語訳『華厳経』の最後には『四十華厳』や、*Gaṇḍavyūha* と同様にそれの翻訳が見られる。

独立したものは『西蔵大蔵経』の「雑部」、「経疏部」や「秘密部」に収録されている。このような同一の経典が多岐にわたって異なる部類に収録されるのはかなり稀である。また「経疏部」においてインドで撰述され、そしてチベット語に訳された『賢行願』の注釈書も５本および備忘録１本が収録されており、次に提示しているとおりである。

(1) *'Phags pa bzang po spyod pa'i smon lam gyi rgyal po chen po'i bshad sbyar*（聖普賢行願大王会疏、東北 4011、大谷 5512）Klu sgrub（龍樹）作、Thig le bum pa, Blo ldan shes rab 訳

(2) *Kun tu bzang po'i smon lam gyi don kun bsdus pa*（普賢行願義攝、東北 4012、大谷 5513）Phyogs kyi glang po（陳那）作

(3) *'Phags pa bzang po spyod pa'i smon lam gyi rgyal pa'i rgya cher 'grel pa*（聖普賢行願王廣註、東北 4013、大谷 5514）Śākya'i bshes gnyen（釈友）作、Śākyasiṃha, dPal brtsegs 訳

(4) *'Phags pa bzang po spyod pa'i smon lam gyi rgyal pa'i rgya cher 'grel pa*（聖普賢行願王廣註、東北 4014、大谷 5515）rGyan bzang po（厳賢）作、Jñānagarbha, dPal brtsegs rakṣita 訳

(5) *'Phags pa bzang po spyod pa'i smon lam gyi 'grel pa*（聖賢行願註、東北 4015、大谷 5516）Dbyig gnyen（世親）作、Ananta, Bhadrapāla 訳

(6) *bZang spyod kyi 'grel pa bshi'i don bsdus nas brjed byang du byas pa*（普）賢行四註攝義備忘録、東北 4359、大谷 5846）Ye shes sde 作

上述６本の中で、サンスクリットからの蔵訳と思われる(1)から(5)までは「諸経疏部」に収められており、(4)の備忘録は「雑部」に収められている。前に言及したように、敦煌写本の二つは 60 偈によって構成されている。蔵訳五疏の中、釈友作に 62 偈の解釈が書かれているほか、龍樹、陳那、厳賢、世親作も 60 偈に対する解釈が収録されている。また、Ye shes sde の備忘録に世親の註釈が言及されていないので、Ye shes sde が備忘録を著す際に、世親作と伝わる註疏が翻訳されていなかったことと推定できる。

サンスクリット写本

現存の北伝系のテキストは全部ネパールにて見つかったものである。一方、南伝系に属すもののほとんどは日本、とりわけ、慈雲尊者の『梵学津梁』に収録されている。その他、前述したように宗淵が書写したものなどもあるが、それは慈雲写本の系統に帰せることができるといえよう。

ネパール系統のものは東京大学や京都大学などに所蔵される入手が便宜なものについては割愛する。本書では主に３つの場所より北伝系のサンスクリット写本を蒐集した。

- 名古屋博物館に所蔵される *Gaṇḍavyūha* 写本によるもの
  分類番号 860 整理番号 1-43『華厳経』「入法界品」ガンダヴューハ
- 仏教資料文庫に所蔵される 15 部のものから代表的なもの
  Gaṇḍavyūha
  GH2, DH359
  Bhadracarī (-mahā-) praṇidhāna
  CA2-5, CH289, DH7, DH47, DH96, DH101, DH267, DH280-1, 2, 3
- ネパールのアーシャー・アーカイヴズ（Āśā Saphū Kuthi）に所蔵される多数の中から選んだ代表的なもの
  Bhadracarīpraṇidhāna
  2709, 2710, 2773, 2835, 2836, 3277, 6571

なお、写本をより識読しやすくするため、代表的なものとして足利氏のローマ字表記及び不空による漢訳の対照テキストを最初に掲載した。該当テキストは『足利惇氏著作集』に収録されるもの[9]であり、南伝本、北伝本共に参考して、校訂したものである。

[9]『足利惇氏著作集　第二巻　インド学』東海大学出版会。前掲の「サンスクリット・テキストについて」参照。

参考文献

大正: 『大正新脩大蔵経目録　改定新版』大正新脩大蔵経刊行会、1979(1969)。

　『出三藏記集』梁釋僧祐（大正 2145）

　『大方廣佛華嚴經』般若訳（大正 293）

　『普賢菩薩行願讃』不空訳（大正 297）

卍続: 卍新纂續藏經

　『華嚴經行願品疏鈔』澄觀疏、宗密鈔（卍続 229）

井ノ口泰淳

　1978　「普賢行願讃考（一）」『龍谷大学論集』412: 35-50。

　1982　「普賢行願讃考（二）」『龍谷大学論集』420: 23-33。

岩崎日出男

　1997　「不空三蔵と『普賢行願讃』」『華厳学論集』大蔵出版、365-378。

周　夏

　2010a　「*Bhadracarīpraṇidhāna* と「十大行願」」『東海仏教』55: 79-94。

　2010b　「普賢行願思想の形成―「七支供養」と「十大行願」―」『比較思想研究』（別冊）36: 21-24。

白川　静

　1994　『字統　普及版』平凡社。

真保龍敞

　1984　「三十帖策子所見梵文普賢行願讃断簡攷」『牧尾良海博士頌寿記念論集中国の宗教・思想と科学』国書刊行会、231-242。

月輪賢隆

　1971　「普賢行願讃の註疏（竜樹・世親・陳那・厳賢）に就て」『仏典の批判的研究』百華苑、486-514。

中御門敬教

　2004　「普賢十大願、浄土思想、科文を介した〈普賢行願讃〉理解―『四十華厳』巻四十を参照して―」『浄土宗学研究』(30): 1-40。

2006　「阿弥陀仏信仰の展開を支えた仏典の研究（１）―陳那、釈友、智軍の〈普賢行願讃〉理解七支供養の章（1-7 章）―」『浄土宗学研究』(32): 1-60。

中村　元

2003　『現代語訳　大乗仏典５『華厳経』『楞伽経』』東京書籍。

村下奎全

1970　「普賢菩薩行願讃研究文献備忘」『東海仏教』16: 68-78。

梵漢対照テキスト

普賢菩薩行願讃の梵本

唐の不空金剛（Amoghavajra）三藏の漢譯した普賢菩薩行願讃（*Bhadracaryāpraṇidhāna-gāthāḥ）の梵本は，元來，讃歌（stotra）の書として寫本によつて昔から傳つていたのであるが，さきに渡邊海旭氏はこの原文について校訂を行い，その定本を普賢菩薩行願讃の全般にわたる研究に加うるに氏の師であるロイマン（Leumann）博士の飜譯を附して上梓せられた（K. Watanabe: Die BHADRACARĪ, eine Probe buddhistisch-religiöser Lyrik, untersucht und herausgegeben, Leipzig, 1912)。氏はこの校訂梵本の作成にあたつて，ケムブリッヂ大學本（Bendall: 'Catalogue of the Buddhist Sanskrit Manuscripts of Cambridge' の中に在り），ネパール・カートゥマーンドゥのドゥルバル（Durbar）本，並びに同一偈頌の存在している華嚴經入法界品（Gaṇḍavyūha）については，ロンドンとケムブリッヂ及びランチャ（Lañca）文字で書いた當時のセント・ピータースブルグ（現在のレニングラード）の諸本を擧げ，なおわが國所傳のこの讃歌に關する六種本を參考した校合本である慈雲尊者の「普賢行願讃」によつたことを明らかにしている。原文は以上の諸本の變形を一々對照して末尾に附し，その異同を示して研究者の便益に資している。しかし，氏のこの勞作は今日においては甚だ稀覯書に屬し，容易にこれを求め難いのは極めて遺憾である。

普賢菩薩行願讃の梵語の標題は，通常 'samantabhadra-' の 'samanta-' を省略して單に 'bhadra' を用いている。すなわち，ネパール本では 'Ārya-bhadracarī-(mahā-)praṇidhāna-rāja' 慈雲本では 'Bhadracarī-nāmārya-samanta-bhadra-praṇidhānaṁ' また他に 'Ārya-samantacaryā-praṇidhāna-rāja' の形によつて現わされている。最後の標題はチベット本にあるもので，そこでは 'carī' に對して正形の 'caryā' が示されている。現存の梵本は系統的に南北兩傳ありとせられ，北傳はネパール系のもので，西紀十世紀中葉頃に書かれたものが最古と考えられている。華嚴經入法界品の最後の偈頌はこれとよく一致している。ただし，人の知る如く，漢譯華嚴經でこの偈頌の存在しているのは，般若（Prajñā）譯のいわゆる四十華嚴經に限り，その末尾にある七言四句五十二頌の普賢廣大願王清淨偈に相當し，そこには多少の短い散文が附隨しているのが注意せられる。わが國の慈雲本は南傳系のものとせられ，西紀六乃至八世紀頃の南印度やセイロン地方の密教的佛教者の間に行われていたものと考えられている。不空三藏の漢譯普賢菩薩行願讃は，七言四句六十二頌から成り，いわゆる普賢菩薩の十大願を骨子としてその行者の無量壽佛信仰の利益獲得を述べているが，この偈頌は元來そのまま獨立して行われていたものと一般に考えられている。四十華嚴經の偈頌は，內容的には不空譯の讃歌の第四十六頌以下九頌と第五十五頌以下六頌とが前後して居り多少の不一致が見られる。普賢菩薩行願讃において普賢菩薩と文殊菩薩の智慧によつて善根を回向して普賢行をなし得る記事は，同じ內容について東晉の佛陀跋陀羅（Buddhabhadra，覺賢）譯の五言四句四十四より成るこの偈頌の標題をして文殊師利發願經（*Mañjuçrī-praṇidhāna-sūtra）と稱せしめたが，その名稱は必ずしも不相應と云うわけではない。

本篇所載の梵本は，いわゆる南傳系と見られる不空三藏の漢譯に相當する慈雲本を底本とし，能う限り正確を期するために，わが京都大學梵語學梵文學硏究室所藏の以下に述べる三本を參考として校訂を行つたものである。かつ末尾の注においてこれら三本における異同を併記することにより斯學者の參考に供することにした。

(1) Ārya-bhadracarī-mahāpraṇidhāna-ratna-rāja（*AB*）紙，七葉

(2) Gaṇḍavyūha（K_1）紙，521葉b，第5行から525葉b，第1行に到る部分。

(3) Gaṇḍavyūha（K_2）紙，395葉a，第5行から397葉b，第8行に到る部分。

最初の Ārya-bhadracarī-mahāpraṇidhāna-ratna-rāja は聖普賢行大願寶王經とも譯すべきもので，この經典は，かの偈頌の前文として

oṁ namaḥ samantabhadrāya(ḥ). atha khalu samantabhadro bodhisatvamahāsatvaḥ etān eva lokadhātu-paraṁparān abhilāpyān abhilāpya buddhakṣetraparamān rajaḥsamāṁ kalpāṇa kalpuparasarān abhidyotayamāno bhuyasyā mātrayā gāthābhi gitena praṇidhānam akārṣīt.

(atha khalu 以下の文は K_1, K_2, 共に大體一致している)

またその後文として,

āryabhadracarīmahāpraṇidhānaratnarājaṁ samāptam iti. çubham. ye dharmmāhetuprabhāvāhetus teṣā tathāgatasya vada teṣāṁ caribodha evaṁ vādi mahāçramaṇaṁ.

が讀まれる。この後文の個所について慈雲本は 'bhadracarīnāmāryasamantabhadrapraṇidhānaṁ samaptaṁ' と結び, 更にこの普賢菩薩行願讚を念ぜんと欲し, また念じ終つた時に誦すべき眞言を書き添えている。

偈頌の韻律は dodhaka (— ◡ ◡ | — ◡ ◡ | — ◡ ◡ | — ⏓) であり, 相當に嚴守せられている。特に注意すべきは, 綴字で「子音＋半母音＋短母音」は殆んど「子音＋短母音」として見られ, 從つてかかる綴字の直前の短母音は一般の梵語詩形におけるように長くなる (guru) ことはない。例えば, kli-, cya-, tri-, dra-, dvi-, dhra-, pra-, vra-, sva- (cf. Pal. ki-, ca-, ti-, da-, du-, dha-, pa-, va-, sa-) の如きである。また, kṣ- (cf. Pal. kh-), jñ- (cf. Pal. ñ-), sth- (cf. Pal. ṭh-) も同様に取扱われている。韻律の上だけから見れば, 普賢菩薩行願讚はもともと現存のものより一層甚だしい俗語形のものであつて, それが佛教梵語形に整理せられたものと考えられる。

本稿においてその梵文作成にあたつては, 韻律法を常に念頭に置きつつ正形に近ずかんと努めたことは云うまでもない。しかし, 一方において梵本の原形の毀損を恐れ, 寫本によく見る r 音の後における子音重複 (例, sarvva, dharmma) や子音重複に半母音の附加している綴字における子音脱落 (例, satva<sattva, chatra<chattra) の諸形は, 敢えてそのままこれを踏襲することにした。また, 原文の異同については, 既出の研究室所藏本についてのみ示すことにした。

(1)所有十方世界中	yāvata(1) keci(2) daçad-diçi(3) loke
一切三世人師子	sarvva-triyadhva(4)-gatā nara-siṁhāḥ
我今禮彼盡無餘	tān ahu(5) vandami sarvvi(6) açeṣān(7)
皆以清淨身口意	kāyatu(8) vāca(9) manena prasannaḥ(10)
(2)身如刹土微塵數	kṣetra-rajopama-kāya-pramāṇaiḥ(1)
一切如來我悉禮	sarvva-jināna(2) karomi praṇāmaṁ(3)
皆以心意對諸佛	sarvva-jinābhimukhena(4) manena
以此普賢行願力	bhadracarī(5)-praṇidhāna-balena(6)
(3)於一塵端如塵佛	eka-rajogri(1) rajopama(2)-buddhān(3)
諸佛佛子坐其中	buddha-sutāna(4) niṣaṇṇaku(5) madhye(6)
如是法界盡無餘	evam açeṣata dharmmata(7)-dhātuṁ
我信諸佛悉充滿	sarvv'adhimucyami(8) pūrṇṇa jinebhiḥ(9)
(4)於彼無盡功德海	teṣu ca akṣaya-varṇṇa-samudrā(1)
以諸音聲功德海	sarvva(2)-svarāṁga(3)-samudra(4)-rutebhiḥ
闡揚如來功德時	sarvva(5)-jināna guṇān(6) bhaṇamānas(7)
我常讃歎諸善逝	tān(8) sugatā(9) stavamī(10) ahu sarvvān(11)
(5)以勝花鬘及塗香	puṣpa-varebhi(1) ca mālya-varebhiḥ(2)
及以伎樂勝傘蓋	vādya(3)-vilepana(4)-chatra(5)-varebhiḥ(6)
一切嚴具皆殊勝	sarvva(7)-vi(8)çiṣṭa(9)-viyūha-varebhiḥ(10)
我悉供養諸如來	pūjana teṣu(11) jināna(12) karomi(13)
(6)以勝衣服及諸香	vastra-varebhi(1) ca gandha-varebhiḥ(2)
末香積聚如須彌	cūrṇṇa-puṭebhi(3) ca meru-samebhiḥ(4)
殊勝燈明及燒香	dīpa(5)-varebhi ca dhūpa-varebhiḥ
我悉供養諸如來	pūjana teṣu jināna(6) karomi(7)
(7)所有無上廣大供	yāva(1) anuttara-pūja(2)-udārā
我悉勝解諸如來	tān adhimucyami sarvva-jinānāṁ(3)
以普賢行勝解力	bhadracarī(4)-adhimukti-balena
我禮供養諸如來	vandami pūjayamī(5) jina-sarvvān(6)

(8)我曾所作衆罪業	[1]yac ca [2]kṛtaṁ mayi [3]pāpu [4]bhaveyyā
皆由貪欲瞋恚癡	[5]rāgatu dveṣatu [6]moha-vaçena
由身口意亦如是	kāyatu vāca manena tathaiva
我皆陳説於一切	[7]taṃ [8]pratideçayamī ahu [9]sarvvam
(9)所有十方群生福	[1]yac ca [2]daçad-diçi [3]puṇya [4]jagasya
有學無學辟支佛	çaikṣa-[5]açaikṣa-pratyeka[6]jinānāṁ
及諸佛子諸如來	buddha-sutān'atha sarvva-[7]jinānāṁ
我皆隨喜咸一切	[8]taṁ [9]anumodayamī ahu [10]sarvvam
(10)所有十方世間燈	yac ca [1]daçad-diçi-loka-pradīpā
以證菩提得無染	bodhi [2]vibudhya [3]asaṁgata [4]prāptāḥ
我今勸請諸世尊	tān ahu [5]sarvvi [6]adhyeṣami nāthāṁ
轉於無上妙法輪	[7]cakru-[8]anuttaru-[9]varttanatāyai
(11)所有欲現涅槃者	ye pi ca [1]nirvṛti [2]darçatu-kāmās
我皆於彼合掌請	tān [3]abhiyācami prāñjali-bhūtaḥ
唯願久住刹塵劫	kṣetra-rajopama-[4]kalpa [5]sthihantu
爲諸群生利安樂	[6]sarvva-jagasya hitāya sukhāya
(12)禮拜供養及陳罪	vandana-pūjana-deçanatāya[1]
隨喜功德及勸請	[2]modana'dhyeṣaṇa-vācanatāya
我所積集諸功德	yac ca [3]çubhaṁ mayi [4]saṁcitu [5]kiṁcit
悉皆廻向於菩提	[6]bodhayi [7]nāmayamī ahu [8]sarvvaṁ
(13)於諸如來我修學	[1]sarvva-[2]jināna'nuçikṣayamāṇo[3]
圓滿普賢行願時	[4]bhadracarīṁ paripūrayamāṇaḥ
願我供養過去佛	pūjita [5]bhontu atītaku-buddhā
所有現住十方世	ye ca [6]dhriyanti [7]daçad-diçi-loke
(14)所有未來速願成	[1]ye ca anāgata te [2]laghu bhontu
意願圓滿證菩提	pūrṇṇa-manoratha-bodhi-[3]vibuddhāḥ
所有十方諸刹土	[4]yāvata [5]keci [6]daçad-diçi [7]kṣetrās
願皆廣大咸清淨	te pariçuddha [8]bhavantu [9]udārāḥ

(15)諸佛咸詣覺樹王	bodhi-drumendra-gatebhi[1] jinebhi[2]
諸佛子等皆充滿	buddha-sutebhi[3] ca bhontu prapūrṇṇāḥ[4]
所有十方諸衆生	yāvata keci daçad[5]-diçi satvās
願皆安樂無衆患	te sukhitāḥ[6] sada bhontu arogāḥ[7]
(16)一切群生獲法利	sarvva[1]-jagasya ca dharmmiku[2] artho[3]
願得隨順如意心	bhotu pradakṣiṇu[4] ṛdhyatu āçā[5]
我當菩提修行時	bodhi-cariṁ[6] ca ahaṁ[7] caramāṇo
於諸趣中憶宿命	bhāvi[8] jati[9]-smaru sarvva[10]-gatīṣu
(17)若諸生中爲生滅	sarvassu[1] jātiṣu[2] cyutty[3]-upapatti
我皆常當爲出家	pravrajito[4] ahu nityu[5] bhaveyyā[6]
戒行無垢恒清淨	çīla[7]-carī[8] vimalā[9] pariçuddhā[10]
常行無缺無孔隙	nityam akhaṇḍa[11] achidra[12] careyaṁ
(18)天語龍語夜叉語	deva-rutebhi ca nāga rutebhir[1]
鳩槃荼語及人語	yakṣa-kumbhāṇḍa[2]-manuṣya-rutebhiḥ
所有一切群生語	yāni ca sarvva-jagasya[3] rutāni
皆以諸音而說法	srvva[4]-ruteṣv ahu deçayi dharmmaṁ
(19)妙波羅蜜常加行	peçalu[1]-pāramitāsv abhiyukto
不於菩提心生迷	bodhiyi[2] cittu[3] ma jātu vimuhyet
所有衆罪及障礙	ye pi ca pāpaku āvaraṇīyās
悉皆滅盡無有餘	teṣu parikṣayu[4] bhotu[5] açeṣaṁ[6]
(20)於業煩惱及魔境	karmmatu[1] kleçatu māra-pathāto[2]
世閒道中得解脱	loka-gatīṣu vimuktu[3] careyaṁ[4]
猶如蓮華不著水	padma yathā salilena[5] aliptaḥ
亦如日年不著空	sūryya[6]-çaçī gagane[7] va asaktaḥ[8]
(21)諸惡趣苦願寂靜	sarvvi[1] apāya-dukhāṁ[2] praçamanto
一切群生令安樂	sarvva[3]-jagaṁ sukhi[4] sthāpayamāno[5]
於諸群生行利益	sarvva[6]-jagasya hitāya[7] careyaṁ
及至十方諸刹土	yāvata[8] kṣetra-pathā[9] daça[10] tāsu[11]

(22)常行隨順諸衆生　satva[1]-cariṁ anuvarttayamāno[2]
菩提妙行令圓滿　bodhi-cariṁ paripūrayamāṇaḥ[3]
普賢行願我修習　bhadracariṁ[4] ca prabhāvayamānaḥ
我於未來劫修行　sarvvi[5] anāgata-kalpa careyaṁ
(23)所有共我同行者　ye ca sabhāgata mama[§] caryāye[1]
共彼常得咸聚會　tebhi[2] samāgamu nityu bhaveyyā[3]
於身口業及意業　kāyatu vācatu cetanato[4] vā
同一行願而修習　eka-cari-praṇidhāna[5] careyaṁ[6]
(24)所有善友益我者　ye pi ca mitra[1] mamā[2] hita-kāmā
爲我示現普賢行　bhadracarīya[3] nidarçayitāraḥ[4]
共彼常得而聚會　tebhi samāgamu nityu[5] bhaveyyā[6]
於彼皆得無厭心　tāṁç[7] ca ahaṁ na[8] virāgayi[9] jātu[10]
(25)常得而見諸如來　saṁmukha[1] nityum[2] ahaṁ[3] jina paçye[4]
與諸佛子共圍繞　buddha-sutebhi[5] parīvṛtu[6] nāthān[7]
於彼皆興廣供養　teṣu ca pūja kareya udārāṁ[8]
皆於未來劫無倦　sarvvi[9] anāgata-kalpam[10] akhinnaṁ[11]
(26)常持諸佛微妙法　dhārayamāṇu[1] jināna sadharmmaṁ[2]
皆令光顯菩提行　bodhi-cariṁ paridīpayamānaḥ
咸皆清淨普賢行　bhadracariṁ[3] ca viçodhayamānaḥ
皆於未來劫修行　sarvvi[4] anāgata-kalpa careyaṁ
(27)於諸有中流轉時　sarvva-bhaveṣu[1] ca saṁsaramāṇaḥ[2]
福德智慧得無盡　puṇyatu jñānatu[3] akṣaya prāptaḥ[4]
般若方便定解脱　prajña[5]-upāya-samādhi-vimokṣaiḥ
獲得無盡功德藏　sarvva[6]-guṇair[7] bhavi akṣaya[8]-koçaḥ
(28)如一塵端如塵刹　eka-rajāgri[1] rajopama-kṣetrāṁ[2]
彼中佛刹不思議　tatra ca kṣetri[3] acintiya[4]-buddhān
佛及佛子坐其中　buddha-sutāna niṣaṇṇaku[5] madhye
常見菩提勝妙行　paçyiya[6] bodhi-cariṁ[7] caramāṇaḥ[8]

(29)如是無量一切方	evam açeṣata sarvva-diçāsu[1]
於一毛端三世量	vāla[2]-patheṣu triyadhva-pramāṇāṁ[3]
佛海及與刹土海	buddha-samudra tha[4] kṣetra-samudrā[5]
我入修行諸劫海	otari[6] cārika-kalpa-samudrān[7]
(30)於一音聲功德海	eka-svarāṅga[1]-samudra-ruteṣu
一切如來清淨聲	sarvva-jināna[2] svarāṅga[3]-viçuddhiṁ[4]
一切群生意樂音	sarvva-jagasya[5][6] yathāçaya[7]-ghoṣaṁ[8]
常皆得入佛辯才	buddha-sarasvatim[9] otari[10] nityaṁ
(31)於彼無盡音聲中	teṣu ca akṣaya-ghoṣa-ruteṣu
一切三世諸如來	sarvva-triyadhva[1]-gatāna jinānāṁ
當轉理趣妙輪時	cakra-nayaṁ[2] parivarttayamāno
以我慧力普能入	buddhi-balena ahaṁ[3] praviçeyaṁ
(32)以一刹那諸未來	eka-kṣaṇena anāgata-sarvvān[1]
我入未來一切劫	kalpa-praveça[2] ahaṁ praviçeyaṁ
三世所有無量劫	ye[3] pi ca kalpa-triyadhva-pramāṇās[4]
刹那能入俱胝劫	tāṁ[5] kṣaṇa-koṭi-praviṣṭa careyaṁ
(33)所有三世人師子	ye ca triyadhva-gatā nara-siṁhās[1]
以一刹那我咸見	tān ahu paçyiya[2] eka-kṣaṇena
於彼境界常得入	teṣu[3] ca gocarim[4] otari nityaṁ
如幻解脱行威力	māya-gatena vimokṣa-balena
(34)所有三世妙嚴刹	ye[1] ca triyadhva-sukṣetra[2]-viyūhās[3]
能現出生一塵端	tān[4][5] abhinirhari eka-rajāgre
如是無盡諸方所	evam açeṣata sarvva-diçāsu[6]
能入諸佛嚴刹土	otari kṣetra-viyūha jinānāṁ
(35)所有未來世間燈	ye ca anāgata-loka-pradīpās
彼皆覺悟轉法輪	teṣu vibudhyana[1] cakra-pravṛttim[2]
示現涅槃究竟寂	nirvṛti[3]-darçana niṣṭha[4]-praçāntiṁ[5]
我皆往詣於世尊	tān ahu sarvvy[6] upasaṁkrami[7] nāthān

(36)以神足力普迅疾　ṛddhi-balena samanta-javena
以乘威力普遍門　yāna[1]-balena samanta[2]-mukhena
以行威力等功德　caryya[3]-balena samanta-guṇena
以慈威力普遍行　maitra[4]-balena samanta-gatena
(37)以福威力普端嚴　puṇya[1]-balena samanta[2]-çubhena[3]
以智威力無著行　jñāna[4]-balena asaṅga[5]-gatena
般若方便等持力　prajña-upāya[6]-samādhi[7]-balena
菩提威力皆積集　bodhi-balaṁ samudānayamānaḥ
(38)皆於業力而淸淨　karmma-balaṁ pariçodhayamānaḥ
我今摧滅煩惱力　kleça-balaṁ parimardayamānaḥ
悉能降伏魔羅力　māra-balaṁ abalaṁ[1] karamāṇaḥ[2]
圓滿普賢一切力　pūrayi bhadracarī-bala[3]-sarvvāṁ
(39)普令淸淨刹土海　kṣetra-samudra viçodhayamānaḥ
普能解脱衆生海　satva-samudra vimocayamānaḥ
悉能觀察諸法海　dharmma[1]-samudra vipaçyayamānaḥ[2]
及以得源於智海　jñāna-samudra vigāhayamānaḥ
(40)普令行海咸淸淨　caryya[1]-samudra viçodhayamānaḥ
又令願海咸圓滿　praṇidhi-samudra[2] pūrayamāṇaḥ[3]
諸佛海會咸供養　buddha-samudra prapūjayamānaḥ
普賢行劫無疲倦　kalpa-samudra careyam akhinnaḥ[4]
(41)所有三世諸如來　ye ca triyadhva-gatāna jinānāṁ
菩提行願衆差別　bodhi-cari[1]-praṇidhāna-viçeṣāḥ
願我圓滿悉無餘　tān ahu pūrayi sarvvi[2] açeṣāṁ
以普賢行悟菩提　bhadracarīya[3] vibudhyiya[4] bodhiṁ
(42)諸佛如來有長子　jyeṣṭhaku yaḥ sutu sarvva[1]-jinānāṁ
彼名號曰普賢尊　yasya ca nāma samantata-bhadraḥ
皆以彼慧同妙行　tasya viduṣya sabhāga-carīye[2]
廻向一切諸善根　nāmayamī[3] kuçalaṁ imu sarvvaṁ[4]

68

(43)身口意業願清淨	kāyatu vāca manasya viçuddhiç
諸行清淨刹土淨	caryya[1]-viçuddhy atha[2] kṣetra-viçuddhiḥ
如彼智慧普賢名	yādṛça nāmana bhadra-viduṣya[3]
願我於今盡同彼	tādṛça bhotu[4] samaṁ mama tena
(44)普賢行願普端嚴	bhadracarīya[1] samanta[2]-çubhāya
我行曼殊室利行	mañjuçirī-praṇidhāna careyaṁ
於諸未來刧無倦	sarvvi[3] anāgata-kalpa akhinnaḥ
一切圓滿作無餘	pūrayi tāṁ kriya sarvvi[4] açeṣāṁ[5]
(45)所須勝行無能量	no[1] ca pramāṇu[2] bhaveyya[3] carīye[4]
所有功德不可量	no[5] ca pramāṇu[6] bhaveyya[7] guṇānāṁ
無量修行而住已	apramāṇu[8] cariyāya[9] sthihitvā
盡知一切彼神通	jānayi sarvvi[10] vikurvvitu[11] teṣāṁ
(46)乃至虛空得究竟	yāvata[1] niṣṭha[2] nabhasya bhaveyyā[3]
衆生無餘究竟然	satva[4] açeṣata niṣṭha tathaiva
及業煩惱乃至盡	karmmatu[5] kleçatu[6] yāvata niṣṭhā[7]
乃至我願亦皆盡	tāvata[8] niṣṭha mama[9] praṇidhānaṁ[10]
(47)若有十方無邊刹	ye[1] ca daçad-diçi kṣetra anantān[2]
以寳莊嚴施諸佛	ratna-alaṁkṛta[3] dadyu[4] jinānāṁ
天妙人民勝安樂	divyu ca[5] mānuṣa saukhya viçiṣṭan[6]
如刹微塵刧捨施	kṣetra-rajopama-kalpa dadeyaṁ[7]
(48)若人於此勝願王	yaç[1] ca imaṁ pariṇāmana[2] rājaṁ
一聞能生勝解心	çrutva[3] sakṛj[4] janayed[5] adhimuktiṁ[6]
於勝菩提求渴仰	bodhi-varām[7] anuprārthayamāno[8]
獲得殊勝前福聚	agru[9] viçiṣṭa bhaved imu[10] puṇyaṁ[11]
(49)彼得遠離諸惡趣	varjita[1] tena bhavanti apāyā[2]
彼皆遠離諸惡友	varjita[3] tena bhavanti kumitrāḥ[4]
速疾得見無量壽	kṣipru[5] sa[6] paçyati[7] taṁ[8] amitābhaṁ[9]
唯憶普賢勝行願	paçy'imu[10] bhadracarī[11]-praṇidānaṁ[12]

(50)得大利益勝壽命	lābha su[1]-labdha su-jīvitu[2] teṣāṁ
善來爲此人生命	svāgatu[3] te imu[4] mānuṣa janma
如彼普賢大菩薩	yādṛça so hi samantata-bhadras
彼人不久當獲得	te pi tathā na[5]-cireṇa[6] bhavanti
(51)所作罪業五無閒	pāpaku pañca[1] anantariyāṇi[2]
由無智慧而所作	yena ajñāna-vaçena[3] kṛtāni
彼誦普賢行願時	so[4] imu[5] bhadracarīṁ[6] bhaṇamānaḥ[7]
速疾銷滅得無餘	kṣipru[8] parikṣayu bhoti[9] açeṣaṁ
(52)智慧容色及相好	jñānatu rūpatu lakṣaṇatiç ca
族姓品類得成就	varṇṇatu[1] gotratu[2] bhotir[3] upetaḥ
於魔外道得難摧	tīrthika[4]-māra-gaṇebhir adhṛṣyaḥ
常於三界得供養	pūjitu[5] bhoti[6] sa[7] sarvva[8]-triloke
(53)速疾往詣菩提樹	kṣipru[1] sa[2] gacchati bodhi-drumendraṁ
到彼坐已利有情	gatva niṣīdati[3] satva-hitāya
覺悟菩提轉法輪	budhyati[4] bodhi-pravarttayi cakraṁ
摧伏魔羅并營從	darṣayi māru[5] sa-sainyaku sarvvaṁ[6]
(54)若有持此普賢願	yo[1] imu[2] bhadracarī-praṇidhānaṁ[3]
讀誦受持及演說	dhārayi vācayi deçayito[4] vā
如來具知得果報	buddha vijānati yatra[5] vipāko[6]
得勝菩提勿生疑	bodhi-viçeṣta[7] ma kāṁkṣa[8] janetha[9]
(55)如妙吉祥勇猛智	mañjuçirī yatha[1] jānati[2] çūraḥ
亦如普賢如是智	so ca samantata[3]-bhadra tathaiva[4]
我當習學於彼時	teṣu[5] ahaṁ anuçikṣayamāṇo[6]
一切善根悉廻向	nāmayamī kuçalaṁ imu[7] sarvvaṁ[8]
(56)一切三世諸如來	sarvva[1]-triyadhva-gatebhi jinebhir[2]
以此廻向殊勝願	yā[3] pariṇāmana[4] varṇṇitu[5] agrā[6]
我皆一切諸善根	tāya[7] ahaṁ kuçalaṁ[8] imu[9] sarvvaṁ[10]
悉已廻向普賢行	nāmayamī[11] vara[12]-bhadracarīye

(57)當於臨終捨壽時	kāla-kriyāṁ[1] ca ahaṁ karamāṇo[2]
一切業障皆得轉	āvaraṇān[3] vinivarttiya[4] sarvvāṁ[5]
親覩得見無量光	saṁmukha[6] paçyiya[7] taṁ[8] amitābhaṁ
速往彼刹極樂界	taṁ[9] ca sukhāvatī[10]-kṣetra[11] vrajeyaṁ[12]
(58)得到於彼此勝願	tatra gataya imi[1] praṇidhānāṁ[2]
悉皆現前得具足	āmukhi[3] sarvvi[4] bhaveyyu[5] samagrāḥ
我當圓滿皆無餘	tāṁç[6] ca ahaṁ paripūrya[7] açeṣāṁ
衆生利益於世間	satva[8]-hitaṁ kari yāvata loke
(59)於彼佛會甚端嚴	tarhi[1] jina-maṇḍali[2] çobhani[3] ramye[4]
生於殊勝蓮華中	padma-vare[5] rucire upapannaḥ
於彼獲得受記莂	vyākaraṇaṁ ahu tatra labheyyā[6]
親對無量光如來	saṁmukhato amitābha-jinasya
(60)於彼獲得受記已	vyākaraṇaṁ[1] pratilabhya[2] ca tasmin[3]
變化倶胝無量種	nirmita[4]-koṭi-çatebhir anekaiḥ
廣作有情諸利樂	satva-hitāni bahūny[5] ahu kuryyā[6]
十方世界以慧力	dikṣu daçasv[7] api budhi[8]-balena
(61)若人誦持普賢願	bhadracarī[1]-praṇidhāna[2] paṭhitvā[3]
所有善根而積集	yat kuçalaṁ mayi saṁcitu[4] kiṁcit[5]
以一刹那得如願	eka-kṣaṇena samṛdhyatu sarvvaṁ[6]
以此群生獲勝願	tena jagasya çubhaṁ[7] praṇidhānaṁ[8]
(62)我獲得此普賢行	bhadracariṁ pariṇāmya[1] yad āptaṁ
殊勝無量福德聚	puṇyam anantam[2] atīva[3] viçiṣṭaṁ
所有群生溺惡習	tena jagad[4] vyasanaugha-nimagnaṁ
皆往無量光佛宮	yatv amitābha-puriṁ[5] varam eva

註

(1) (1) yāvat *AB*, K_1, K_2, (2) kecit *AB*, kecid K_1, K_2, (3) daçadiçi *AB*, K_1, K_2 (4) sarvatridhva- K_1, (5) abhivande ha *AB*, (6) sarvva- *AB*, K_2, sa-

rva K_1, (7) açeṣāṁ K_2, (8) kāyika *AB*, (9) vāṅmanasaḥ *AB*, (10) praçann eva *AB*,

(2) (1) praṇāmaiḥ *AB*, pranāmaiḥ K_1, K_2, (2) sarva-jināṁ *AB*, (3) praṇāmaḥ *AB*, pranāmāṁ K_2, (4) sarva- K_1, (5) bhadra-cariṁ *AB*, bhadracarīṁ K_1, bhadracari- K_2, (6) -vareṇa K_2,

(3) (1) rajogra- *AB*, -rajāgri K_1, K_2, (2) rajoṣama K_2, (3) -buddhā K_1, K_2, (4) -sutān *AB*, (5) niṣaṇṇuku K_1, (6) mārdhye K_1, K_2, (7) dharma- *AB*, K_1, dharmma- K_2, (8) sarvadhimucyami *AB*, sarve dhimucyami K_1, sarvaidhimucyami K_2, (9) jinābhiḥ K_1, K_2,

(4) (1) -samudrān K_2, (2) sarva- K_1, (3) -svarāṅga K_2, (4) samuddra K_2, (5) sarva- K_1, (6) guṇām K_1, guṇāṁ K_2, (7) bhanamānas *AB*, K_1, (8) tāṁ K_1, K_2, (9) sugatāṁ K_1, K_2, (10) stavami *AB*, K_1, stavemi K_2 (11) sarvān *AB*, asarvāṁ K_1,

(5) (1) balebhi *AB*, (2) balebhir *AB*, varebhi K_1, varebhir K_2, (3) vāgya K_2, (4) balepana *AB*, (5) cchatra *AB*, K_1, K_2, (6) balebhiḥ *AB*, (7) (5)第三行の代りに(6)第三行が來る。*AB*, (8) sarva *AB*, K_1, (9) viçiṣiṣṭa *AB*, (10) balebhiḥ *AB*, (11) tepu? K_2, (12) jinān *AB*, (13) karomiḥ K_1, karoti K_2,

(6) (1) -balepi *AB*, (2) -balebhiḥ *AB*, varebhi K_1, varebhiç K_2, (3) puṭebhiç K_1, K_2, (4) samabhiḥ K_2, (5) (6)第三行は(5)第三行と代る。*AB*, (6) niṣaṇṇa na *AB*, (7) karomiḥ K_1,

(7) (1) yā ca *AB*, K_1, (2) -pūna *AB*, (3) sarva- *AB*, K_1, (4) bhadracariṁ *AB*, bhadracari- K_1, (5) pūjayāmi *AB*, (6) -sarvān *AB*,

(8) (1) ye K_1, (2) kṛtam K_2, (3) pāpa *AB*, (4) bhaveyā *AB*, K_1, K_2, (5) rāga K_1, (6) -vasena *AB*, (7) taṁ 缺 *AB*, (8) pratideçayāmi *AB*, prāptamayamā K_2, (9) sarvān *AB*, sarvā K_1, sarvvān K_2,

(9) (1) yaç ca *AB*, ec ca K_1, (2) daça-diçi *AB*, K_1, K_2, (3) puṁṇya K_1, (4) jagata *AB*, (5) çekṣāçekṣa *AB*, açaikṣa 缺 K_1, (6) -jinānām *AB*, (7) sarva- *AB*, K_1, (8) tāṁ K_1, K_2, (9) anumodayimī *AB*, (10) sarvān *AB*, K_1, sarvvān K_2,

⑽ (1) daça-diçi AB, K_1, K_2, ⑵ vibuddhye K_1, vibuddhya K_2, ⑶ asaṅgata K_2, ⑷ prāptaḥ K_1, ⑸ sarva- AB, saṛvi K_1, ⑹ adhyaṣami AB, ⑺ yac ca AB, cakra- K_1, ⑻ anuttara- AB, K_1, K_2, ⑼ varttanatāyaiḥ AB,

⑾ (1) nivṛtu K_1, K_2, ⑵ kāyās AB, ⑶ ahu AB, ⑷ -rajoṣama K_2, ⑸ thihaṁtu AB, sthihetu K_1, ⑹ sarva-jagatasya AB, sarva-jagasya K_1,

⑿ (1) -tāyā AB, K_1, ⑵ anumodana-dheṣaṇa-yācanatāyā AB, anumodanādhya-ṣaṇatvāya K_1, anumodanādhyeṣaṇa-yācanatāyā K_2, ⑶ subhaṁ K_2, ⑷ sa-ṁcita AB, ⑸ kiṁcicchit K_1, kiñcit K_2, ⑹ bodhi pi AB, ⑺ nāmayagī (mī ?) AB, ⑻ sarvaṁ AB, K_1,

⒀ (1) ⒀第一行第二行缺 AB, K_1, K_2, 不空譯は慈雲本と一致す。 ⑵ sarvajin-āna K_1, ⑶ -çikṣayamāno K_1, ⑷ -cariṁ K_1, -cari K_2, ⑸ bhoṁtu AB, ⑹ dṛyaṁti AB, dhriyaṁti K_1 ⑺ daça-diçi AB, K_1,

⒁ (1) yac K_1, ⑵ samu AB, ⑶ vṛddhāḥ AB, vibuddhā K_2, ⑷ yāvat AB, yāvada K_1, ⑸ kecid AB, ⑹ daça-diçi AB, K_1, ⑺ kṣetrā K_2 ⑻ bhavaṁtu AB, ⑼ udārā K_2

⒂ (1) -gatebhir AB, ⑵ jinebhir AB, ⑶ -tebhi より㉑第二行 sthā まで缺 AB, ⑷ prapūrṇṇaḥ K_1, prapūrṇṇa K_2, ⑸ daça-diçi K_1 ⑹ suṣitā K_1, sukhitā K_2, ⑺ agārāḥ K_1,

⒃ (1) sarva- K_1, ⑵ dharmiku K_1, ⑶ a(r)tho K_1, ⑷ pradakṣiṇa K_1, K_2, ⑸ āsā K_1, ⑹ carīṁ K_1, cariñ K_2, ⑺ ahañ K_2, ⑻ bhavi K_1, ⑼ jāti- K_1, K_2, ⑽ sarva- K_1,

⒄ (1) sarvasu K_1, ⑵ janmasu K_1, K_2, ⑶ nyaty- K_1, cyu(ttyu) K_2, ⑷ pravajito K_1, ⑸ nitya K_1, ⑹ bhaveyā K_1, ⑺ ⒄第二行の後に⒀第一行第二行が來る。 K_1, K_2, ⑻ -cariṁ K_1, ⑼ vimalīṁ K_1, ⑽ pariçuddhāṁ K_1, ⑾ akhaṇḍam K_1, K_2, ⑿ acchidra K_1, K_2,

⒅ (1) rutebhi K_1, ⑵ kustāṇḍa K_1 § 韻律上 kubhaṇda と讀むべし。 cf. Pkt. kubhaṁda, Pal. kumbhaṇḍa, Skt. kumbhāṇḍa ⑶ sarva-rutāni jagasya K_1, sarvva-rutāni jagasya K_2, ⑷ teṣu sarva-ruteṣv K_1, K_2,

⒆ (1) ye khalu K_1, K_2, ⑵ bodhayi K_2, ⑶ citta K_2, ⑷ parīkṣayu K_1, ⑸ bhontu K_1, ⑹ açeṣāṁ K_1, K_2,

(20) (1) karmatu K_1, (2) māra-pa(thā)to K_1, (3) vimukti K_1, K_2, (4) caraṁ K_1, carayaṁ K_2, (5) çalilena K_2, (6) sūrya K_1, (7) gagana K_2, (8) açaktaḥ K_1,

(21) (1) sarva K_1, (2) duḥkhā K_1, (3) sarva- K_1, (4) sukhī K_2, (5) -mānaḥ AB, K_2, (6) sarva- K_1, (7) hitāya の前に te AB, (8) yāvat AB, (9) kṣatra K_1, (10) yathā AB, (11) diçisutāsuçu AB, diça tāsu K_1, hiçutāsu K_2,

(22) (1) sarvva-carim K_2, (2) anuvarttayamāna AB, anuvarttayamānāḥ K_1, atra varttayamāno K_2, (3) paripūrayamānaḥ K_2, (4) bhadracariñ K_2, (5) sarva AB, K_1,

(23) § 韻律上 *māma と讀むべし。 = mahya (1) (ca)ryāye AB, caryyāye K_2, (2) tebhiḥ AB, (3) bhaveyā AB, K_1, (4) catanato K_2, (5) eka-valiṁ AB, eka-cariṁ K_1, (6) carayaṁ K_2,

(24) (1) mitrā AB, K_1, (2) mamṛ? K_2 § 韻律上 mamā と讀むべし。 cf. B.H.S. p. 109. 20, 12, (3) bhadracariṁ ya AB, bhadracarīyaṁ K_1, (4) nidarçayitānuḥ AB, darçayitāraḥ K_1, nidarçayitānaḥ K_2, (5) nitya K_1, (6) bhaveyā AB, K_1, (7) ta ce AB, (8) ahaṁ nna AB, (9) virāgayituṁ AB, (10) jātuṁ K_1,

(25) (1) sanmukha AB, (2) nityam K_1, K_2, (3) ahu K_2, (4) pasya AB, paçe K_1, (5) buddha-kṣatra AB, (6) parivivṛta AB, parivṛta K_1, parivṛtta K_2, (7) nāthāṁ K_1, K_2, (8) udārāḥ AB, u(dā)rāṁ K_1, (9) sarvva AB, sarvi K_1, (10) kalpi- K_1, K_2, (11) aniṣaṇṇaṁ AB,

(26) (1) dhārayamāna AB, dhārayamānu K_2, (2) sarvaṁ dharmma AB, sadharmaṁ K_1, saddharmma K_2, (3) bhadrariñ K_2, (4) sarva AB, sarvi K_1,

(27) (1) sarva- AB, (2) saṁsaramānuṁ AB, (3) jñānatu 缺 K_2, (4) -prāptāḥ AB, -prāptā K_1 (5) prajñā AB, K_1, K_2, (6) sarva AB, K_1, (7) guṇai K_1, (8) akṣayaḥ K_1,

(28) (1) -rajāgra AB, (2) kṣetrās AB, kṣetrān K_1, K_2, (3) kṣatri K_1, (4) aciṁtiya K_1, (5) sutāni K_1, K_2, (6) paçciye? AB, (7) bodhi-cariñ AB, K_2, bodhiṁ cariṁ K_1, (8) caramāna AB, caramānaḥ K_1,

(29) (1) sarva AB, K_1, (2) vālu- K_2, (3) pramāṇān AB, (4) pi AB, K_2,

vi K_1, (5) kṣetrasamudrān AB, kṣatra-samudrān K_1, -samudrā の後に kṣetra-samudrān を更に附加す。K_2, (6) ottari AB, ātari K_1, (7) samudrā K_1, samudrāṁ K_2,

(30) (1) svarāṁga AB, K_1, svarāṅga K_2, (2) sarva AB, K_1, (3) svarāṁga AB, K_1, svarāṅga K_2, (4) -viçuddhaṁ AB, viçuddhi K_2, (5) sarva AB, (6) sarvajināna K_1, K_2, (7) yathāsaya K_1, (8) ghoṣān K_1, K_2, (9) sa(ra)svatāṁ K_1, (10) ottori AB,

(31) (1) sarva- AB, K_1, (2) -maliṁ AB, (3) aham K_2,

(32) (1) kalpāṁ K_1, K_2 (2) -praveça ahaṁ 缺 K_1, (3) e K_1, (4) -pramāṁṇās K_1, pramānās K_2, (5) tāṁ K_1, tā K_2,

(33) (1) -siṁhā AB, -si(ṁ) hās K_1, (2) paçeiya AB, (3) teṣa K_2, (4) goparim ātari AB,

(34) (1) yena ca AB, (2) sukṣatra K_1, (3) -viyūhā AB, -viyūhas K_2, (4) (34)第二行より第四行まで缺 AB, (5) tā K_1, (6) sarva- K_1,

(35) (1) teṣu の次に ca を插入す。K_1, (2) pravṛttiṁ K_2, (3) nirvṛtti K_1, K_2, (4) nista- AB, (5) praçānti AB, K_1, (6) sarvaṁ AB, sarvy K_1, (7) prasakrami AB,

(36) (1) jñāna- K_1, K_2, (2) samaṁta K_1, (3) caryā K_1, (4) maitrī- AB,

(37) (1) puṁṇya K_1, (2) samaṁta K_1, (3) subhena K_1, (4) dāna- AB, (5) asaṁgatena AB, asaṁga-gatena K_1, asaṅgatena K_2, (6) prajñā- AB, K_1, K_2, (7) -samādhi-balena より(44)第四行 kriya まで缺。AB,

(38) (1) abalaṅ K_2, (2) kramānaḥ K_2, (3) -vara- K_2,

(39) (1) dharma K_1, (2) vipaçyayamānā K_1, vipaçyamānaḥ K_2,

(40) (1) caryā K_1, (2) § 韻律上 sāmudra と讀むべし。 (3) pūrayamānaḥ K_1, K_2, (4) ayinnaḥ ? K_2,

(41) (1) -cariṁ K_1, K_2, (2) sarvi K_1, (3) carīyaṁ K_1, (4) vibudhyaya K_2,

(42) (1) sarva- K_1, (2) caryāye K_1, caryyāye K_2, (3) nāmayami K_1, (4) sarvaṁ K_1,

(43) (1) carya- K_1, (2) atha 缺 K_1, (3) -vidduṣya K_2, (4) bhontu K_1,

(44) (1) cariya K_1, (2) samaṁta K_1, (3) sarvi K_1, (4) sarva AB, sarvi K_1

75

(5) açeṣān AB,

(45) (1) mā ca AB, nā ca K_2, (2) pramātha AB, mārapramāṇu pramāṇu K_2, (3) bhaveya AB, bhave K_1, bhava K_2, (4) valīya AB, cariyāye K_1, cariyāya K_2, (5) mā ca AB, (6) pramācanu AB, § 音韻上 *pramaṇu と讀むべし。 (7) bhaveya AB, bhaveyaṁ K_1, (8) pramāṇa AB, apramānu K_1, (9) cariyā pathihatvā AB, (10) sarva AB, sa(r)vi K_1, (11) vikurvita AB, viku(r)vitu K_1,

(46) (1) yāca(?)ta K_1, (2) tiṣṭha AB, (3) bhaveyā AB, (4) sattva K_1, (5) karmatu K_1, (6) kreçatu AB, (7) niṣṭha AB, (8) tāca(?)ta AB, (9) sama K_1, (10) tāvata niṣṭha 重複 K_2,

(47) (1) yaç K_1, K_2, (2) anaṁtana K_1, (3) -alaṁkṛtu K_2, (4) tadyutinānāṁ AB, (5) ca 缺 AB, (6) viçiṣṭā K_1, viçiṣṭāṁ K_2, (7) pradeyā AB, dadeyā K_1,

(48) (1) ye K_1, (2) parivāmana- AB, (3) çrutvā AB, (4) sakṛd K_1, (5) -bhisakṣeyenad AB, (6) adhimuktaṁ AB, (7) bodhi-carāmana AB, bodhi-caramāṇu K_1, bodhi-varān K_2, (8) prārthayamāṇo K_1, (9) açru- AB, (10) ima AB, (11) puṇya K_1,

(49) (1) varjjigatena K_1, (2) apayā K_2, (3) varjjita K_1, (4) kumitrāḥ の代りに ca AB, (5) kṣipraṁ AB, kṣipra K_1, (6) sa 缺 AB, (7) paçyanti AB, (8) tvaṁ AB, (9) amitābhava AB, amitaṁ K_1, (10) paçvaṁ AB, paçcimu K_1, paçyimu K_2 (11) bhadracariṁ AB, K_2, bhadracari- K_1,

(50) (1) lobhal- AB, (2) -jīvita AB, -jīvitu K_1, (3) svāgata K_2, (4) in AB, (5) ne K_1, nu K_2, (6) cirena AB,

(51) (1) paṁca K_1, (2) antarariyāni AB, (3) ca(?)çena AB, (4) ço AB, (5) in AB, (6) bhadracari-praṇidhāna AB, bhadracarī- K_1, K_2, (7) bhana-mānāḥ AB, K_1, (8) kṣipra AB, K_1, (9) neti AB, K_1, noti K_2,

(52) (1) varṇṇatuṁ K_2, (2) gocara AB, (3) bhotur AB, hotur K_1, bho(ti)r K_2, (4) tithikarmāra-gaṇenabhir AB, (5) pūjita K_1, K_2, (6) bhonti K_1 (7) sa 缺 K_2, (8) sarva AB,

(53) (1) kṣipra AB, K_1, (2) pragacchati AB, (3) niṣidati AB, K_1, (4) bu-

ddhiya *AB*, budhyiya K_1, buddhiyā K_2, (5) māra *AB*, (6) sarvaṁ *AB*, K_1,

(54) (1) ya K_1, K_2, (2) in *AB*, (3) bhadracariṁ *AB*, bhadracari K_1, K_2, (4) deçanato K_1, K_2, (5) yātra *AB*, viyotra K_1, yo tra K_2, (6) viyoko K_1, (7) -viçiṣṭha K_1, (8) kā(ṁ)kṣa *AB*, (9) yaneṣṭha *AB*, yanethaḥ K_2,

(55) (1) yathā K_1, (2) jāna *AB*, (3) samanta *AB*, samaṁta K_1, (4) tathaiva の次に ca *AB*, (5) teṣa K_1, (6) anuçiṣyaṁ *AB*, anuçikṣayamāno K_1, (7) i *AB*, (8) sarvaṁ *AB*, K_1,

(56) (1) sarva-trayadhvagatebhiḥ *AB*, sarva-triyadhvagatebhi K_1, (2) dinebhir *AB*, jinebhi K_1, (3) yyā K_2, (4) parināmana *AB*, (5) varṇṇita K_1, K_2, (6) agrāḥ *AB*, (7) tāma K_2, (8) kugataṁ K_2, (9) ima *AB*, (10) sarvān *AB*, sarvaṁ K_1, sarvva K_2, (11) nāmayamaṁ K_1, (12) vala- *AB*,

(57) (1) -kriyāñ K_2, (2) kulamāno *AB*, (3) āvaraṇṇā *AB*, āvaraṇām K_2, K_1 には缺 (4) vinivarttayi *AB*, K_1, vinivarttima K_2, (5) sarvān *AB*, K_1, (6) sanmukha *AB*, sa(ṁ)mukha K_2, (7) paçciya *AB*, (8) ta *AB*, (9) tatva *AB*, tañ ca K_2, (10) sukhāvati- K_1, (11) -kṣatra *AB*, (12) vrajayaṁ K_1,

(58) (1) ima *AB*, imu K_1, (2) praṇidhānaṁ *AB*, K_1, (3) āmukha K_2, (4) sarva *AB*, sarvi K_1, (5) bhaveya *AB*, bhaveyu K_1, bhavaya K_2, (6) tāṁ ca *AB*, tāç ca K_2, (7) pari açeṣāṁ *AB*, paripūrī açeṣaṁ K_1, pari açeṣān K_2, (8) satvāhatam K_1,

(59) (1) ta(r)hi K_1, (2) maṇula *AB*, maṇḍalī K_1, (3) çobhana *AB*, K_2, sobhana K_1, (4) raṁmya *AB*, K_1, ramya K_2, (5) -vale *AB*, -vara K_2, (6) labheyā *AB*,

(60) (1) vyākarṇṇa *AB*, (2) -labhyaç *AB*, (3) tasmi K_1, (4) nirmmita *AB*, (5) bahūnehu *AB*, bahu K_1, K_2, (6) kuryā *AB*, K_1, kuryyāṁ K_2, (7) daço pi *AB*, (8) subuddhi- *AB*,

(61) (1) K_2, では(61)と(62)との順序逆である。 (2) bhadracariṁ *AB*, K_1, K_2, (3) paṭhittvā K_1, (4) saṁcita *AB*, (5) kiñcita *AB*, kiñcit K_2, (6) sarvaṁ *AB*, K_1, (7) çubha- *AB*, (8) praṇidhānaḥ K_1, praṇidhānam K_2,

(62) (1) praṇidhāna *AB*, pranāmya K_1, (2) anantam 缺 K_1, (3) api tva *AB*,

(4) na *AB*,　(5) -purīvaram *AB*, -pūriva(ra)ṁ K_1, purīṁ varam K_2,

名古屋博物館所蔵サンスクリット写本

凡例

葉番号、表裏記号（表を a、裏を b)、行番号の順で表示する。
例　「277b1-280a3」は「写本の第 277 葉裏 1 行目から第 280 葉表 3 行目まで」を示す。

『華厳経』「入法界品」ガンダヴューハ（部分）

Āryagaṇḍavyūhamahāyānasūtraratnarāja 277b1–280a3

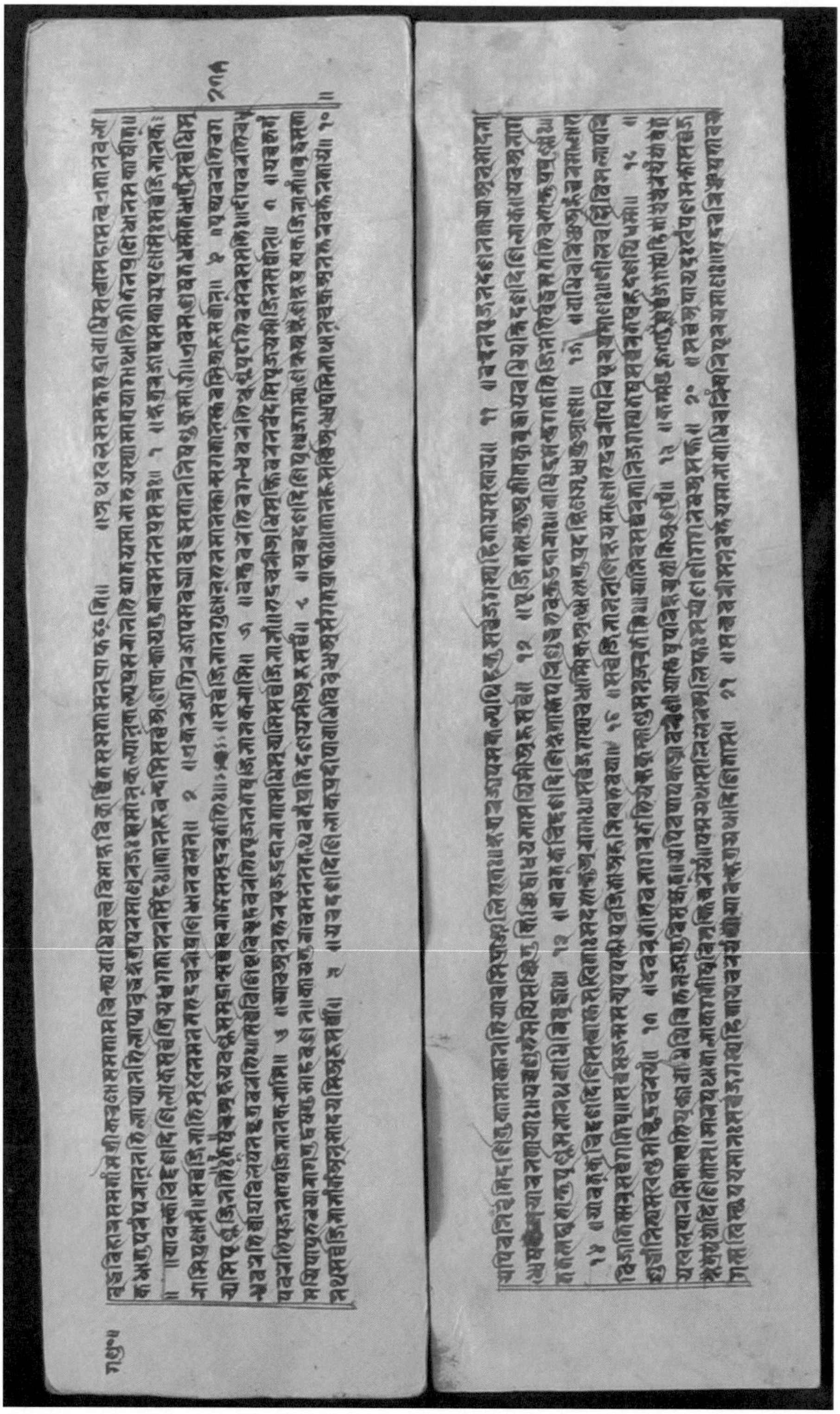

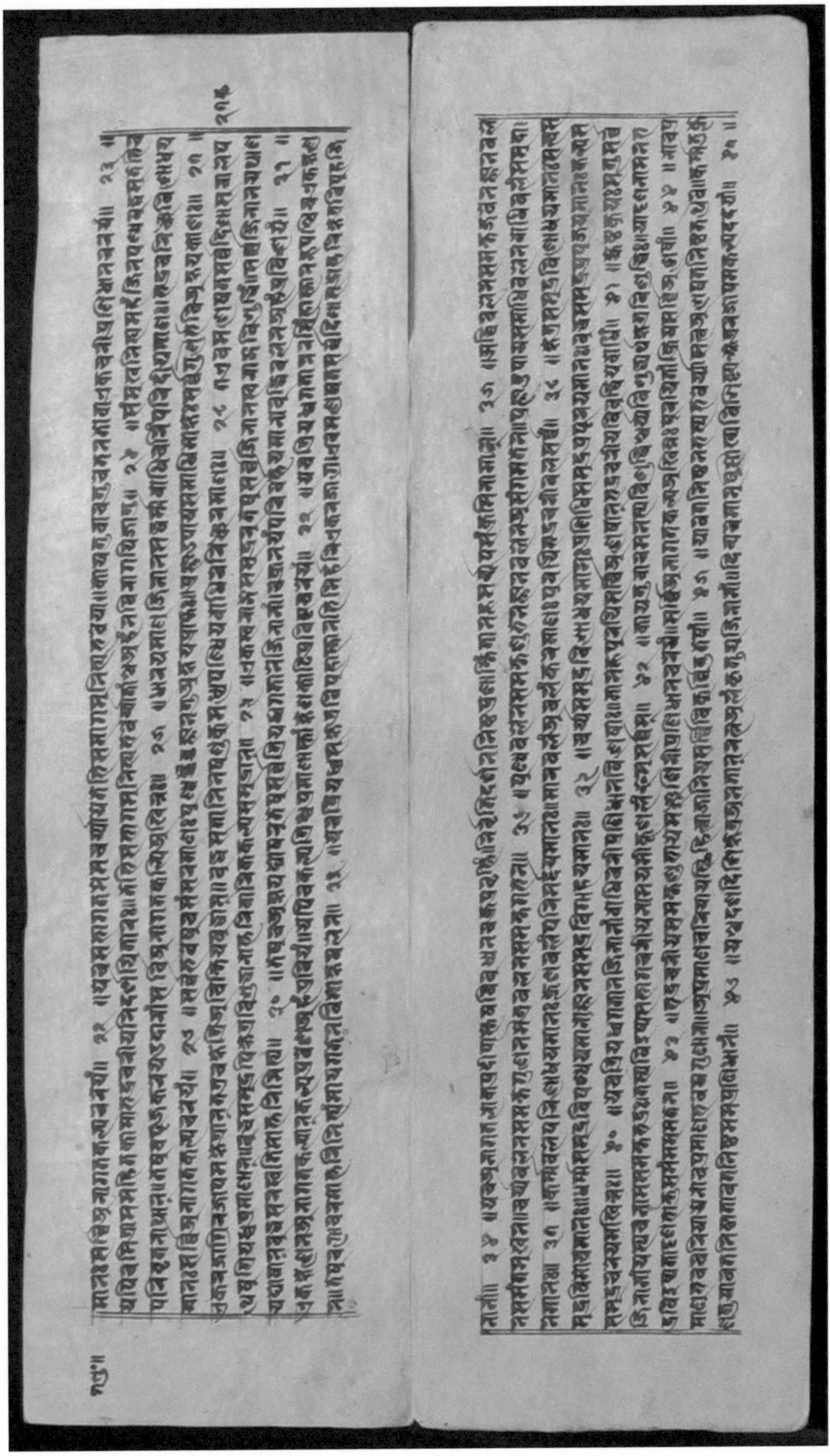

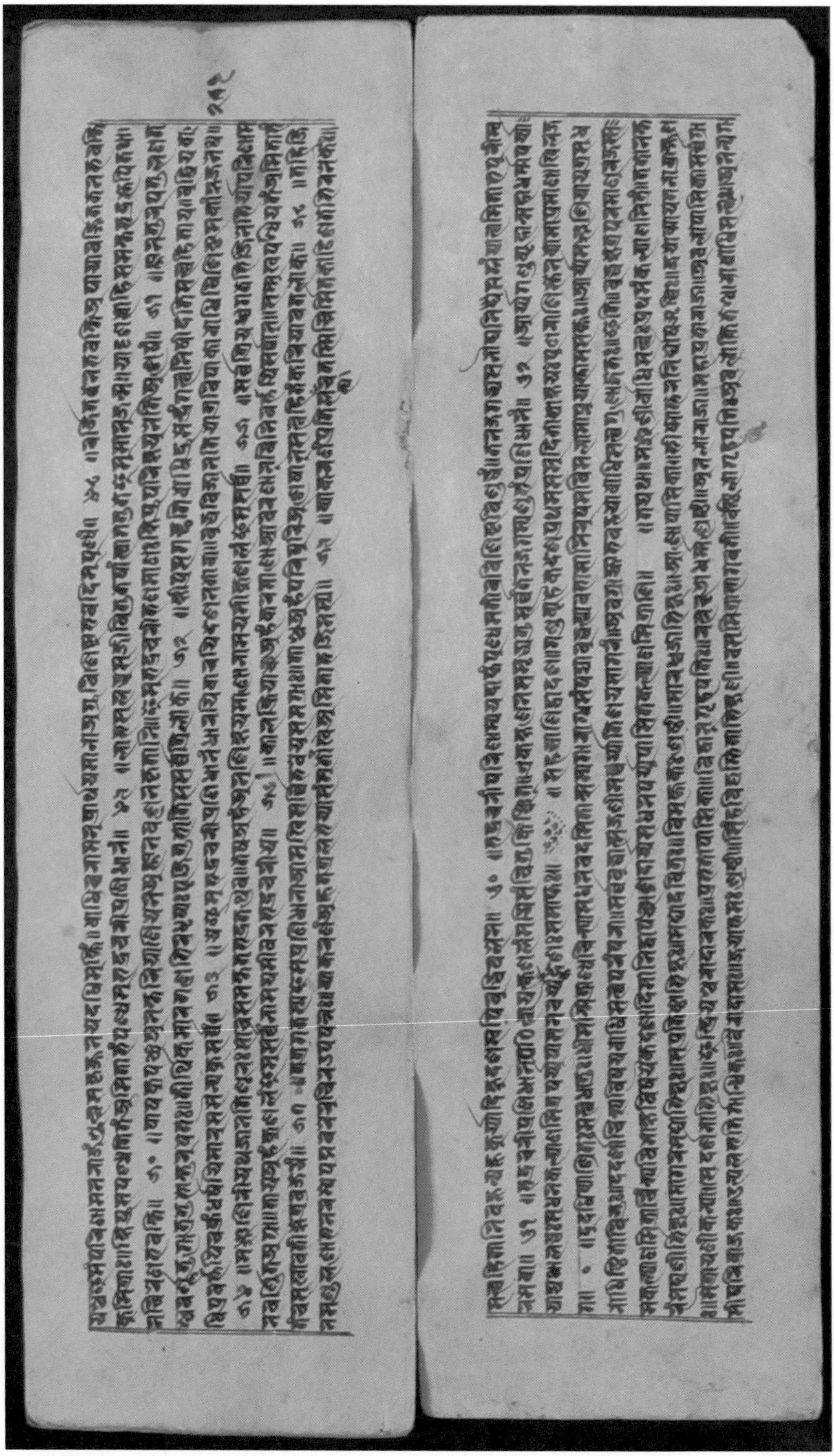

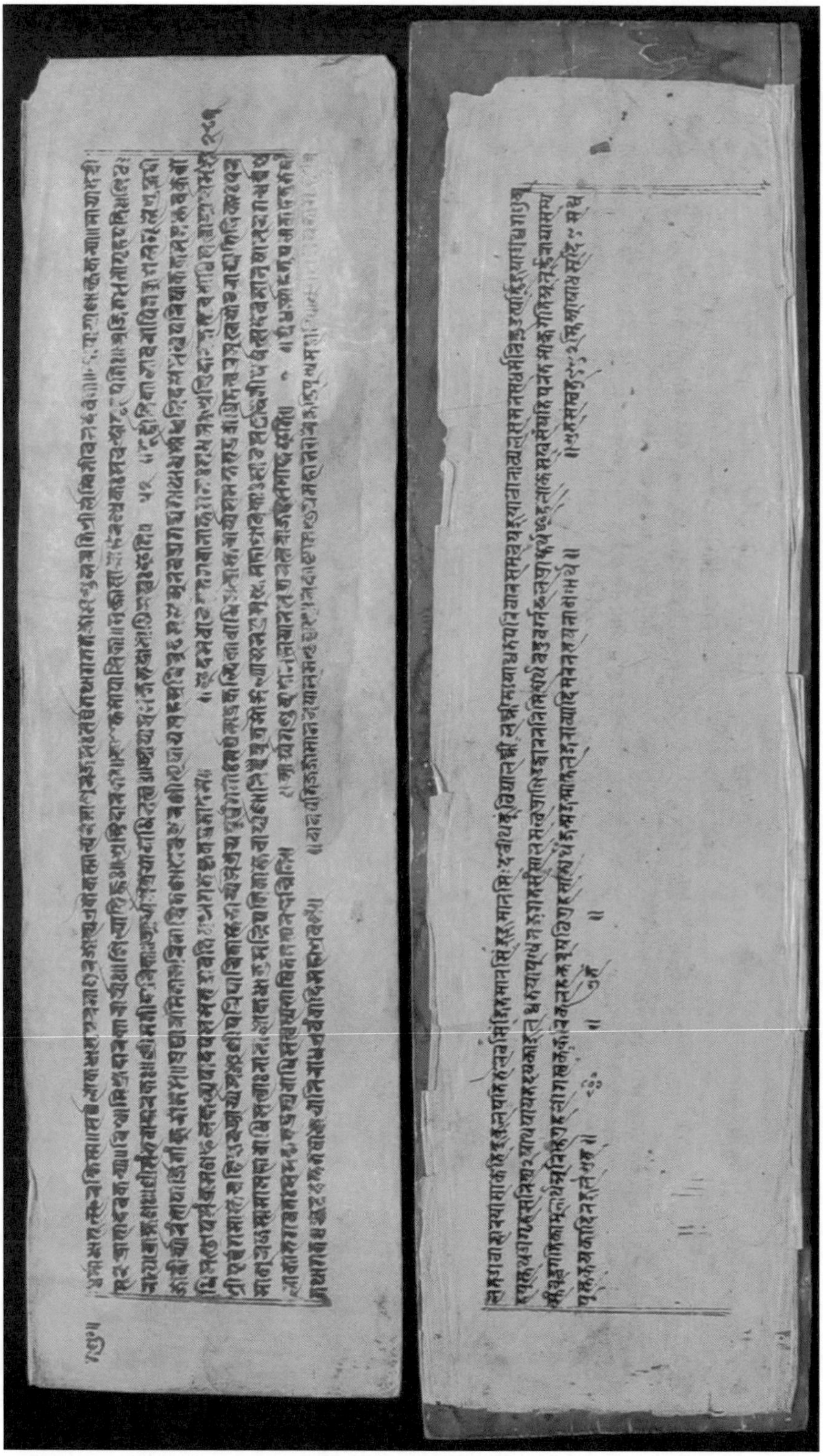

仏教資料文庫所蔵サンスクリット写本

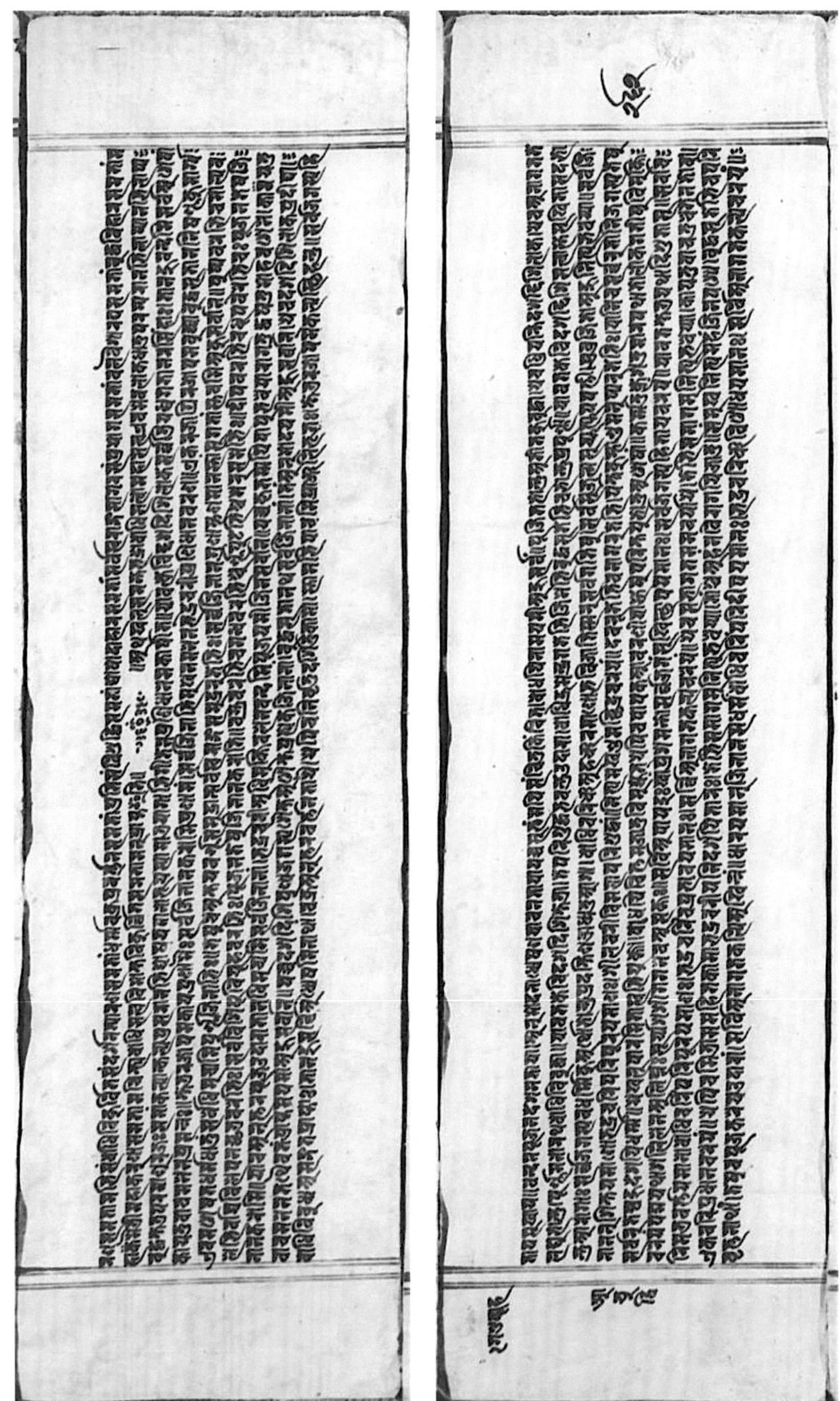

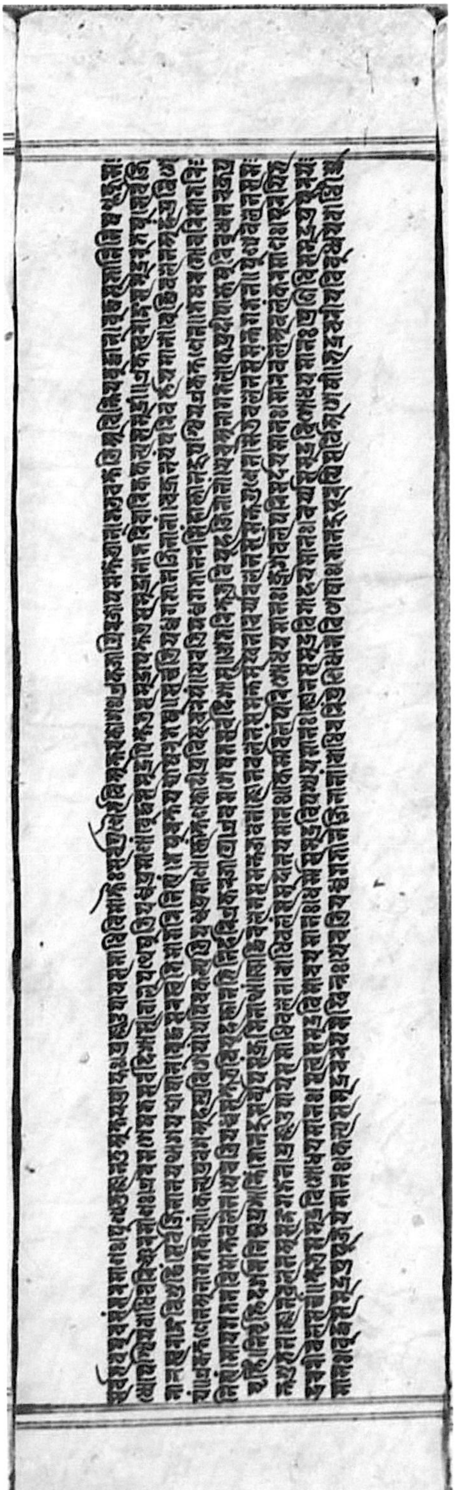

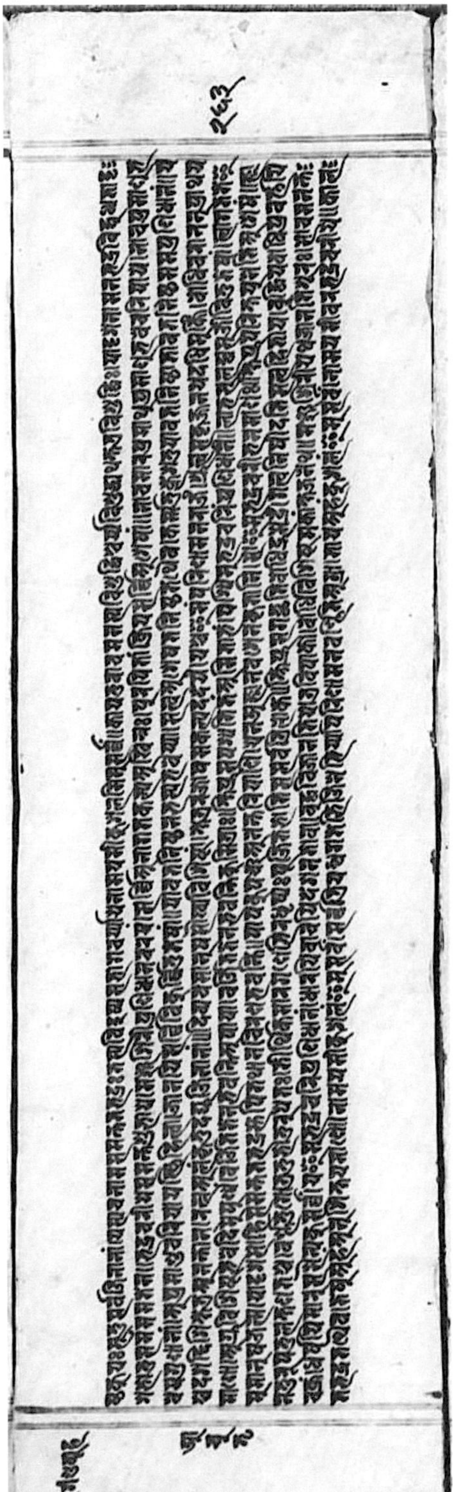

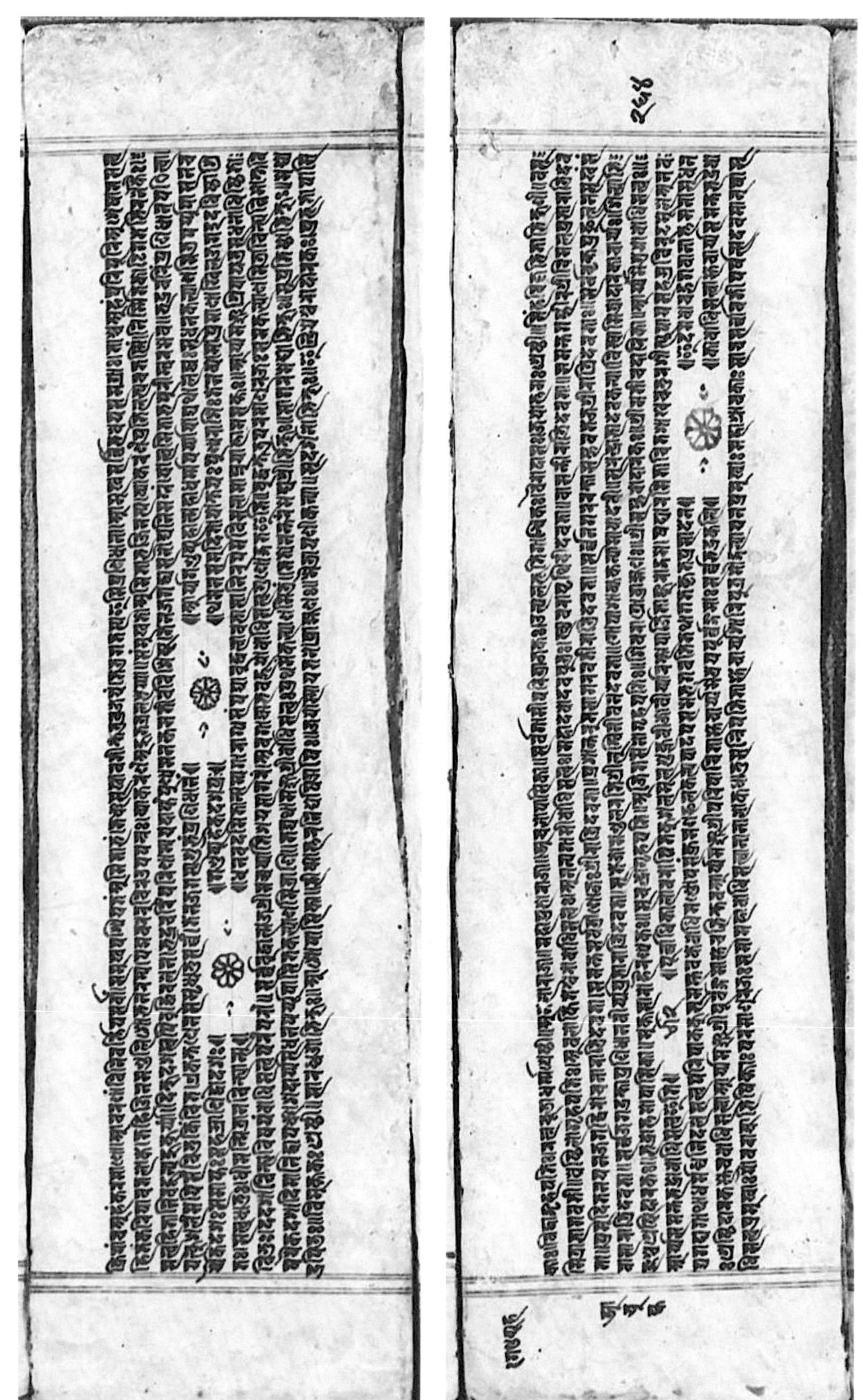

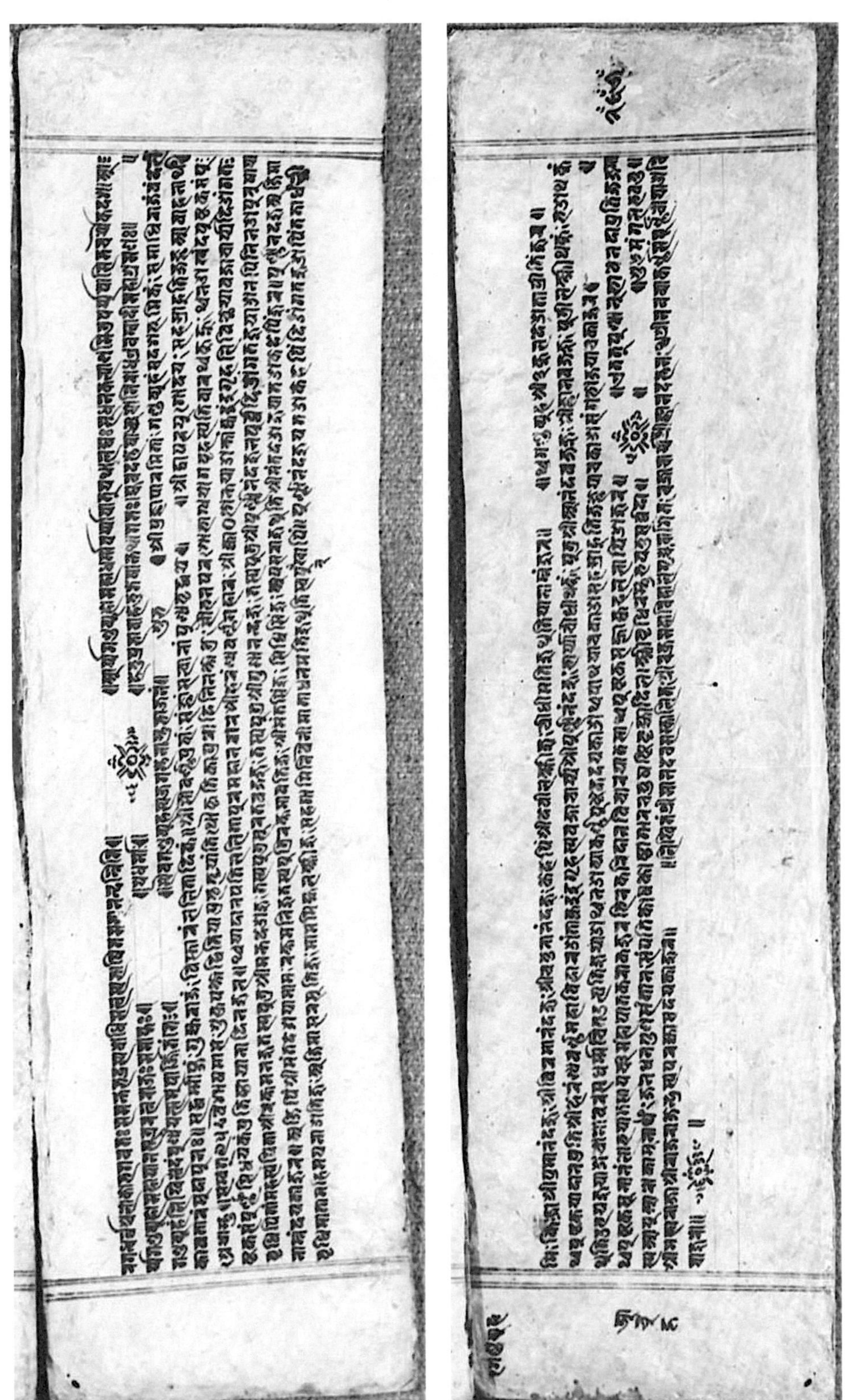

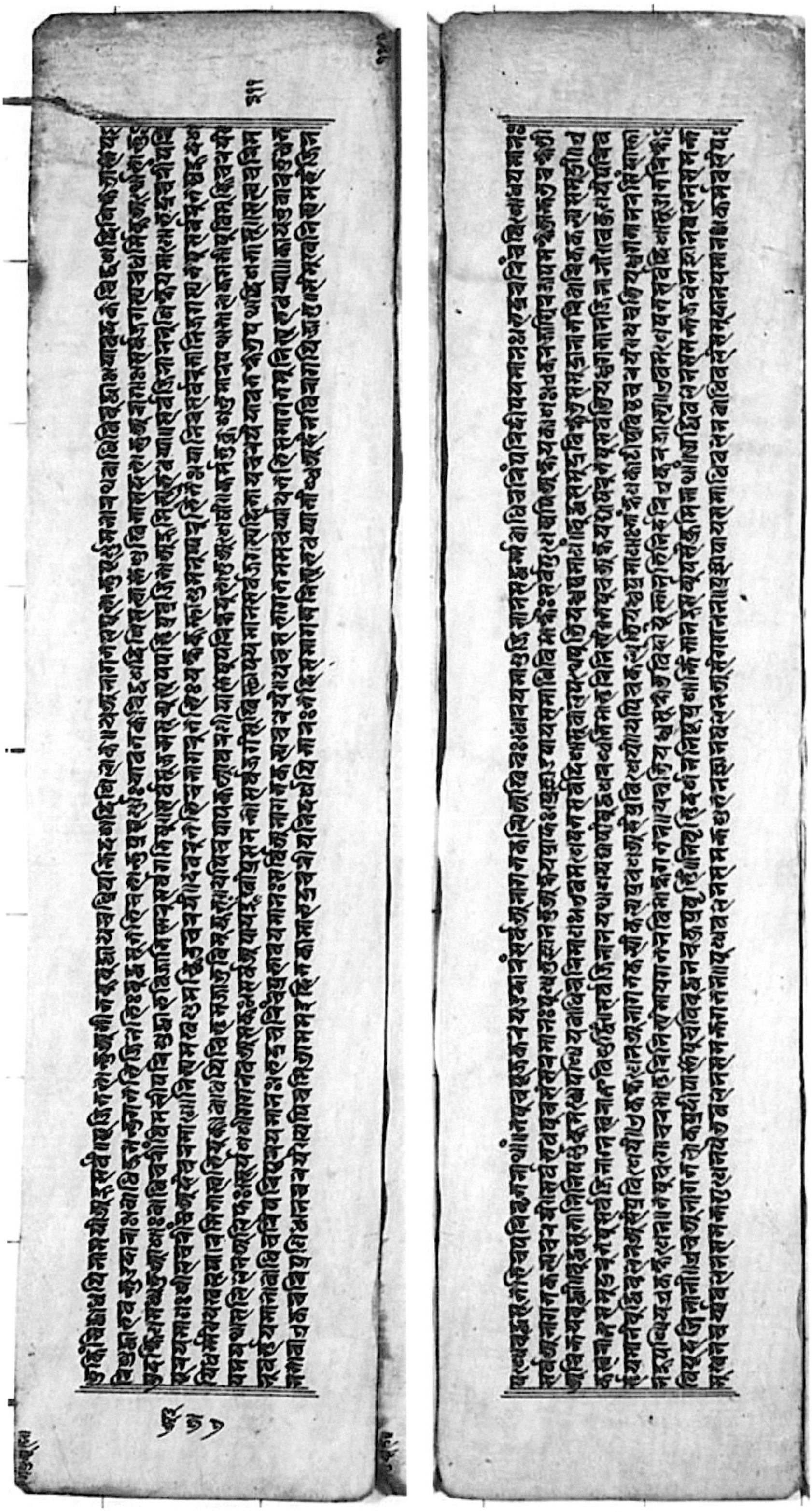

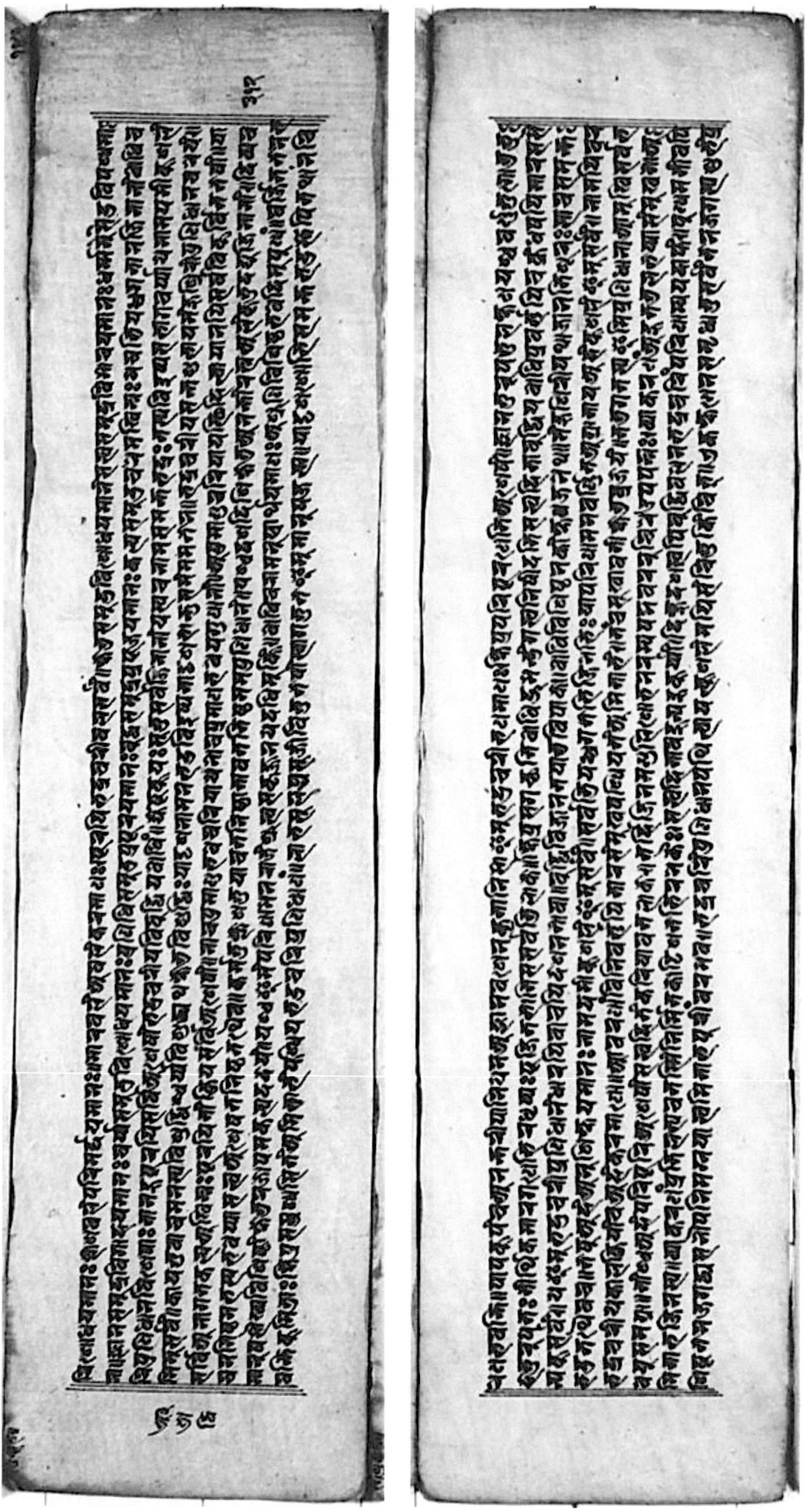

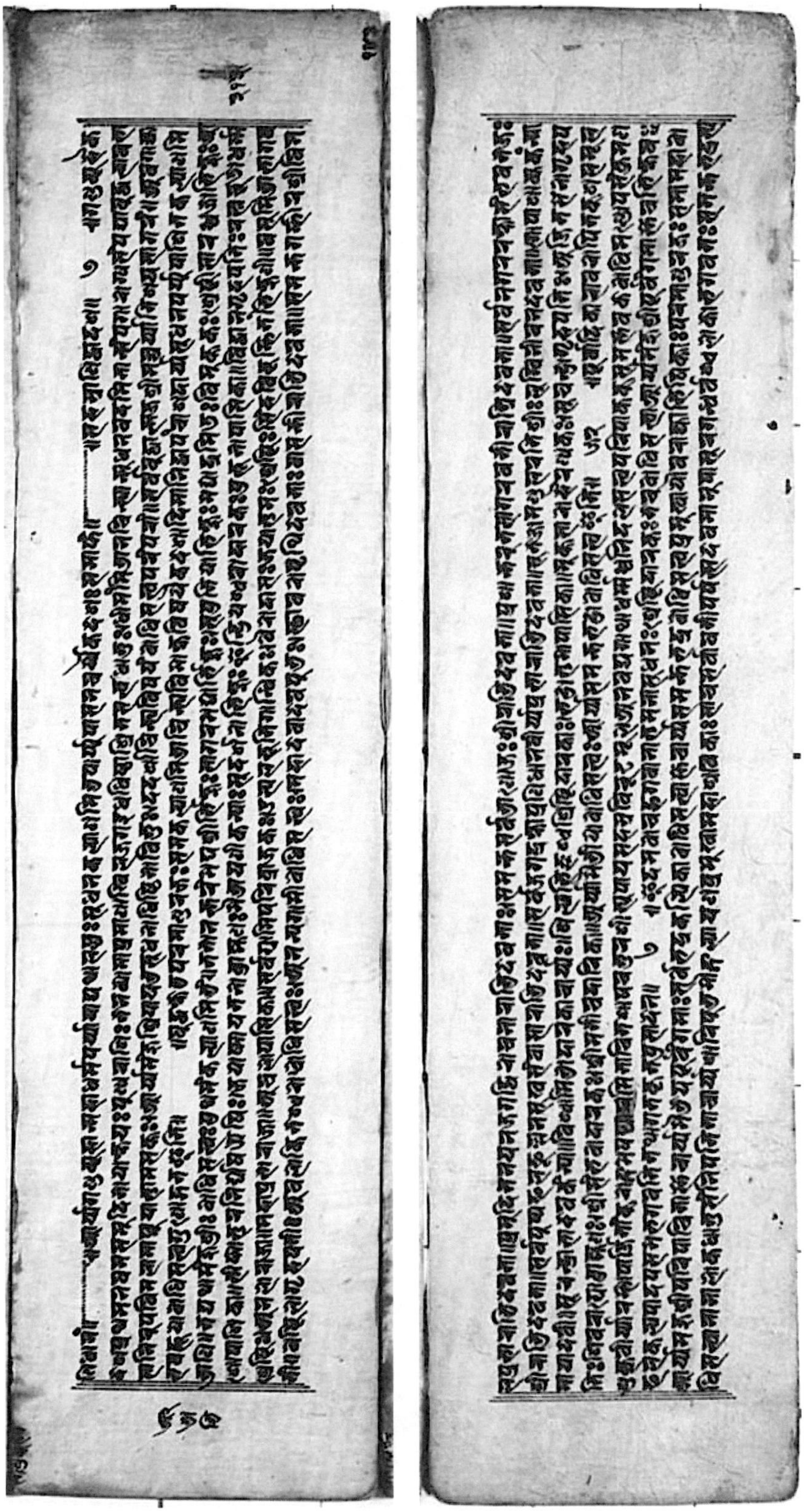

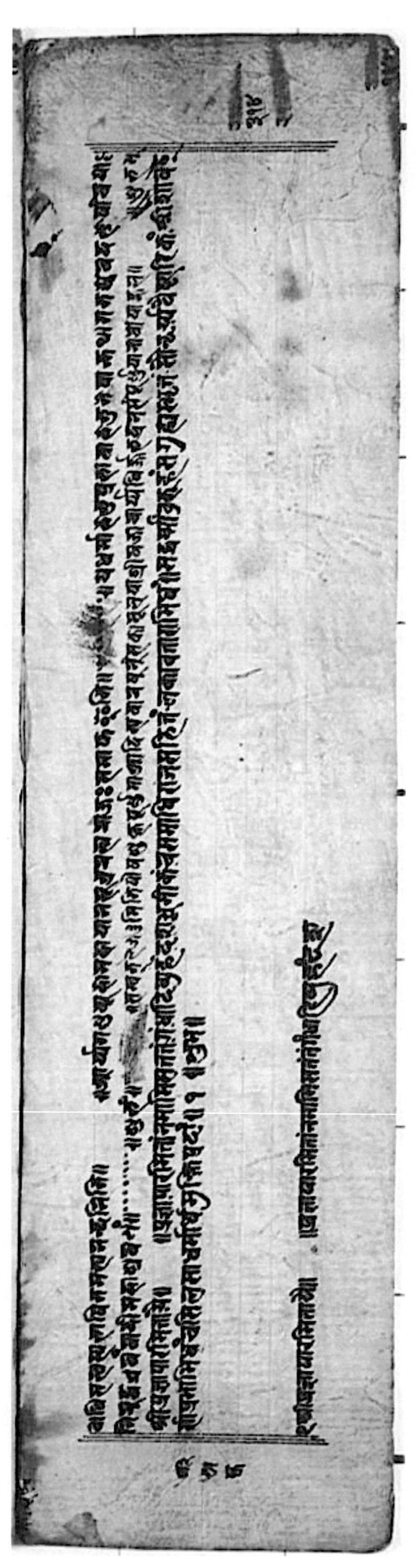

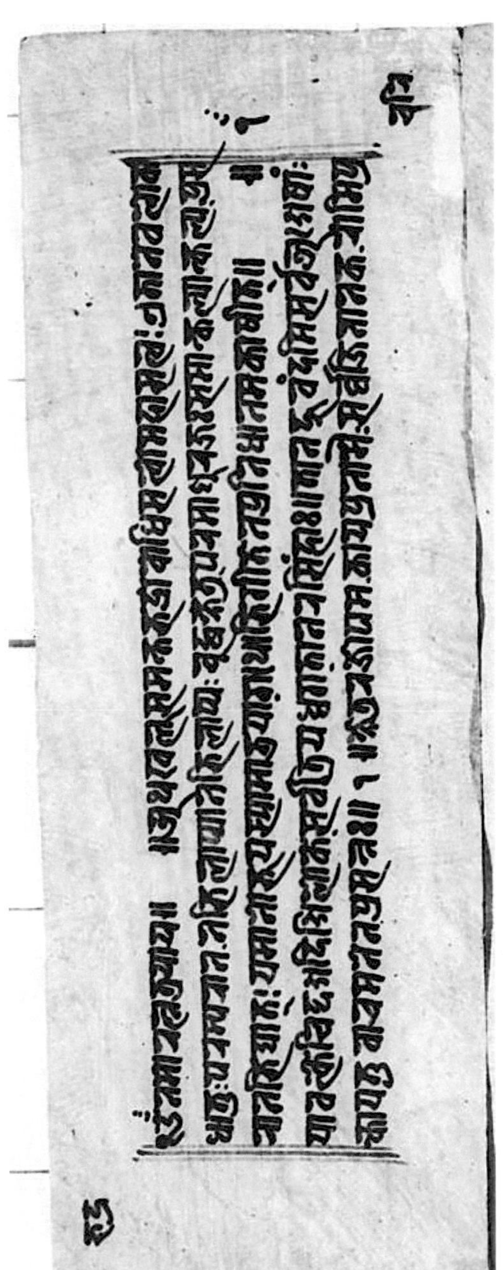

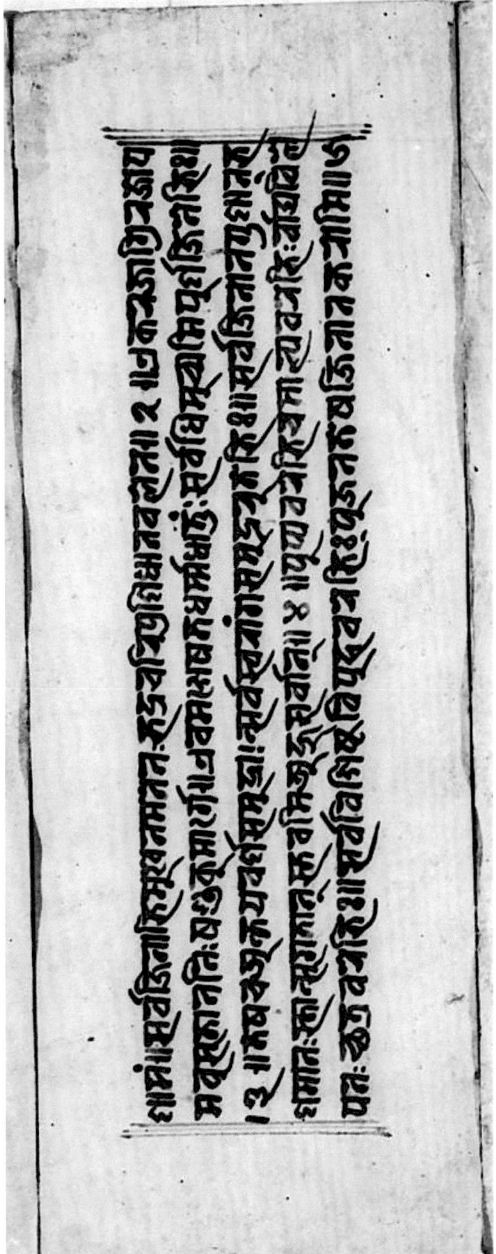

२

॥ वस्त्रवरेहि वराग्रवरेहिः चूर्णपुटेहि वराग्र सुमेरुसमेहि॥ दीपवरेहि वधूपवरेहि
ः पूजन तस्य जिनान करोमि॥ ६ ॥ याश्च अनुत्तर पूज उदारा तानधिमुच्यमि सर्वजिनं
नानां॥ भद्रचरी अधिमुक्ति बलेन वंदमि पूजयमी जिन सर्वान्॥ ७ ॥ यच्च कृतं मयि
पापु भवेया रागतु द्वेषतु मोहवशेन॥ कायतु वाच मनेन तथैवः तं प्रतिदेशयमी
अहु सर्वं॥ ८ ॥ यश्च दशद्दिशि पुण्य जगस्य शैक्ष अशैक्ष प्रत्येकजिनानां॥ बुद्धसु

तानथ सर्वजिनानां तं अनुमोदयमी अहु सर्वं॥ ९ ॥ ये च दशद्दिशि लोकप्रदीपाः बोधिवि
बुद्ध असंगत प्राप्ताः॥ तान अहु सर्वि अध्येषमि नाथान्॥ चक्र अनुत्तर वर्त्तनतायै॥
॥ १० ॥ येपि च निर्वृति दर्शितु कामाः तान अभियाचमि प्राञ्जलिभूतः॥ क्षेत्ररजोपम
कल्प स्थिहन्तु सर्वजगस्य हिताय सुखाय॥ ११ ॥ वन्दन पूजन देशनताया मोदन अ
ध्येषण याचनताया॥ यच्च शुभं मयि संचित किंचि बोधय नामयमी अहु

दीपयमानः ॥ सद्धर्मविश्वविद्योधयमानः सर्वजिनागमकल्पं वर्णयां ॥ २६ ॥
सर्वक्षेत्रप्रसंख्यमानः पूर्वपुण्यानुभवक्षयप्राप्तः ॥ प्रज्ञोपायसमाधि
विमोक्षैः सर्वगुणैः क्षिप्रक्षयकारः ॥ २७ ॥ एकक्षणे त्रिजगपनस्कारान्मुद्र
चक्रत्रिरात्रिक्रियवृत्तान् ॥ बुद्धसुमानानिपतुकुमारध्येपाक्षिपयबोधिवचित्रसान
माद्धः ॥ २८ ॥ एवमसेषमसर्वदिशासु बालपथेषु क्रियधर्मप्रमाणानां ॥ बुद्धसुम

द्रुपिक्षद्रुविशुद्धानानाक्षेत्रियाविककल्पसमुद्रान् ॥ २९ ॥ एकस्वराङ्गसमुद्रैकघोषसर्व
जिनानस्वराङ्गविशुद्धिं ॥ सर्वजिनानयथाशयआशान् बुद्धसवस्वनि माहलितिसं
॥ ३० ॥ कपूत्रजकयथाशयकघोषसर्वक्रियधर्मकानजिनानां ॥ चक्रनयंपवित्रवर्तयमा
नाबुद्धिबलेनजहृदंप्रविशेयां ॥ ३१ ॥ एकक्षणेनजिनागमकल्पान् कप्रप्रवेशज
हृदंप्रविशेयां ॥ यपिवकल्पक्रियधर्मप्रमाणाक्षांक्षदकोटिप्रविष्टवर्णयां ॥ ३२ ॥ यव

समन्तभद्र विबोधयमानः प्रणिधि समन्तभद्र पूरयमानः॥ बुद्ध समन्तभद्र पूजयमानः कल्प समन्तभद्र चरयमखिन्नः॥ ४० ॥ ये च त्र्यध्वगतान जिनानां बोधिचरीप्रणिधान विशेषाः॥ तानहु पूरयि सर्वि अशेषान् भद्रचरीय विबुध्यिय बोधिं॥ ४१ ॥ ज्येष्ठकु यः सुतु सर्वजिनानां यस्य च नाम समन्तकभद्रः॥ तस्य विदुष्य सभागचरीये नामयमी कुशलं इमु सर्वम्॥ ४२ ॥ कायतु वाच मनस्य विशुद्धि ईर्यविशुद्ध्यथ क्षेत्रविशुद्धिः॥ यादृश नामन भद्र विदुष्य तादृश भोतु समं समनेन॥ ४३ ॥ भद्रचरीय समन्तशुभाय मञ्जुश्रिये प्रणिधान चरेयं॥ सर्वि अनागत कल्पमखिन्नः पूरयि तां क्रिय सर्वि अशेषां॥ ४४ ॥ नो च प्रमाणु भवेय चरीये नो च प्रमाणु भवेय गुणानां॥ अप्रमाण चरियाय स्थिहित्वा जानिय सर्वि विकुर्वितु तेषां॥ ४५ ॥ यावत निष्ठ नभस्य भवेया सत्त्व अशेषत निष्ठ तथैव॥ कर्म्म च क्लेश च यावत निष्ठा तावत निष्ठ मम प्रणिधानं॥ ४६ ॥

१०

हि वनकेथ॥ सत्त्वहितानि बहून्यह कुर्य्या दिक्षु दशस्वपि बुद्धिवलेन॥ ६०॥ भद्र
चरीप्रणिधाय यत्फलं पुण्यमतीव विसिष्ट विशुद्धं॥ तेन जगद्व्यसनौघनिमग्नं या
त्वमिताभपुरीम्वयम वा॥ ६१॥ भद्रचरीप्रणिधानपठित्वा यत्कुशलं मयि संचितु
किंचित्॥ एकक्षणेन समृद्ध्यतु सर्वं जनतु शुभं प्रणिधानं॥ ६२॥ आर्य्यभद्रचरीप
प्रणिधानं समाप्तं॥ ॐ ॥ ये धर्म्मा हेतुप्रभवा वाः आदि ४ शुभमस्तु सम्वत् २७४ ...॥

१०

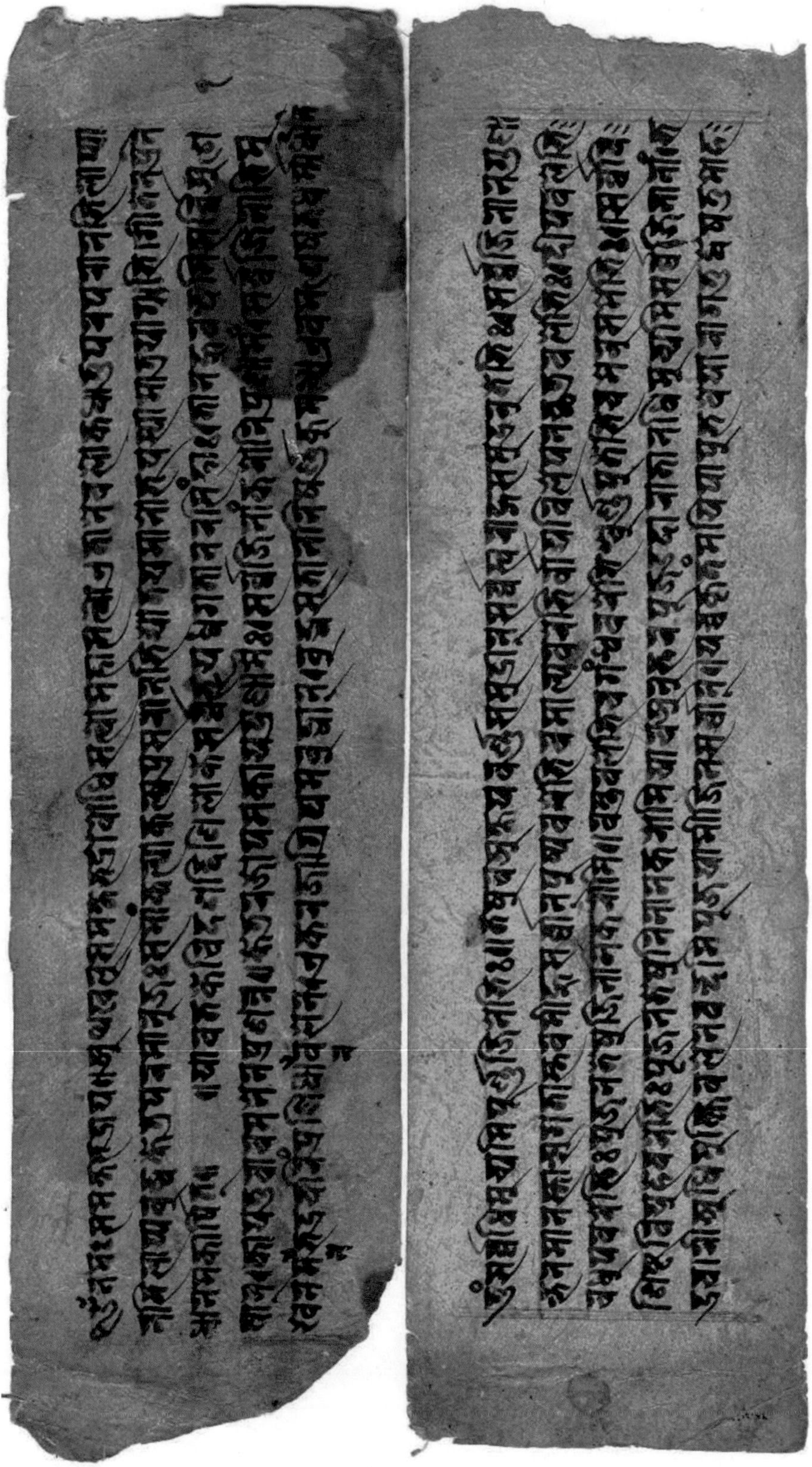

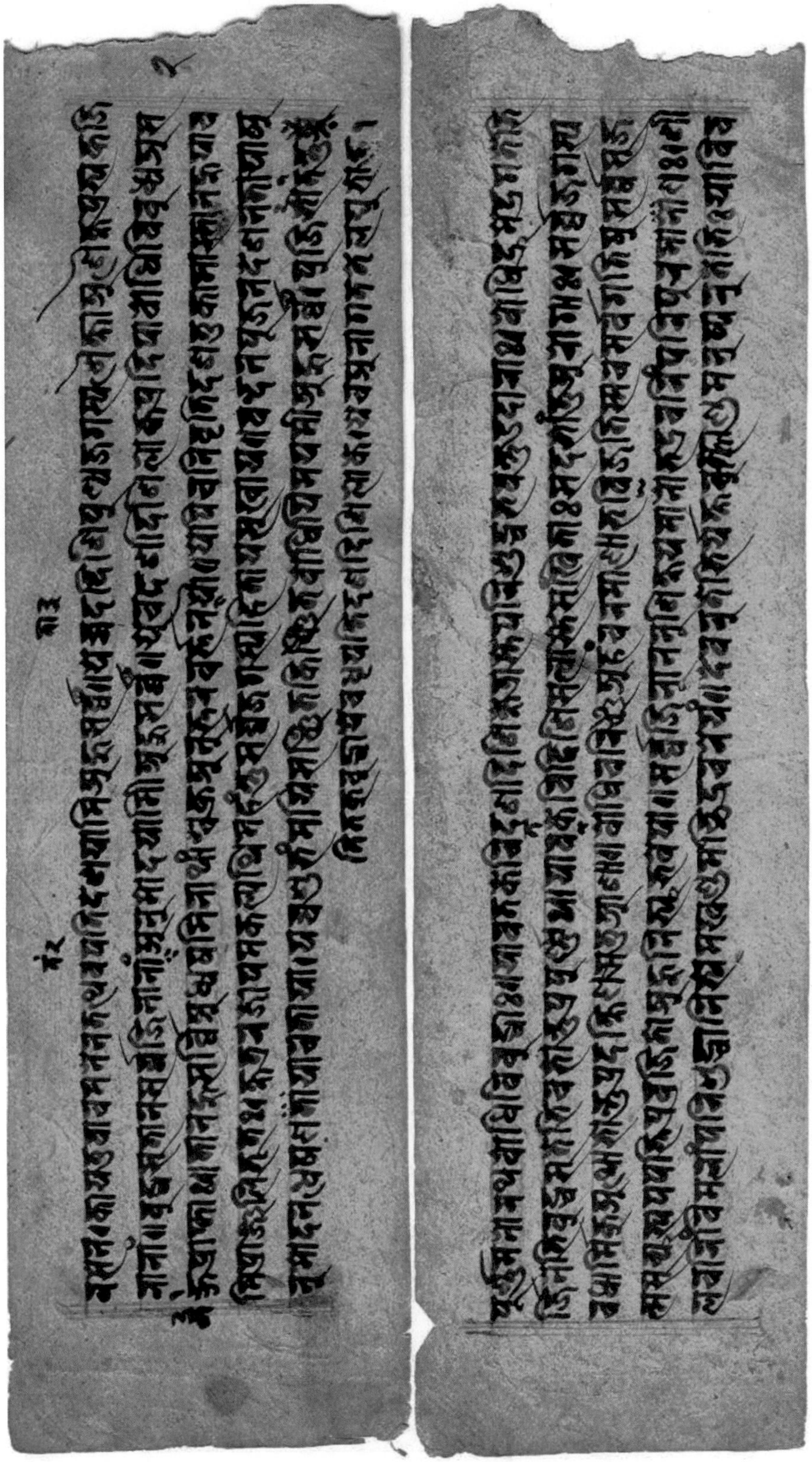

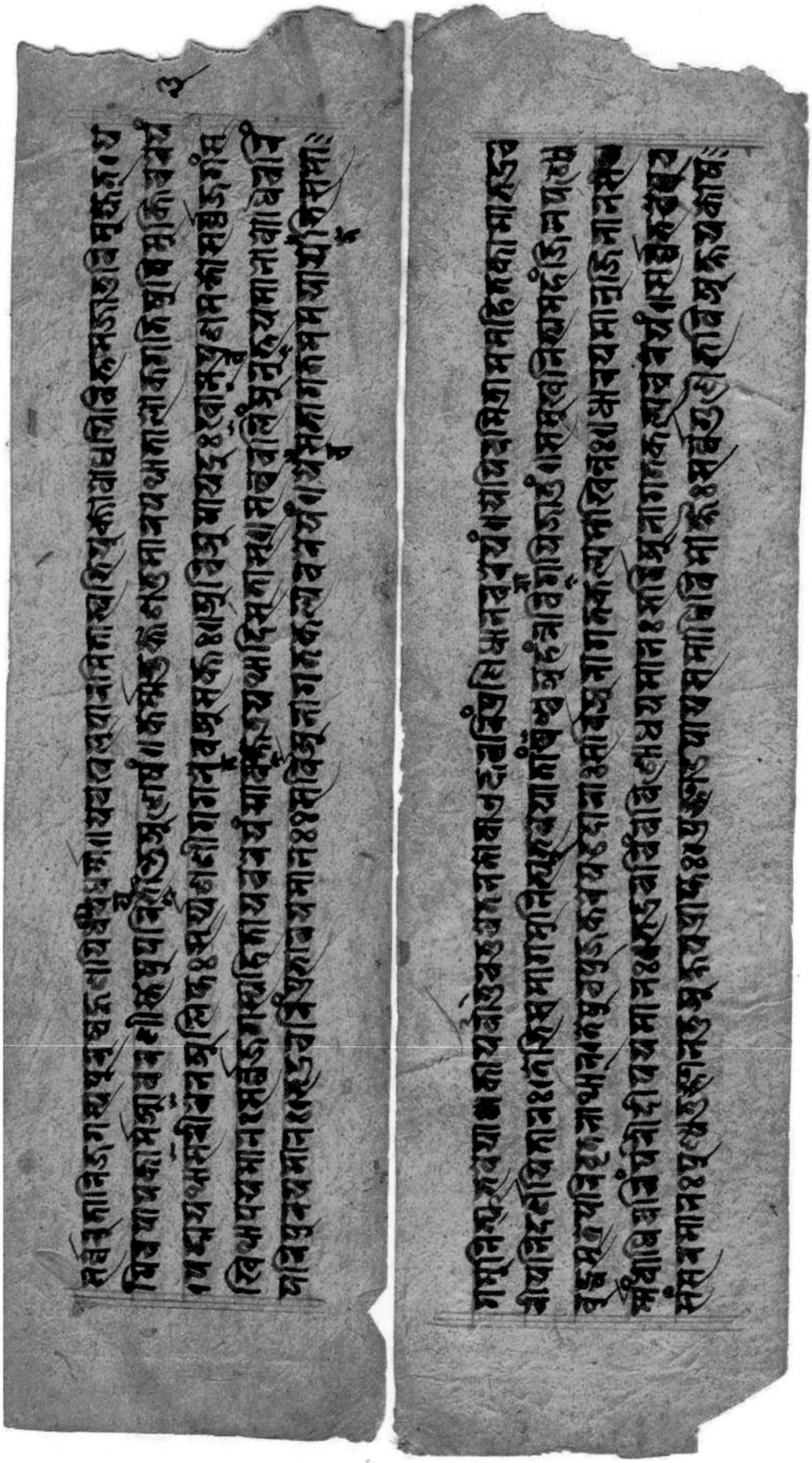

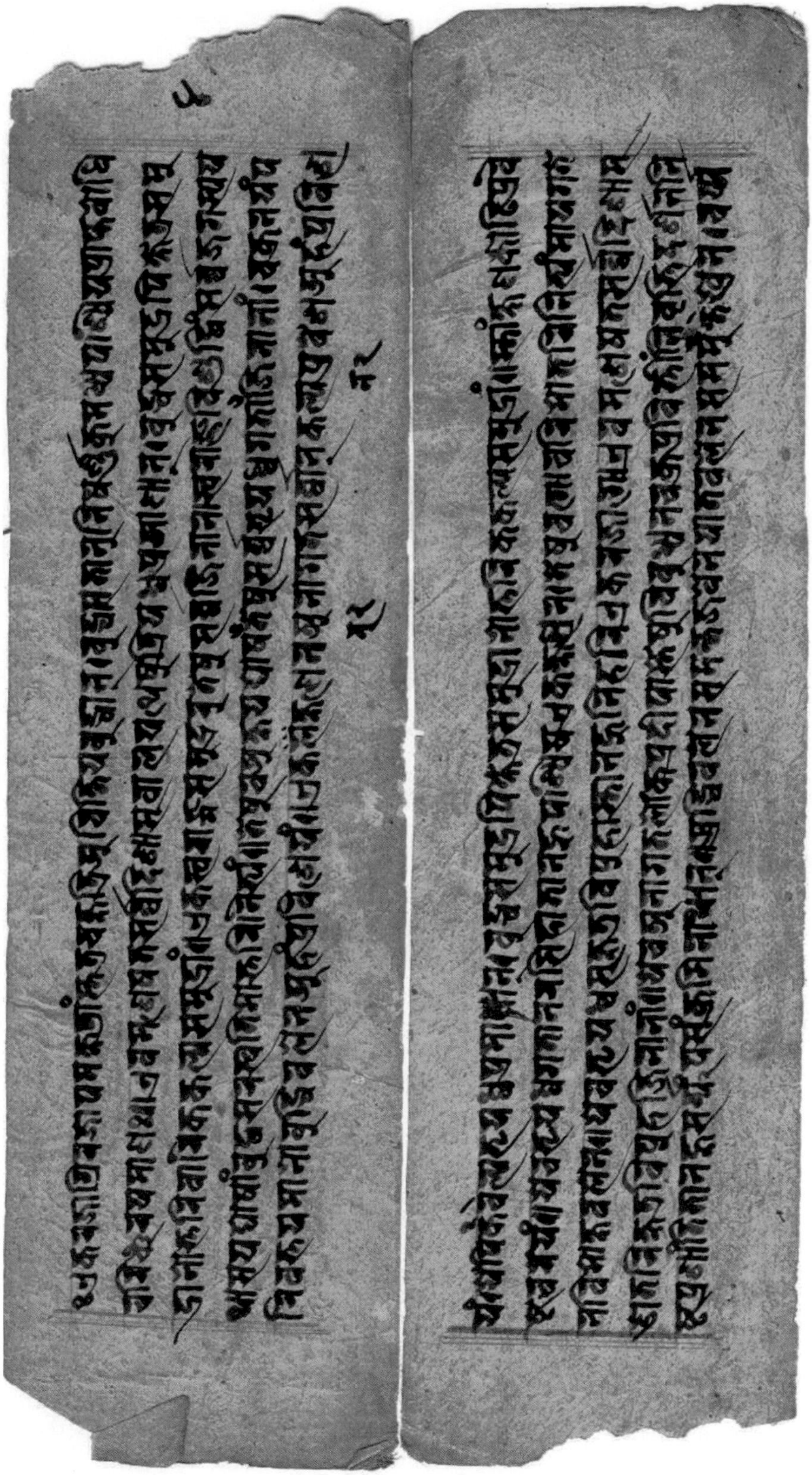

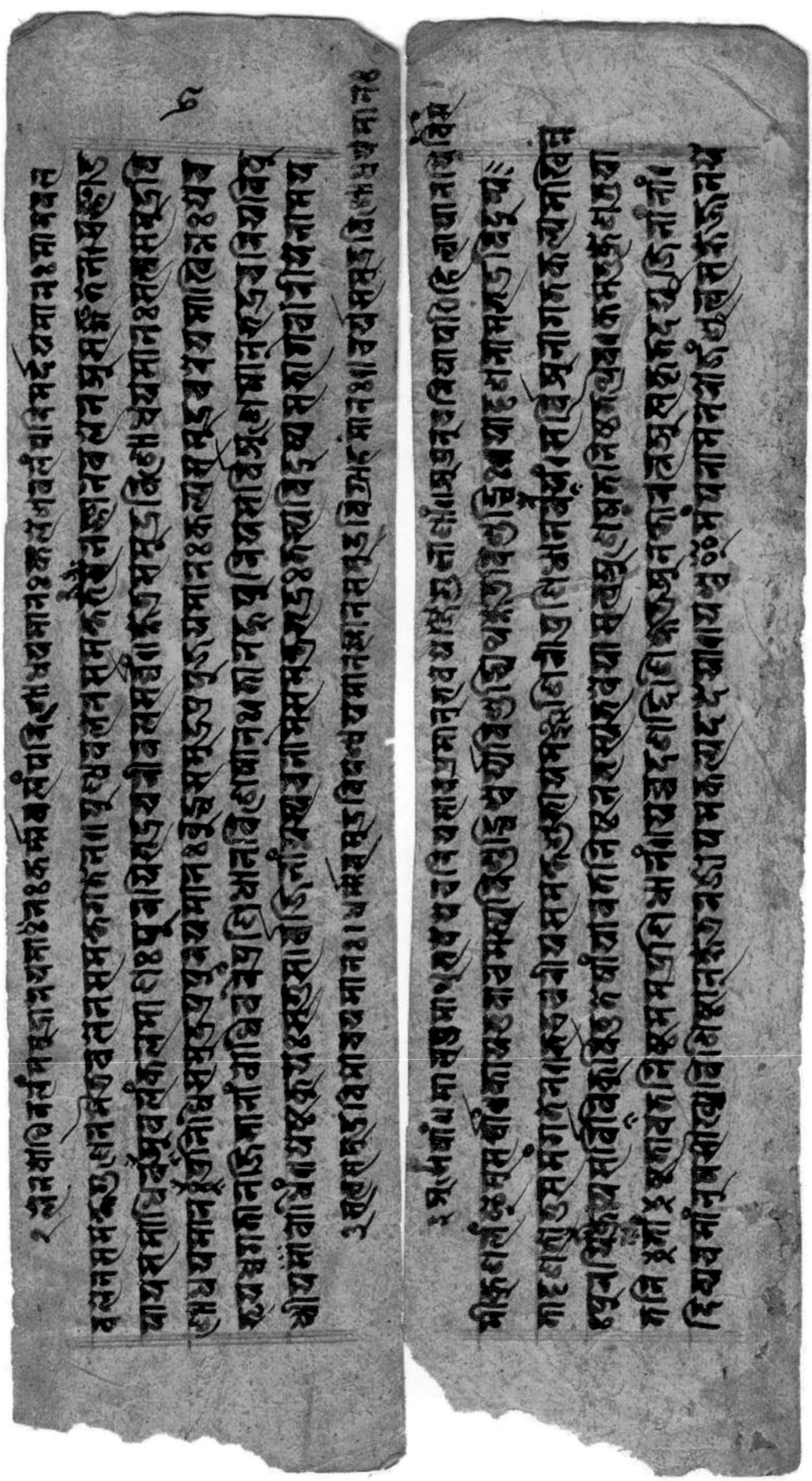

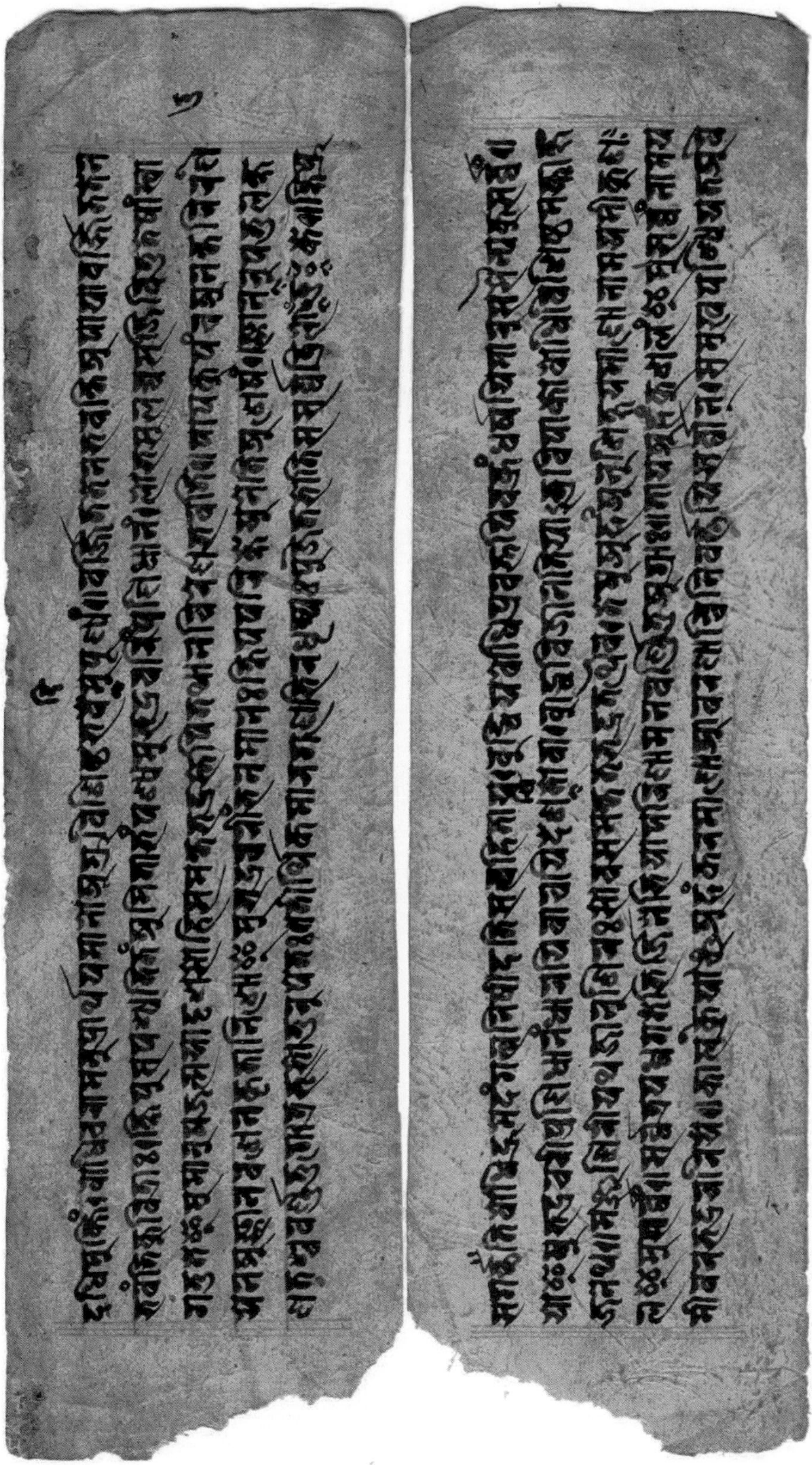

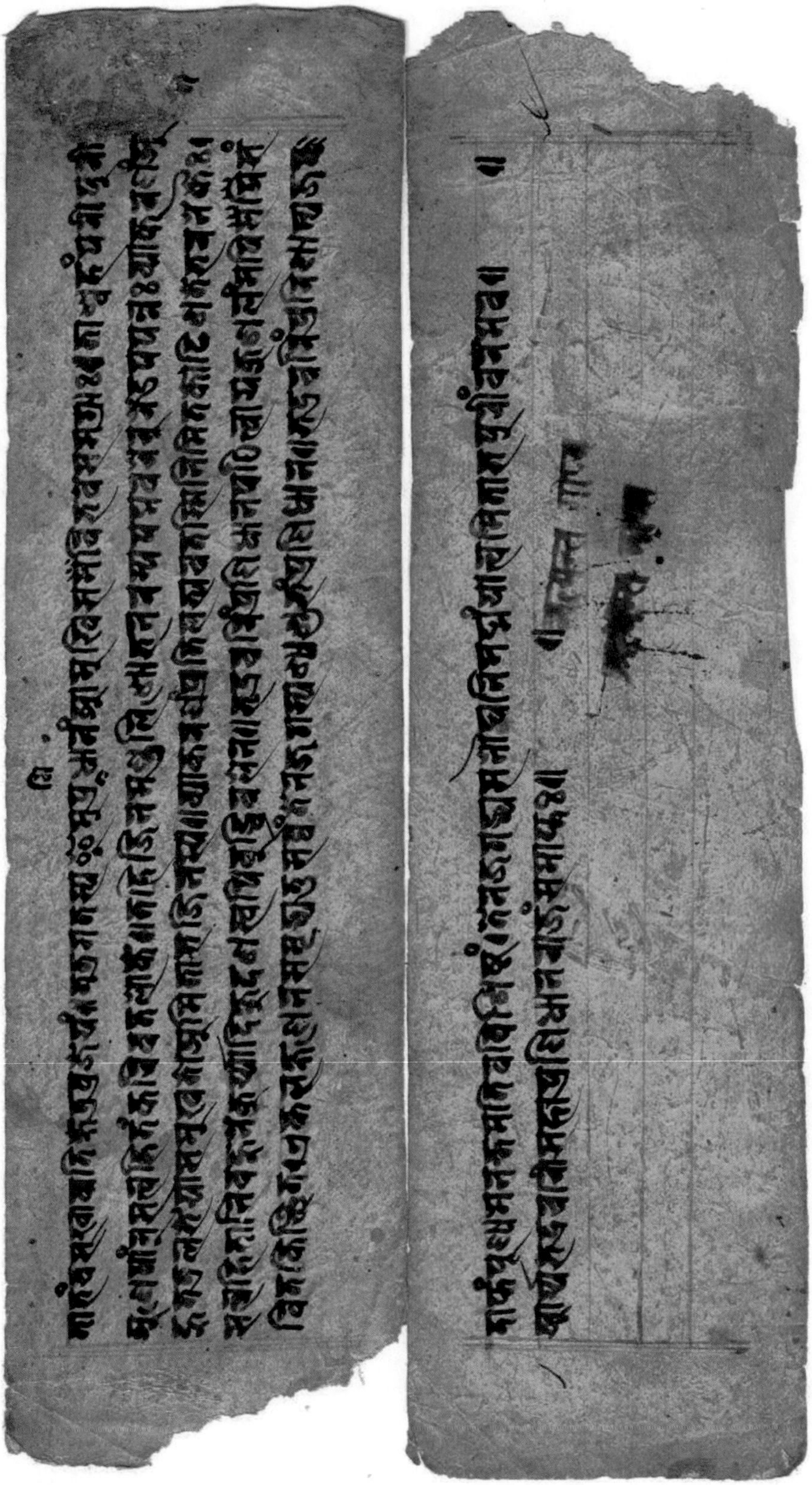

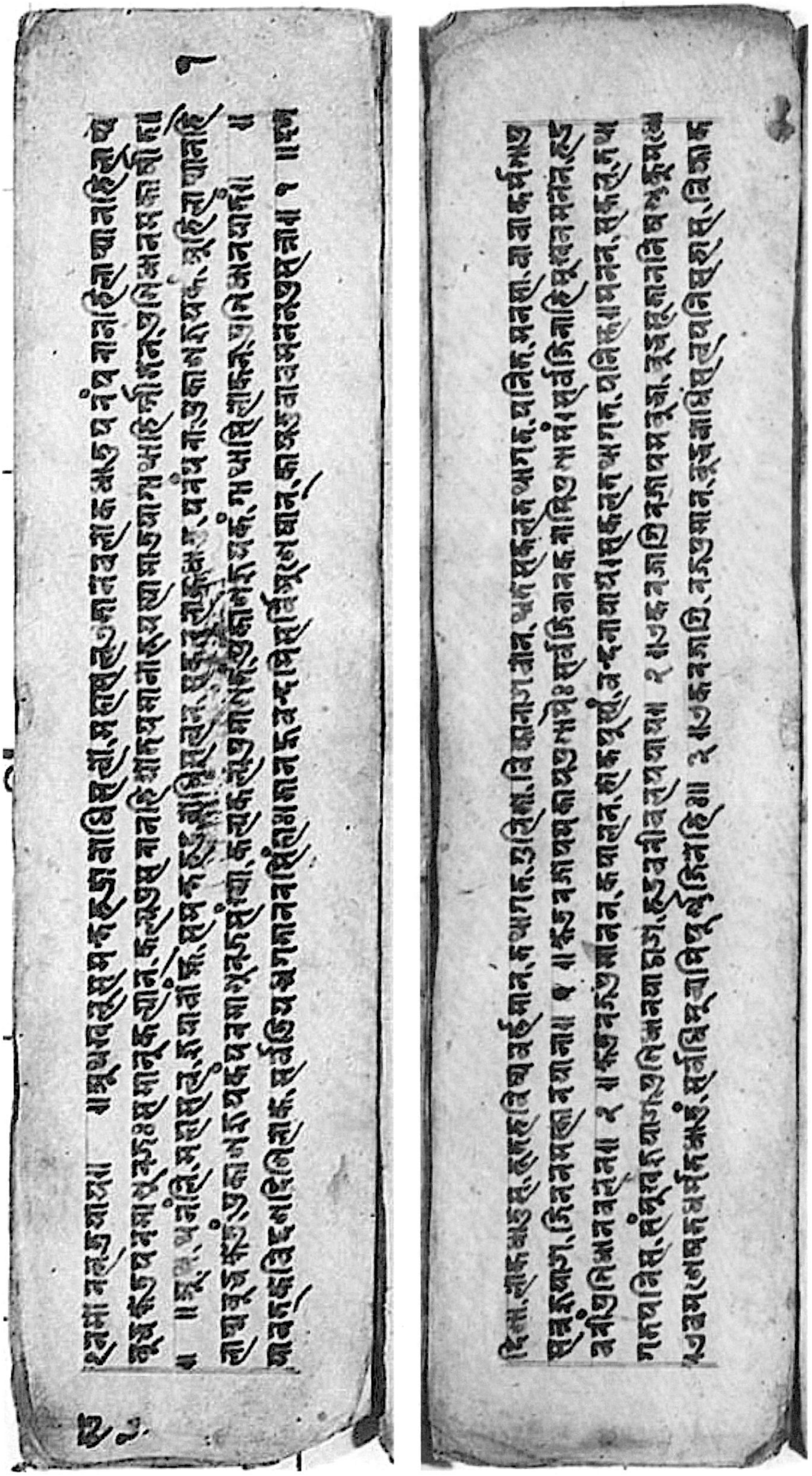

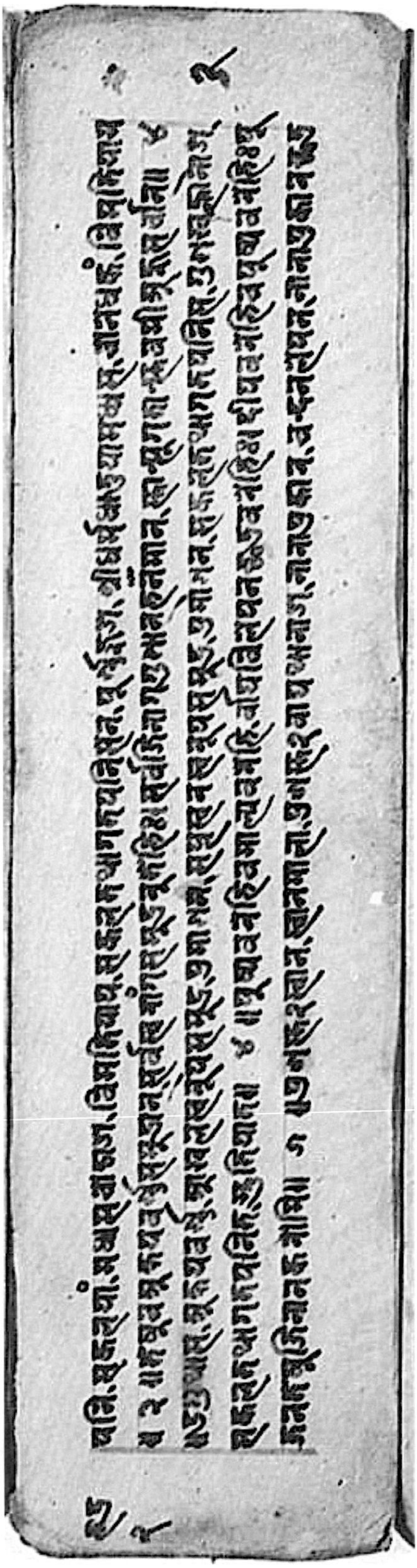

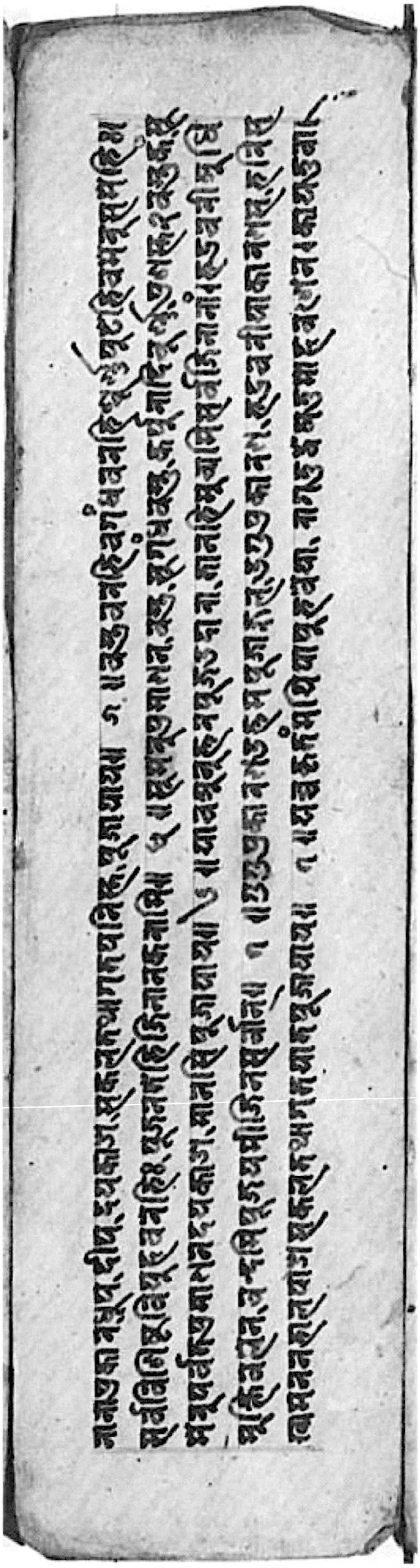

१६ २

कुसुमकनकरथेन. संबुद्धिदंनयमी गुरू सर्वं॥ ८ ॥ सूक्ष्मनीजिन. मनसा वा वाक्कर्मन्मान. रागद्वेषमोहाद्या. वनक्रयाग. याय
यानाशु समस्तं. देशनायाना. कुलया लसन. यायं कृमकाविजयकं विमादि॥ ८ ॥ यश्च दशदिशि पुण्यजगस्य. शैक्षाशैक्षक
प्रत्येकजिनानां. बुद्धसुतानथ सर्वजिनानां. अनुमोदयमी गुरू सर्वं॥ ९ ॥ दशदिशां लोकधातुसमं विश्वाक. उपेक्षक बुद्ध आधित २
त्. तथागतयनिसंन. संसारकज्ञानयायस. लोकाम्लोकविज्ञानयाकतुलि. समस्तं. अनुमोदनायासंहर्षमानयाय॥ ९ ॥ ये
दशदिशि लोकप्रदीपा. आधिविबुध्य असंगतप्राप्ताः। मानकु सर्वि अध्येषमि नाथां. चक्र अनुत्तर वर्तनताये॥ १० ॥ दशदि

शां लोकधातु समं. लोकप्रदीपदृग्याज. लोकप्रकाशयाचाज. पवित्रानसंगमालताज. आमिमगुणम्. आधिज्ञानताचाउविकाक. त
थागतयनिस्कं विमादियाचा. सकललोककूसत. यायमान. धर्मचक्रप्रवर्तनायायमानयक॥ १० ॥ येपि च निर्वृति दर्शितुकामा.
स्तान कृतांजलि भूत्वा क्षेत्ररजोपमकल्प स्थिहन्तु. सर्वजगस्य हिताय सुखाय॥ ११ ॥ निर्वाणविज्ञाप्यअकथानतथागतय
निसकं. लोलथगालययानागविमादियाय। कतनजुप्रमाणकल्पनविज्ञायमाल. जगतसंस्थानदिकयानाज. निर्वाणविज्ञायमकय
का॥ ११ ॥ वन्दनपूजनदेशनताया. अनुमोदन अध्येषणयाचनताया. यच्च शुभं मयि संचितु किंचित् बोधयि नामयमी गुरु सर्वं॥

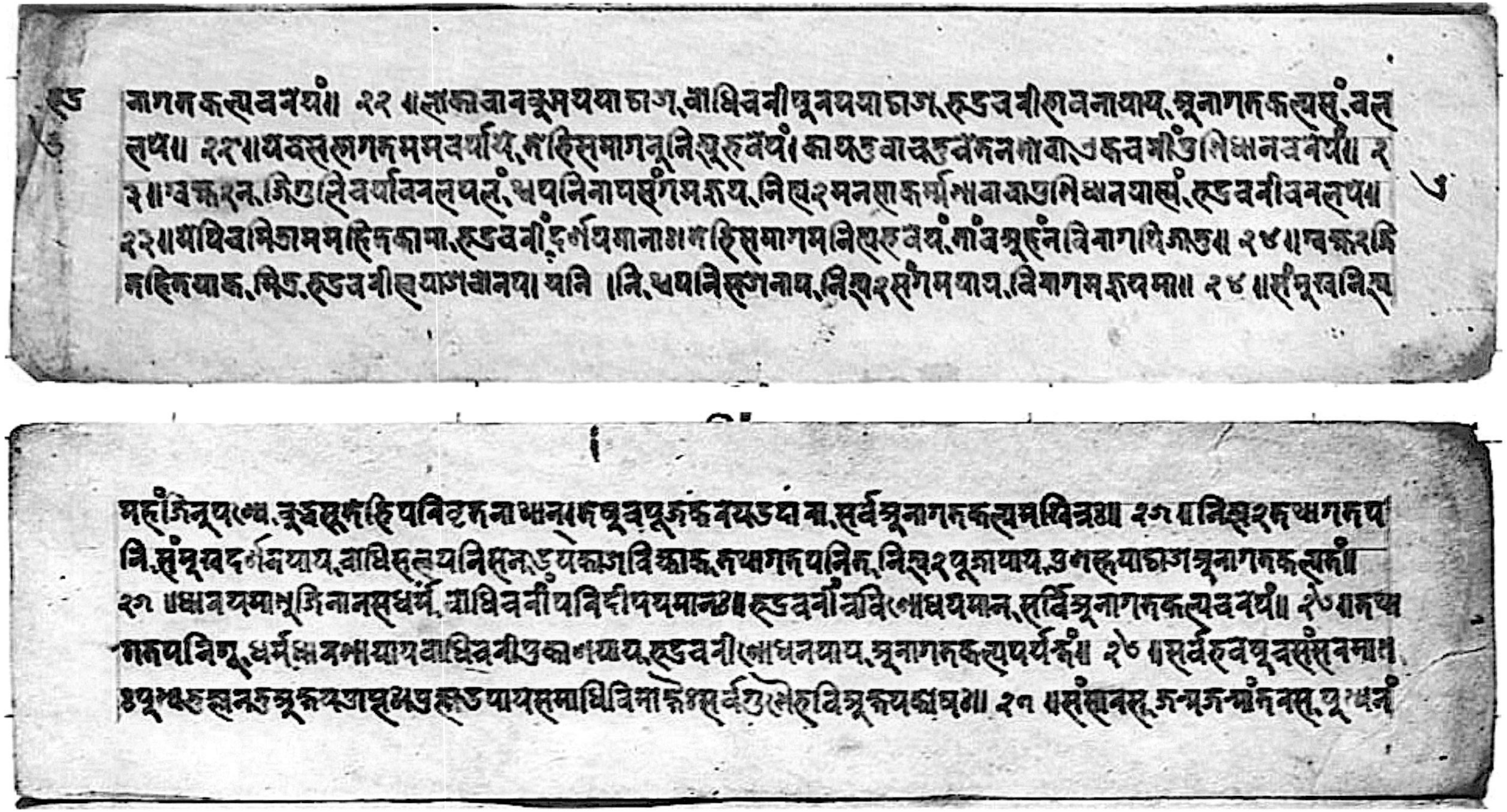

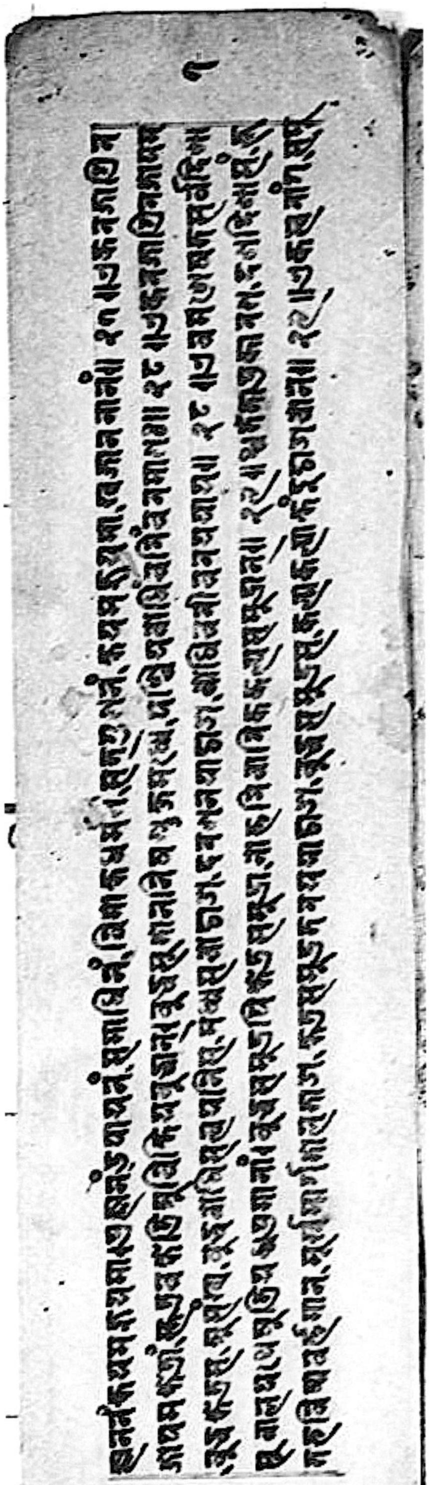

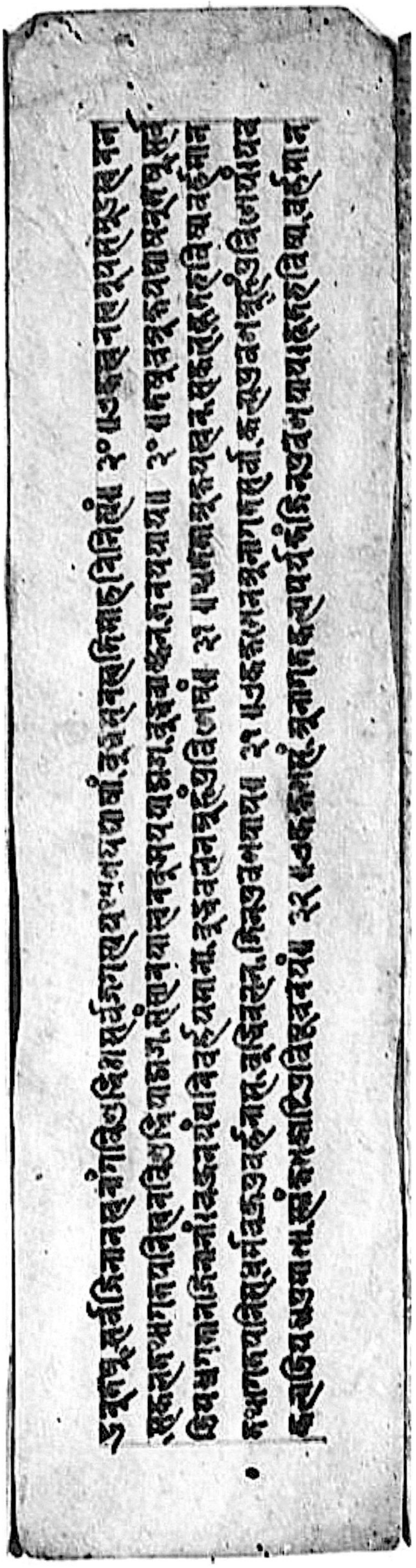

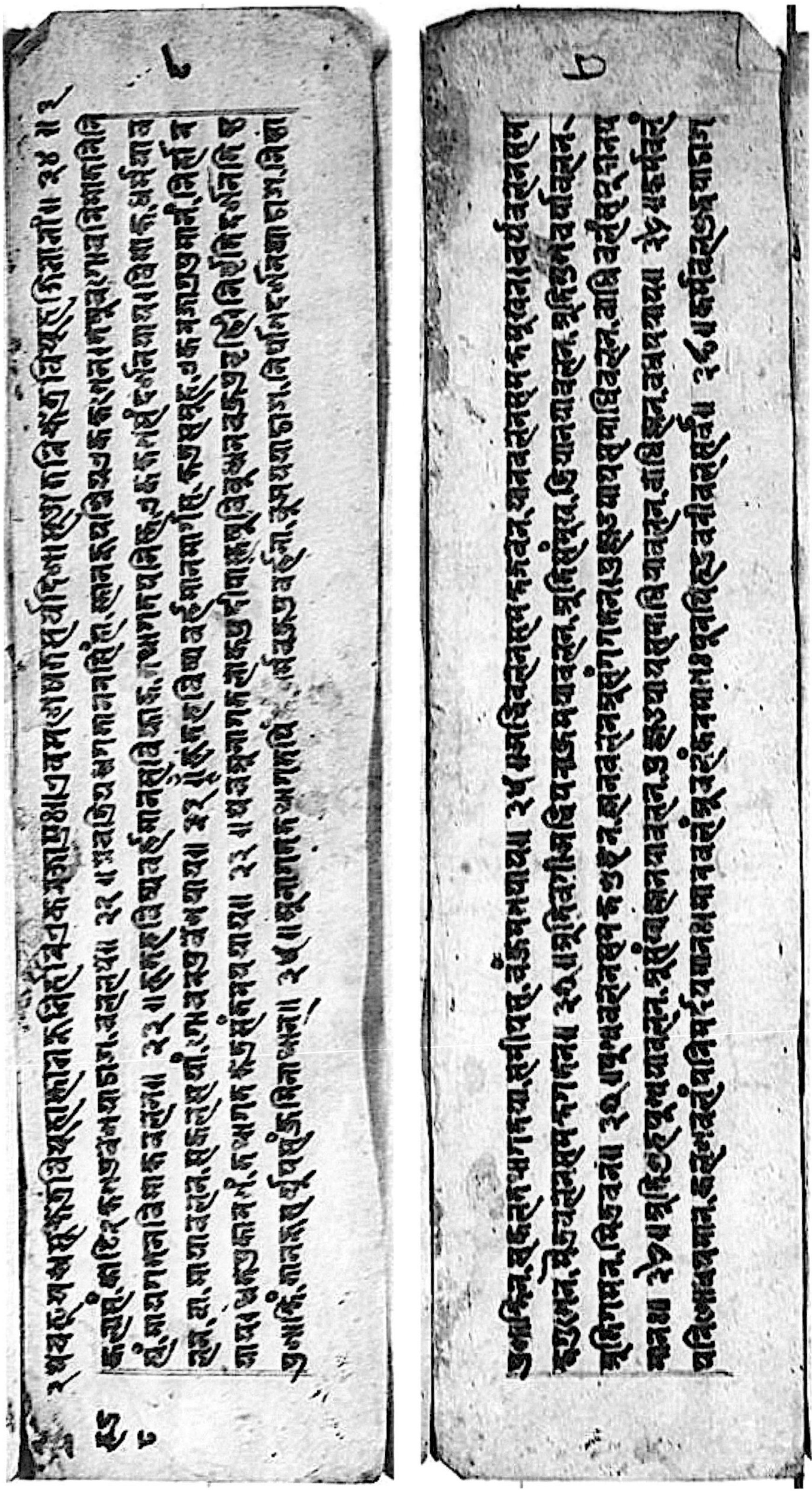

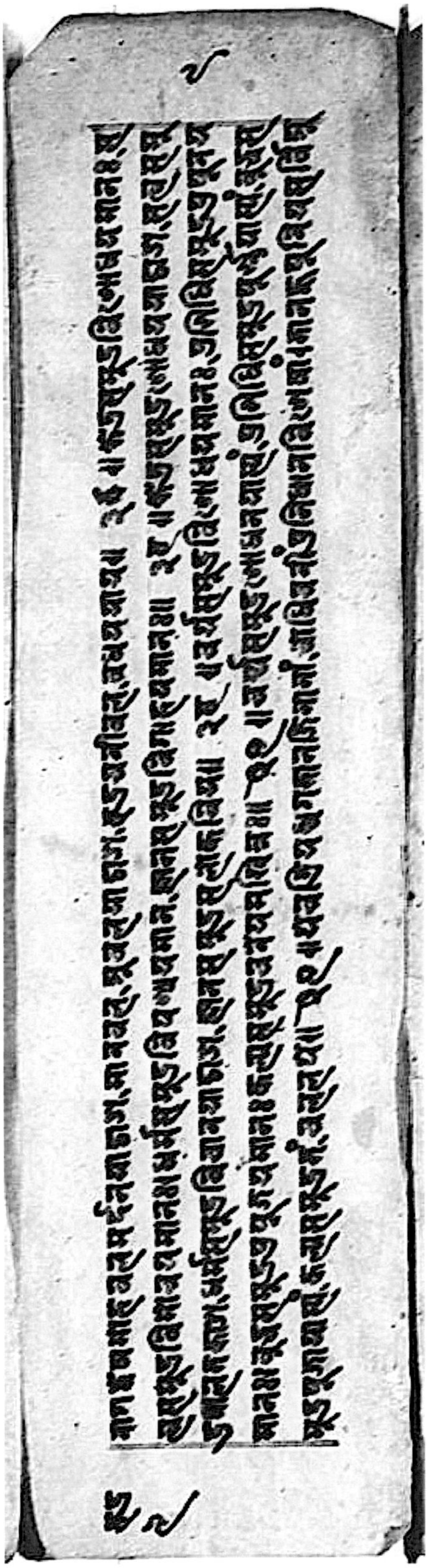

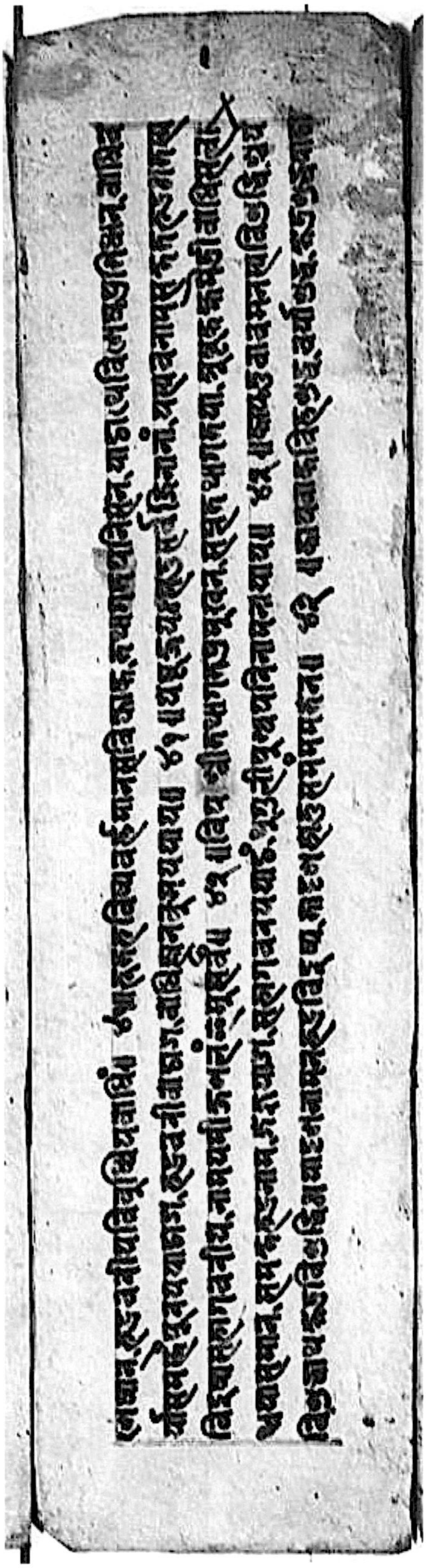

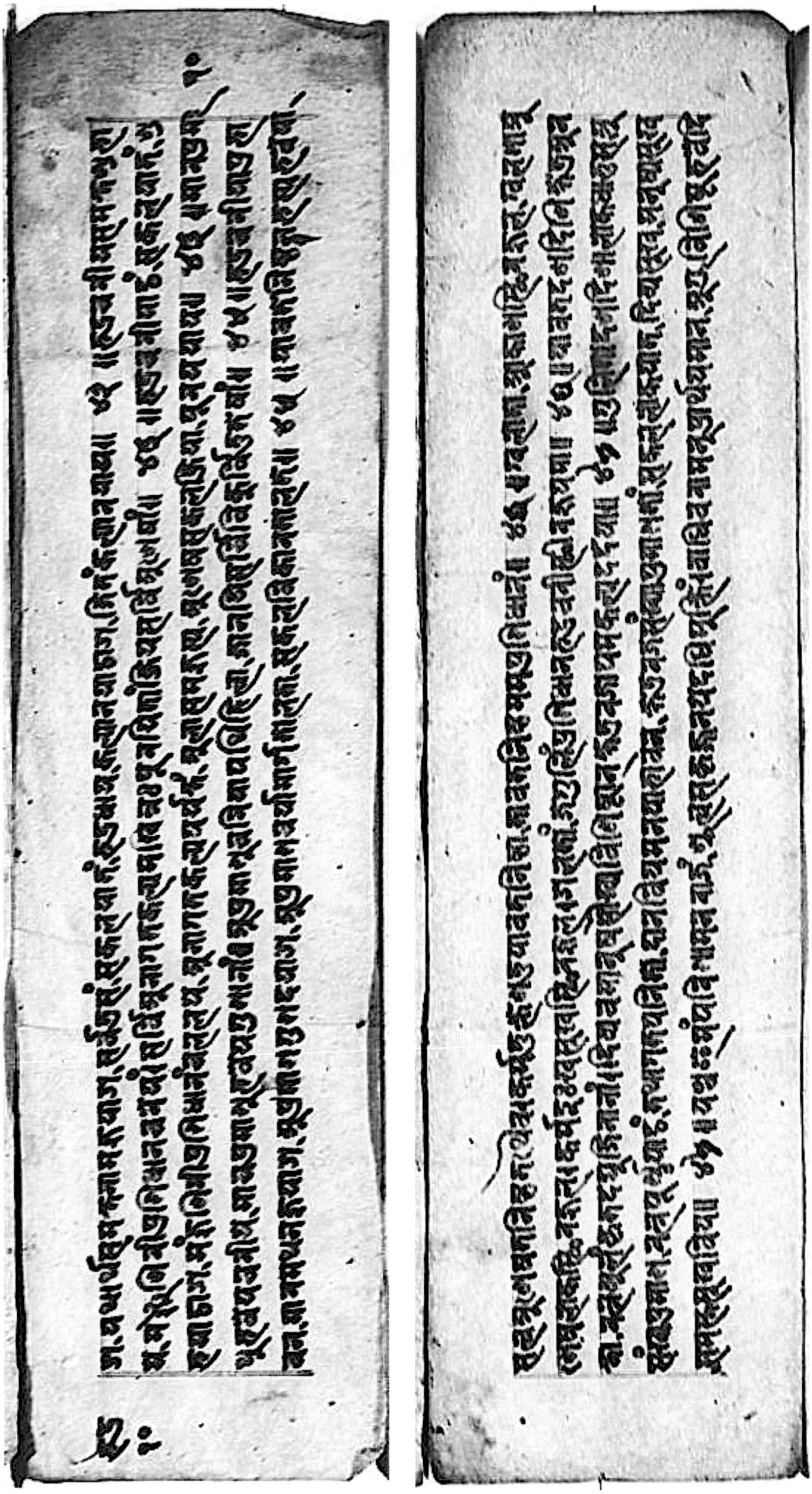

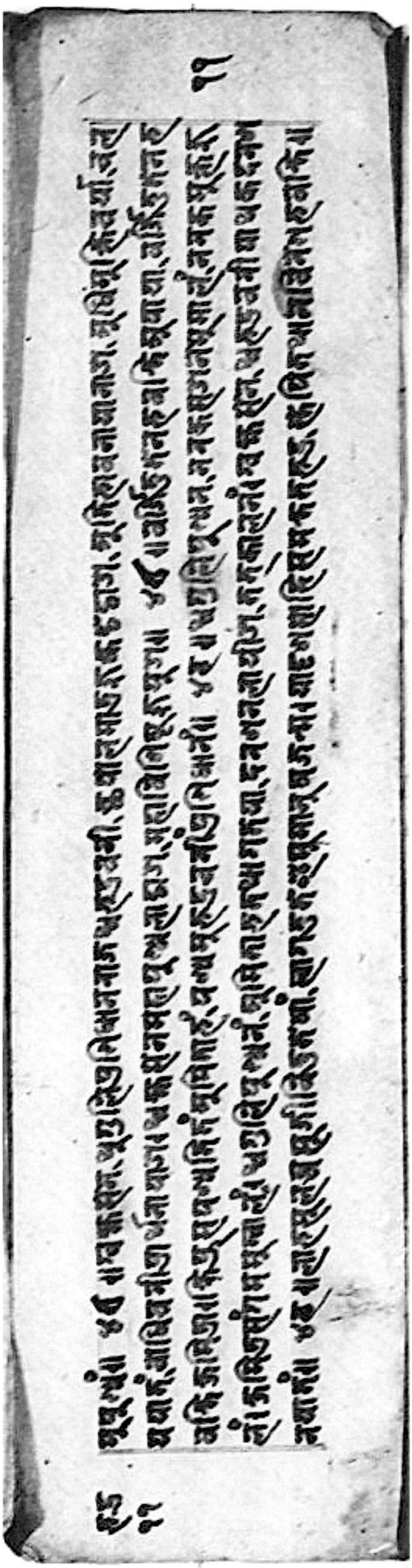

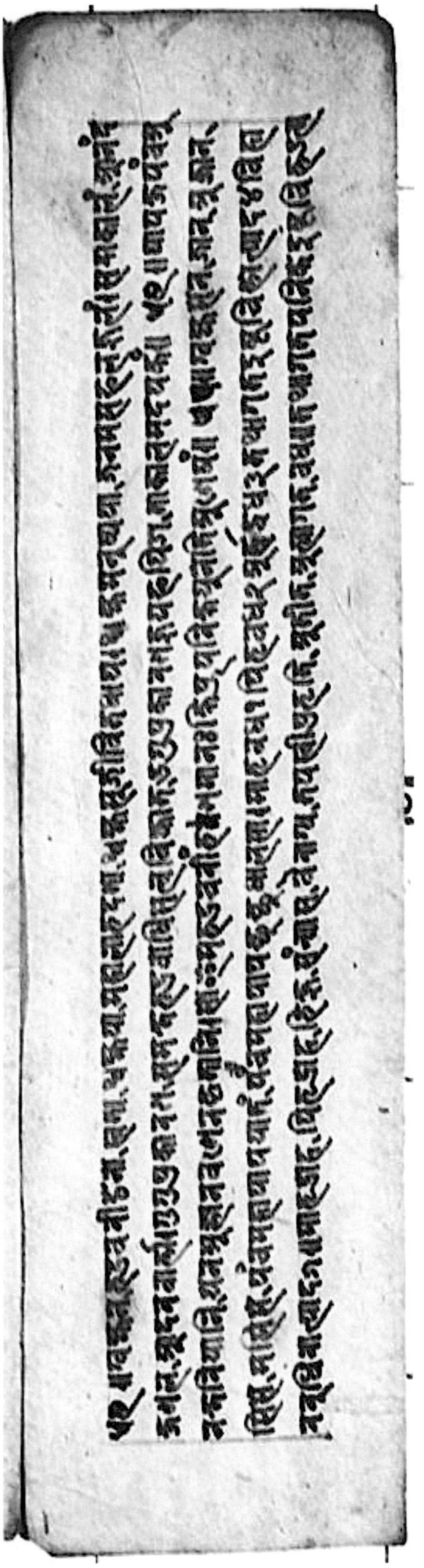

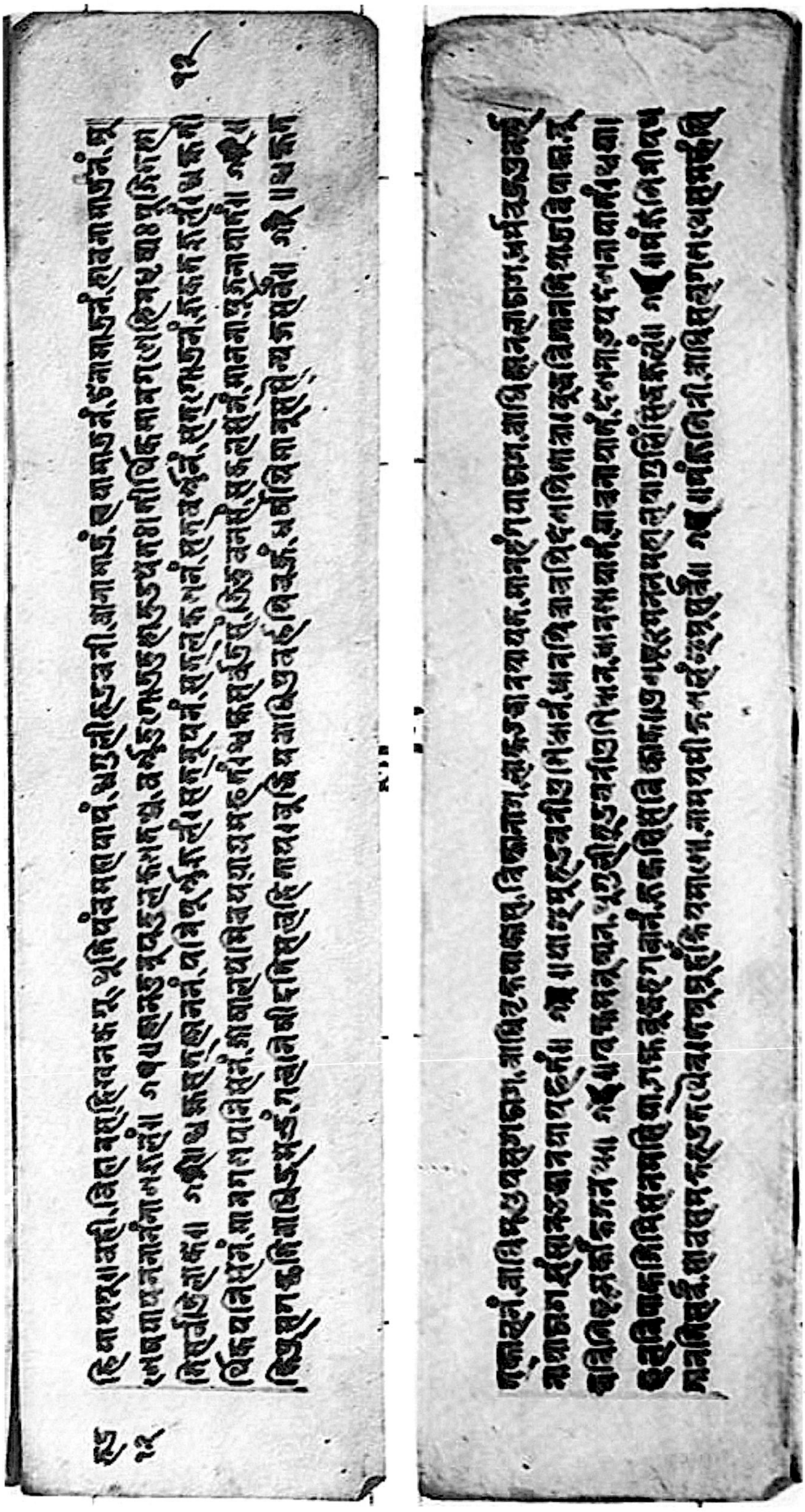

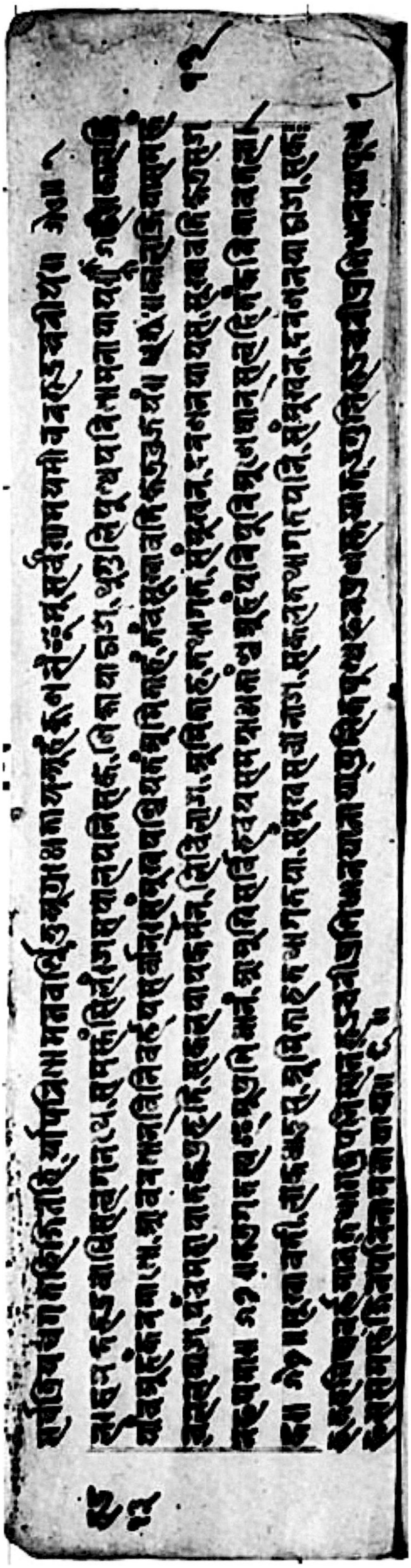

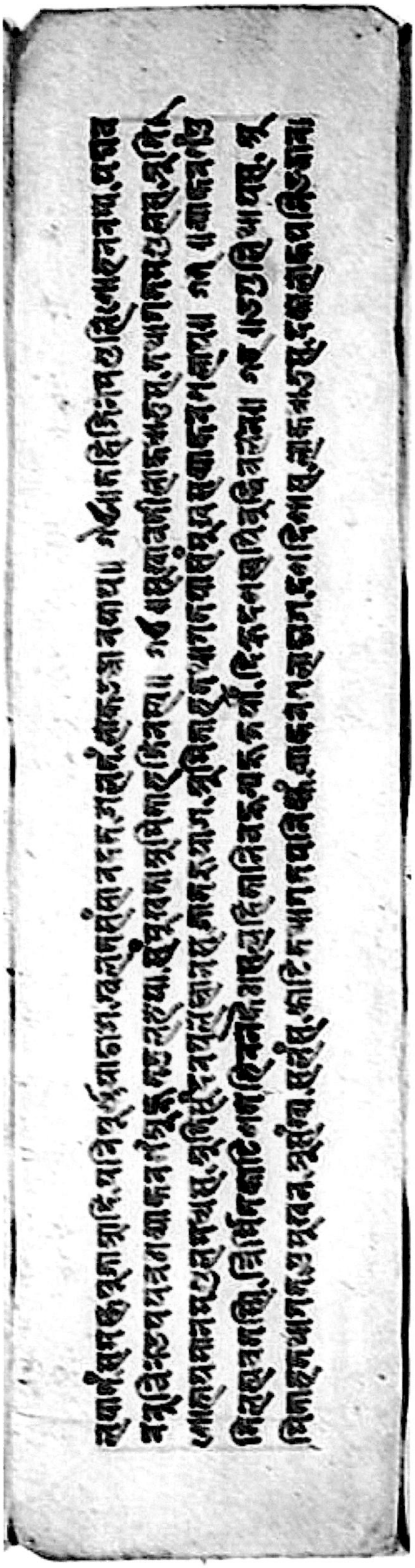

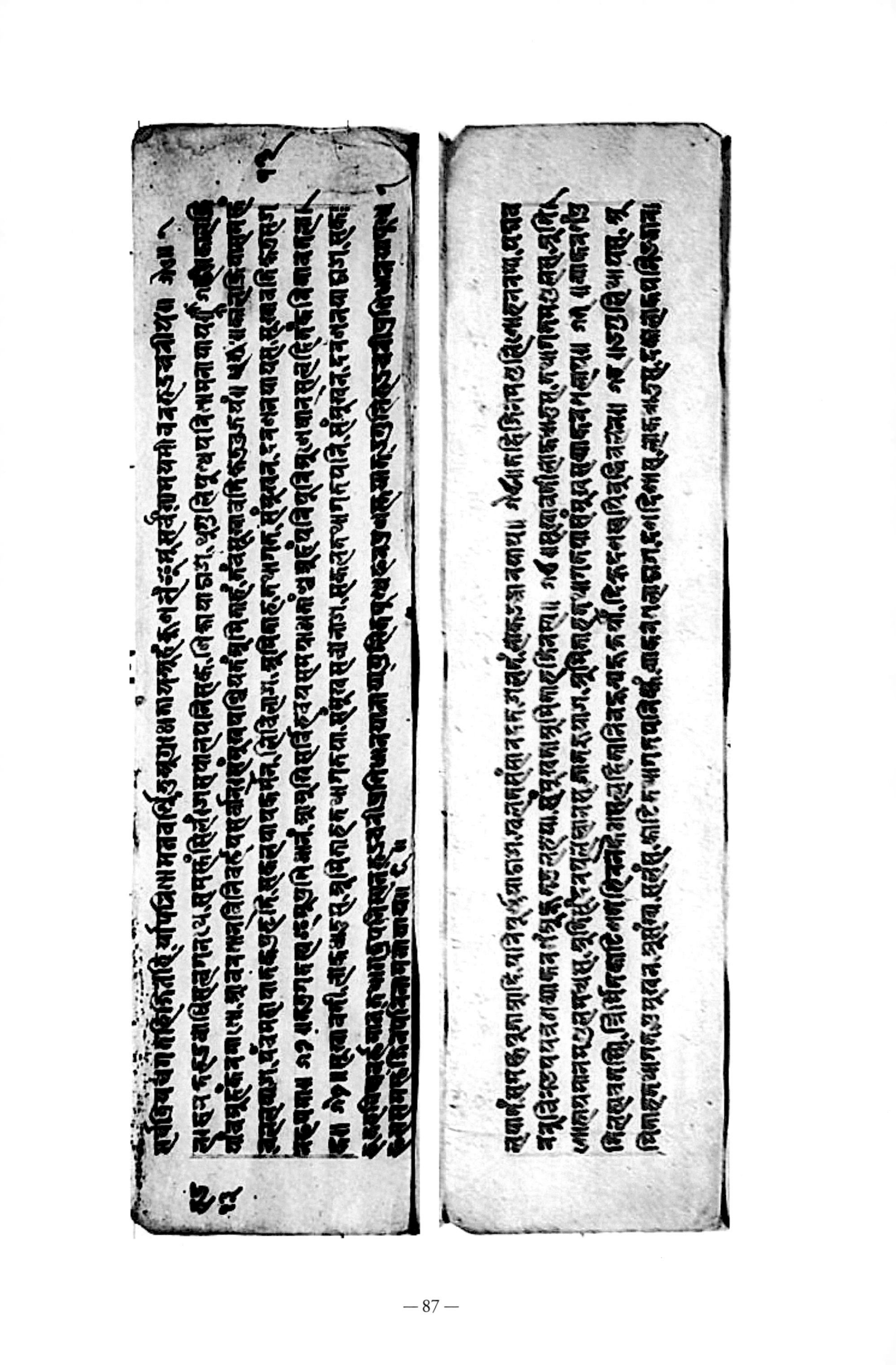

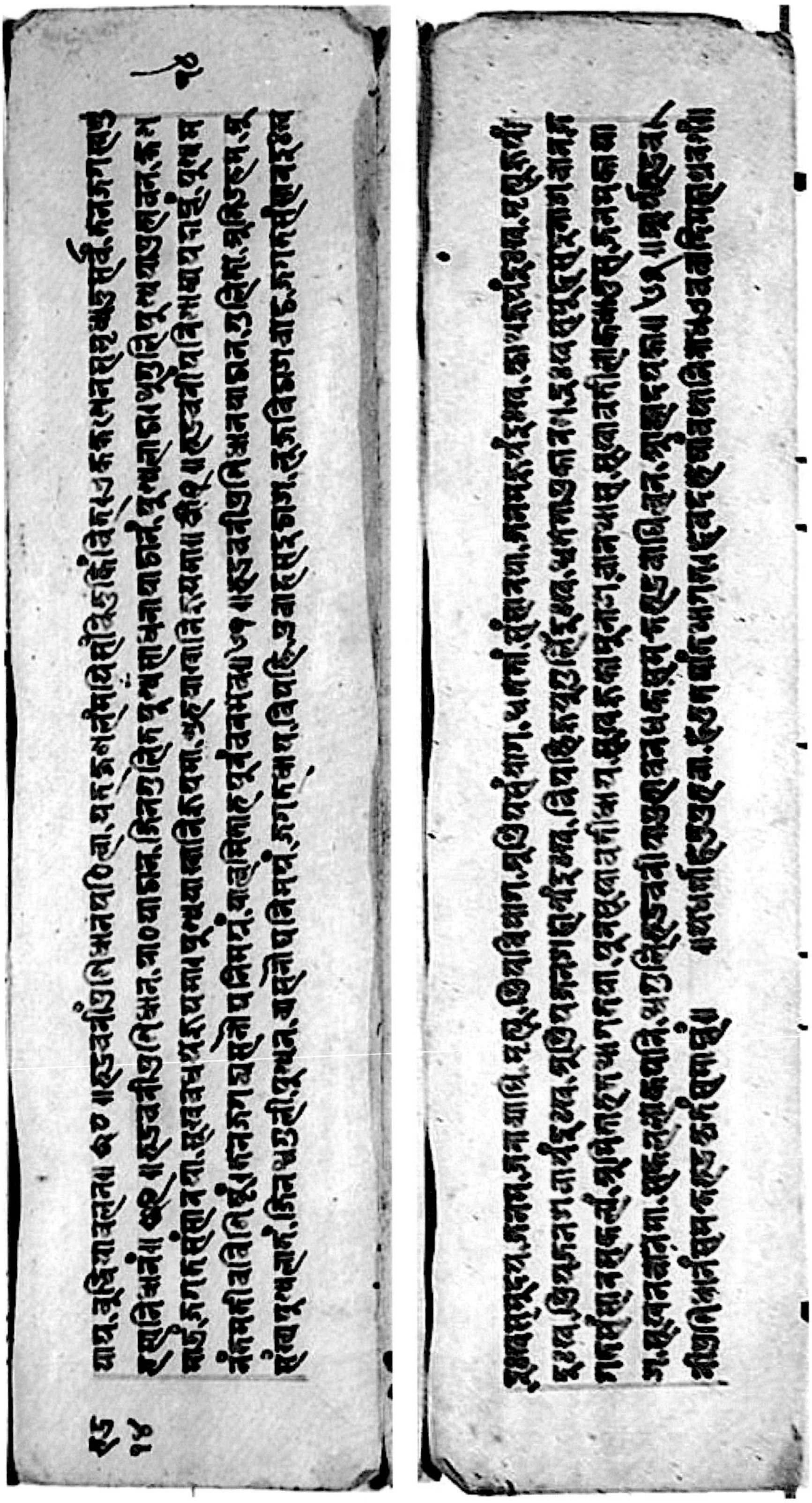

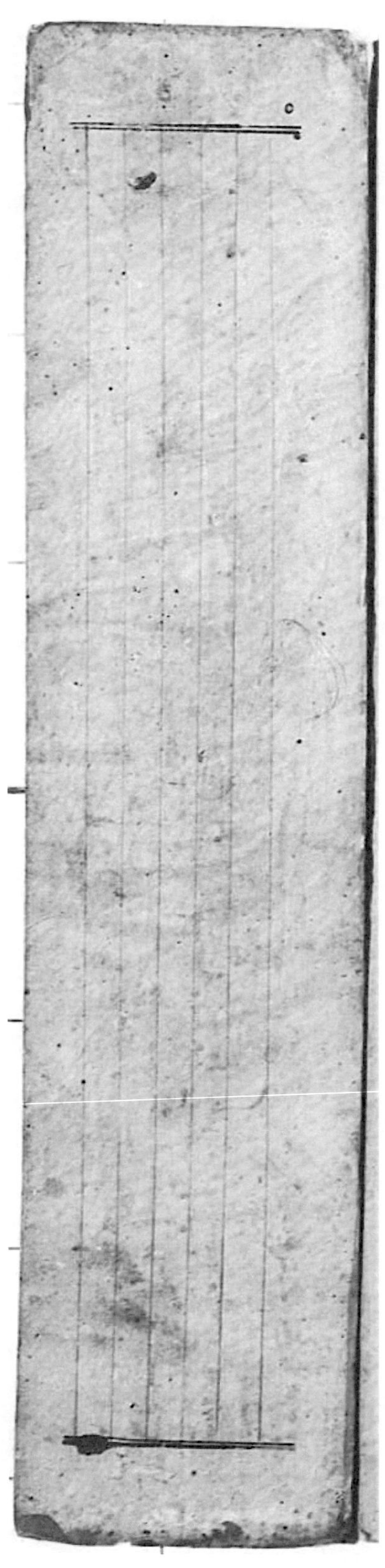

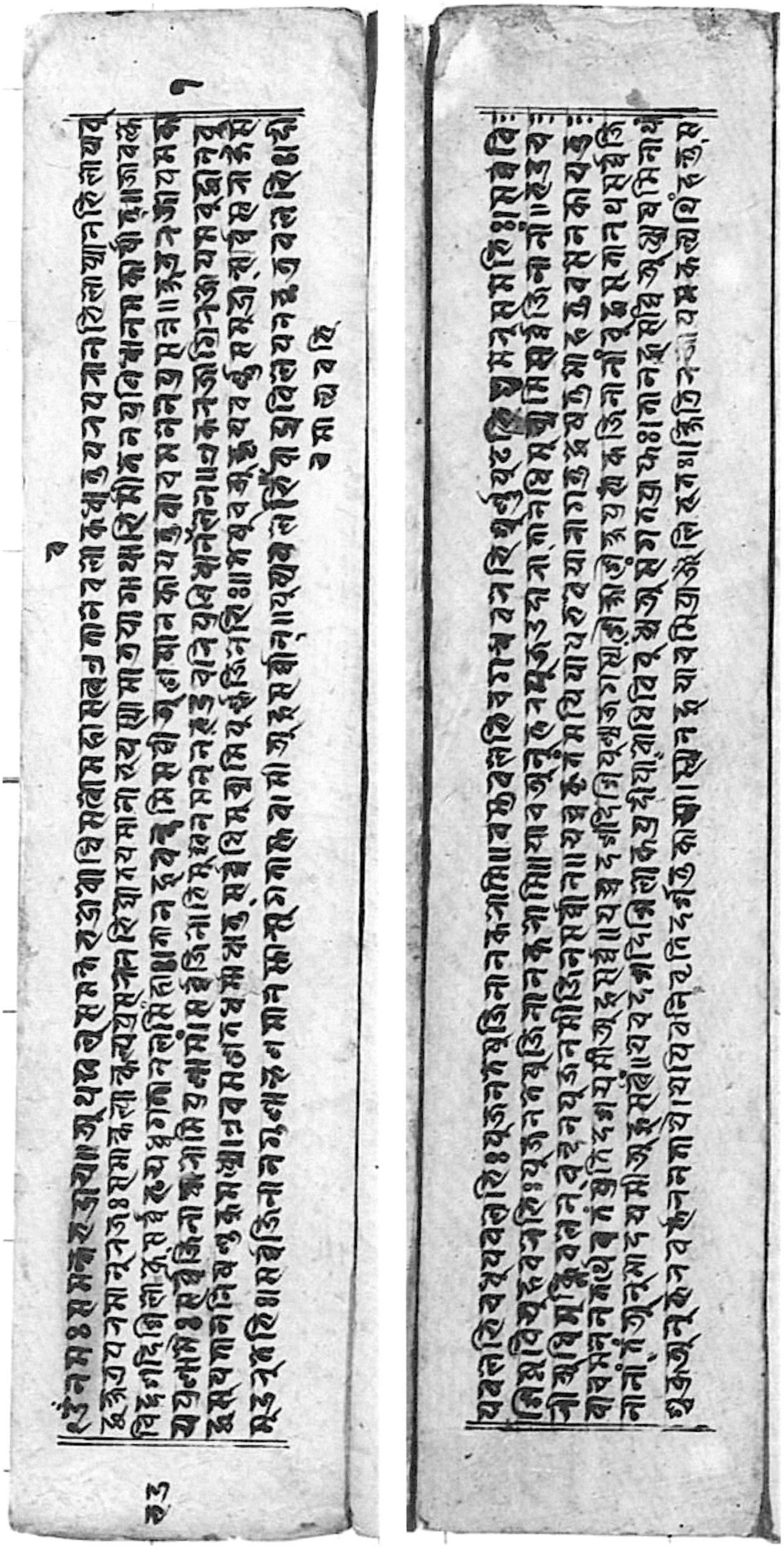

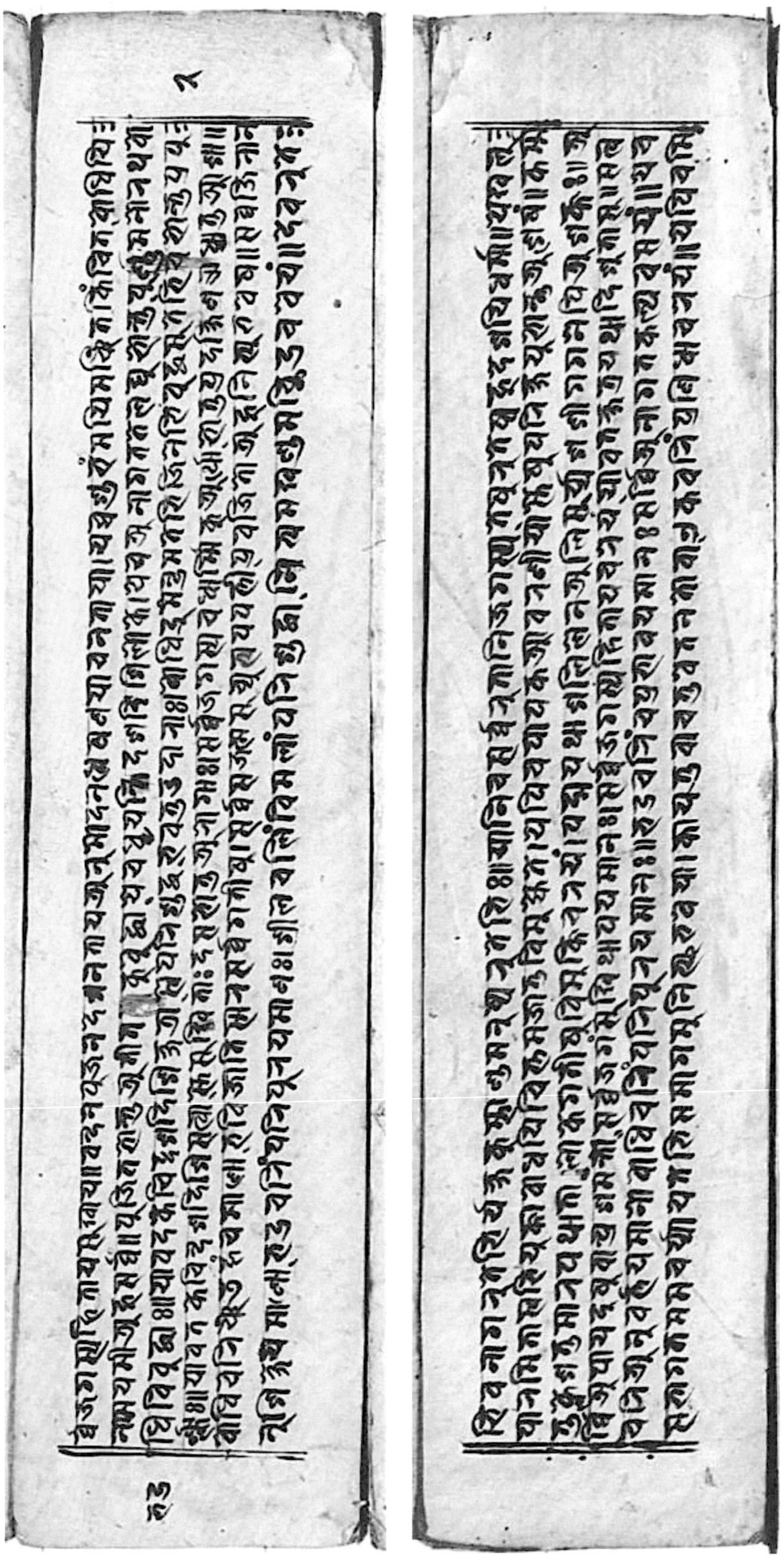

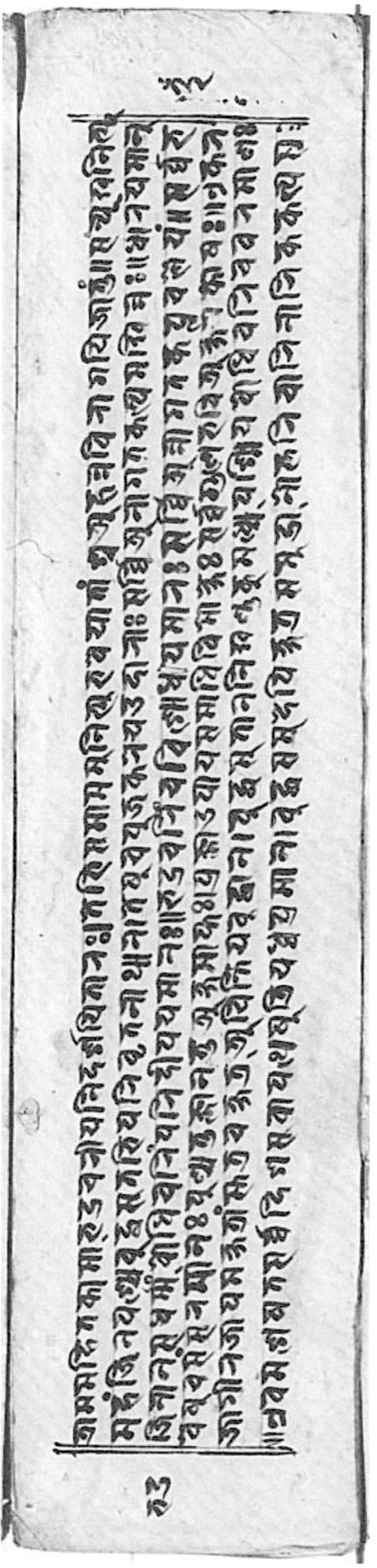

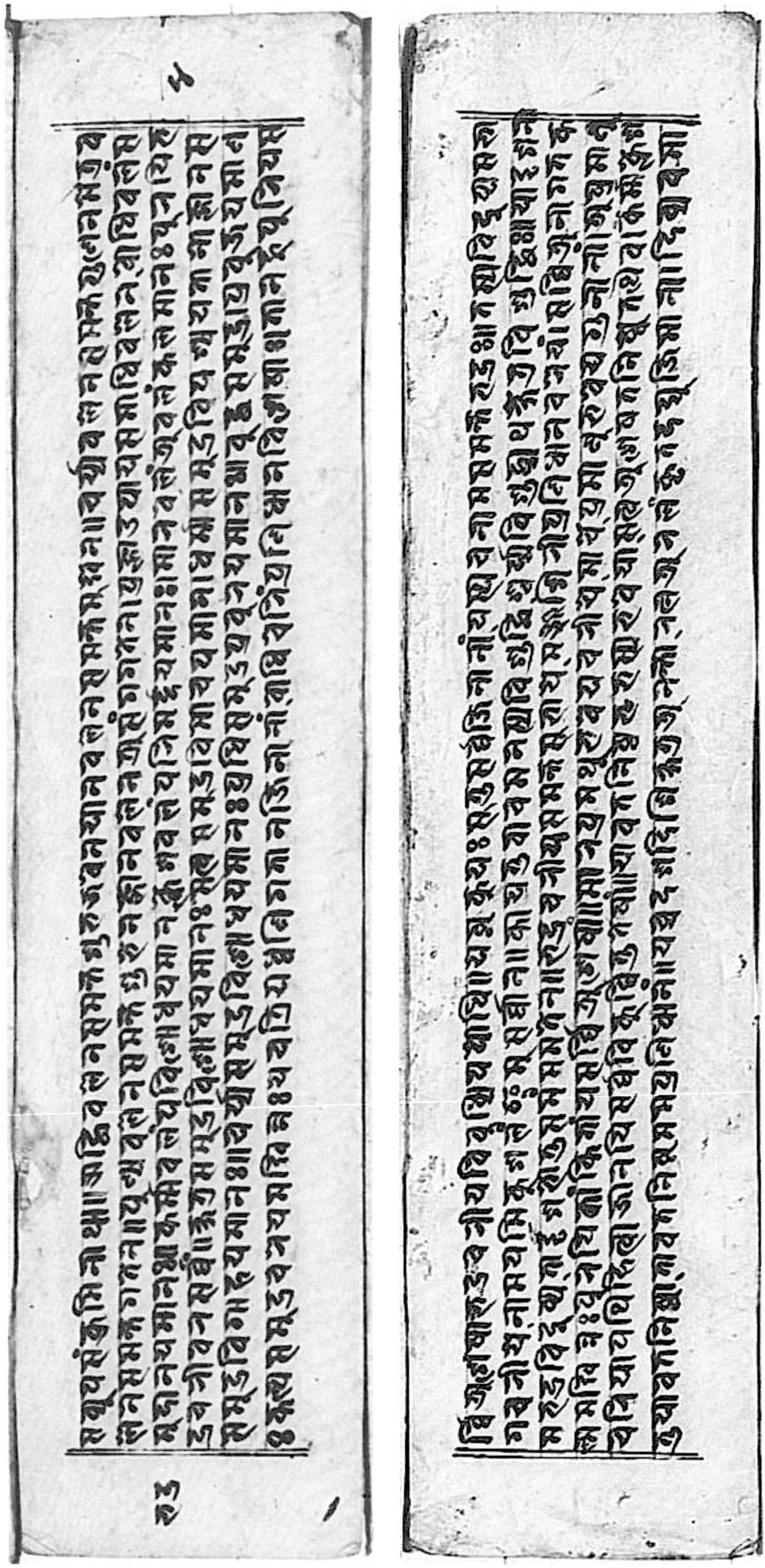

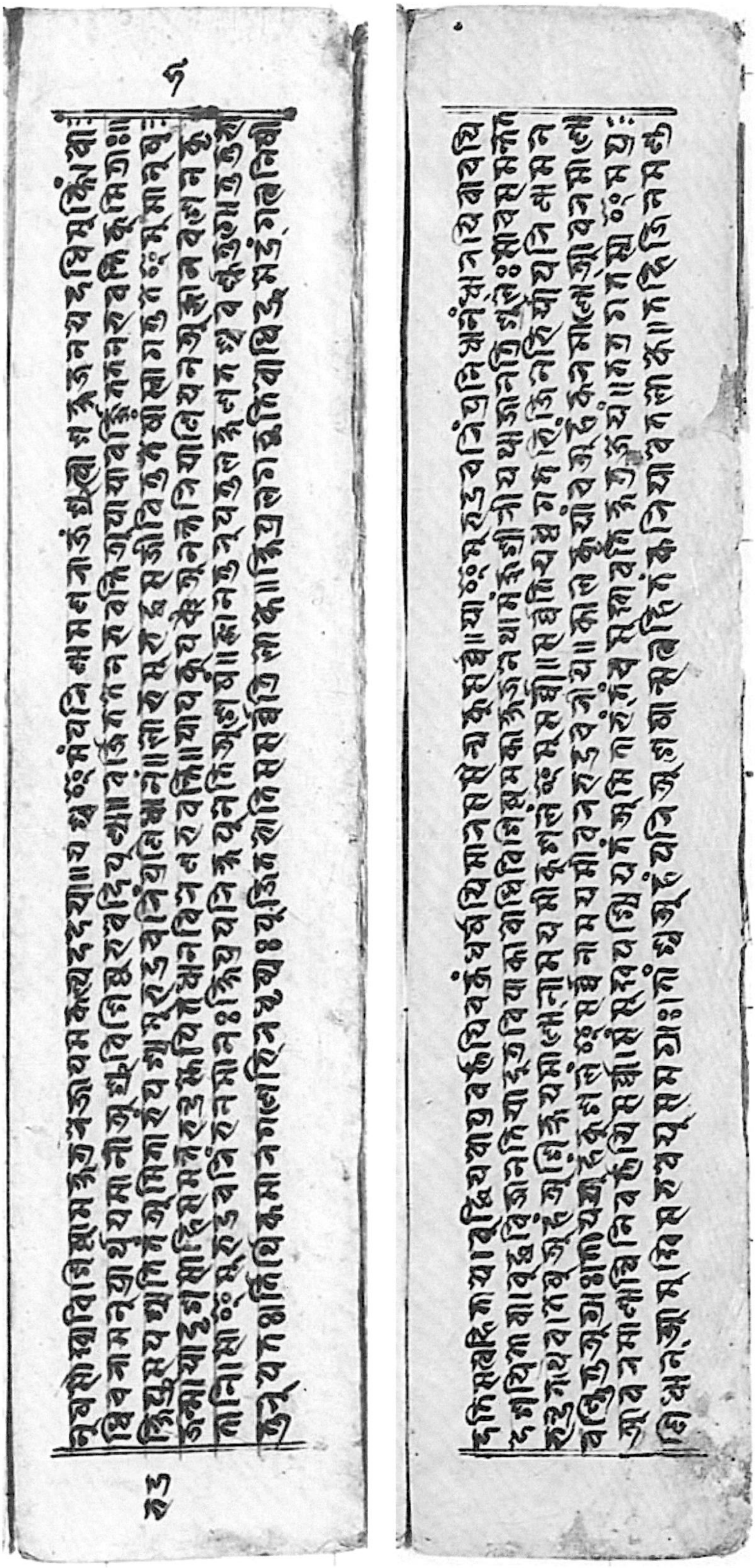

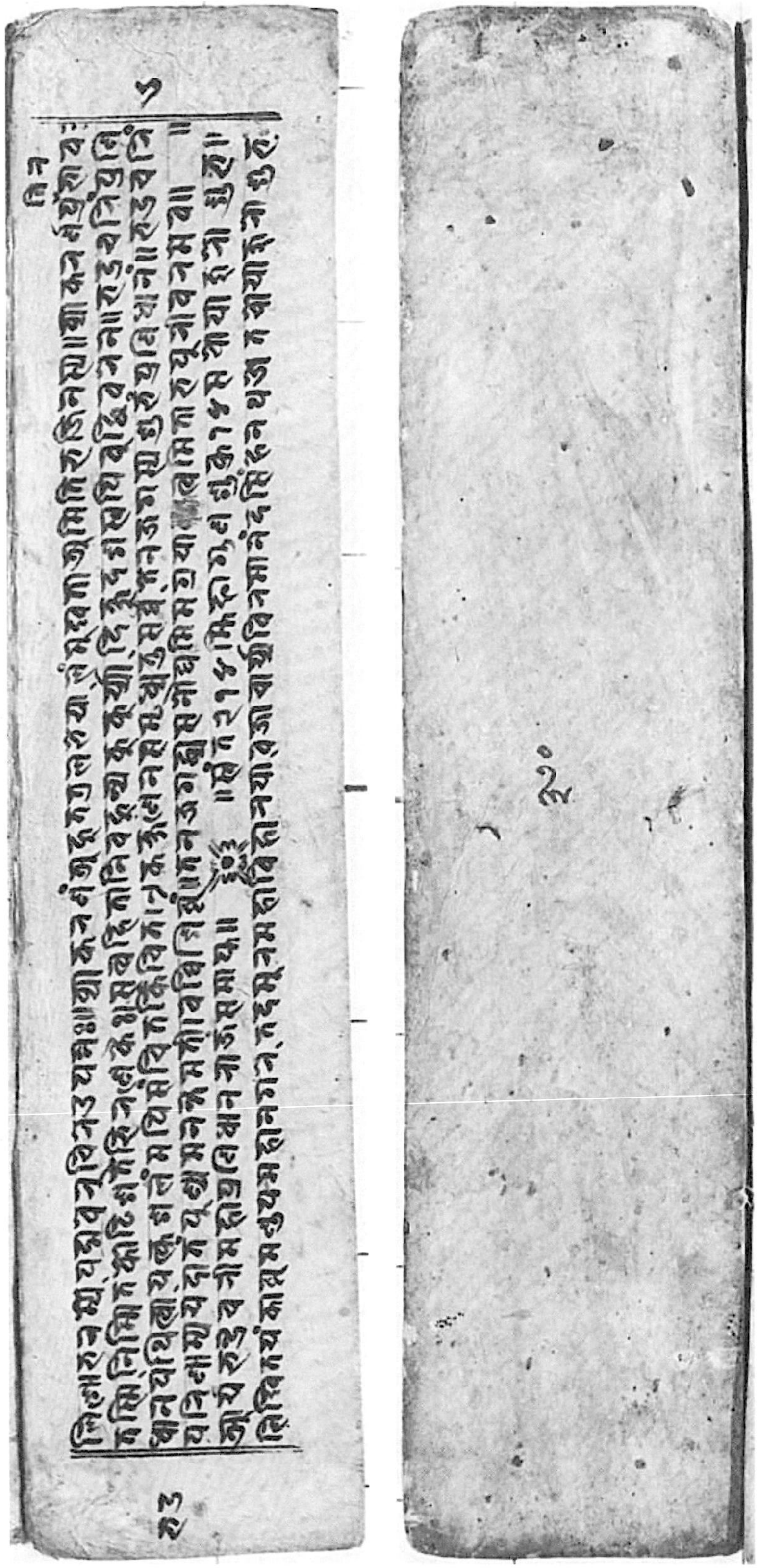

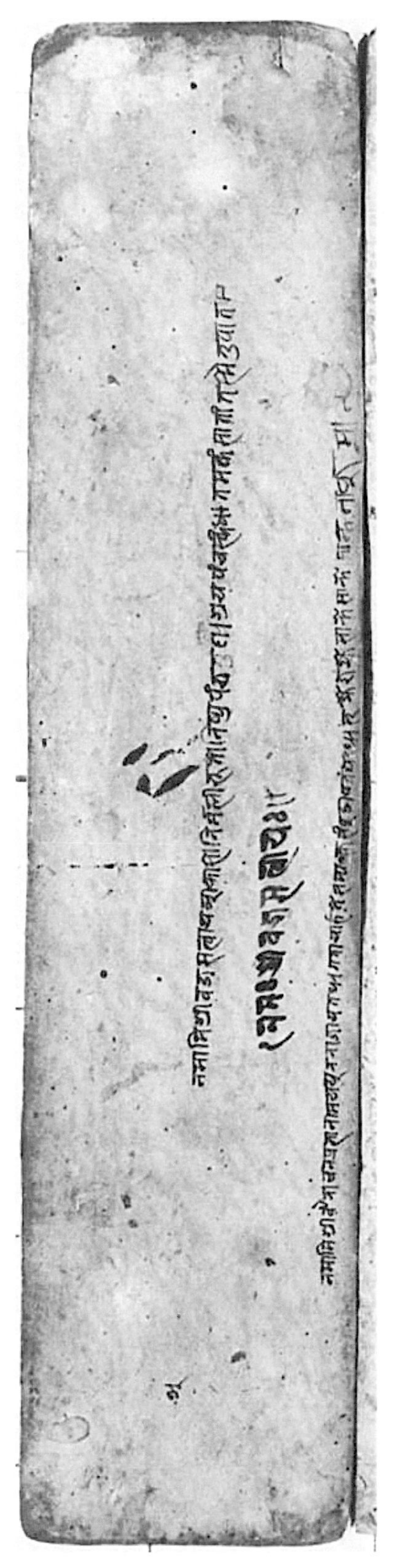

॥१॥

[illegible] ॥ ॥अथ रत्नत्रसमकरुडा· बोधिसत्वा महासत्व· एमानेवलाव
धातु· पर्वयवान हिलाध्यान हिलाध्य· बुद्धकत्रपवमानुवगः समान्त्वल्यान्तल्यप्रसवानहि
श्रानयमाना· हृयस्यामत्रयामथहिंगीक नप्रनिश्रनंमकाथीक॥ ० ॥यावन्तूकावि
हर्णादिमिलाक· सर्वत्रयधगनानवासिंह श्रानरूवन्दामिस्विंशूलमान्· कायकुः
वाचमननप्रसन्न॥ १ ॥कत्रवआपमकायपणामे॥ सर्वजिनानकवामिप्रणामे॥ सर्वजि
नाहिमूखनमनन· हृद्रवांभ्रानिधानवलन॥ २ ॥एकवआत्रियापमबुद्धान्· बु ॥श्री॥

॥१॥

क्षमनानानियशंकुमस्त्र॥ एवमथयकर्मनुधांधातुं· सर्वधिमूर्य्यमिपूर्णुकिनहि॥ ३॥
मथूवल्कयवशुसमूतान्· सर्वस्वयांगसमुद्रबूनहि॥ सर्वजिनानगुणाकेनमान· स्मात
गनासवमीश्रूहूसर्वं॥ ४ ॥पूष्पव वहिवमाल्यवदहि· वाद्यविलपनच्छ
त्रववहिः दीपववहिन्वधूपववहि॥ पू जनवपूजिनानकवामि॥ ५ ॥वस्त्र
ववहिन्वगन्धववहि॥ शुपूर्णहिन्वमत्रूसमहि॥ सर्वविशिष्टवियूहववहि॥ पूज
नवपूजिनानकवामि॥ ६ ॥यावन्तनूलवपूजउदारा· तान धिमूर्च्यमिसर्वजि

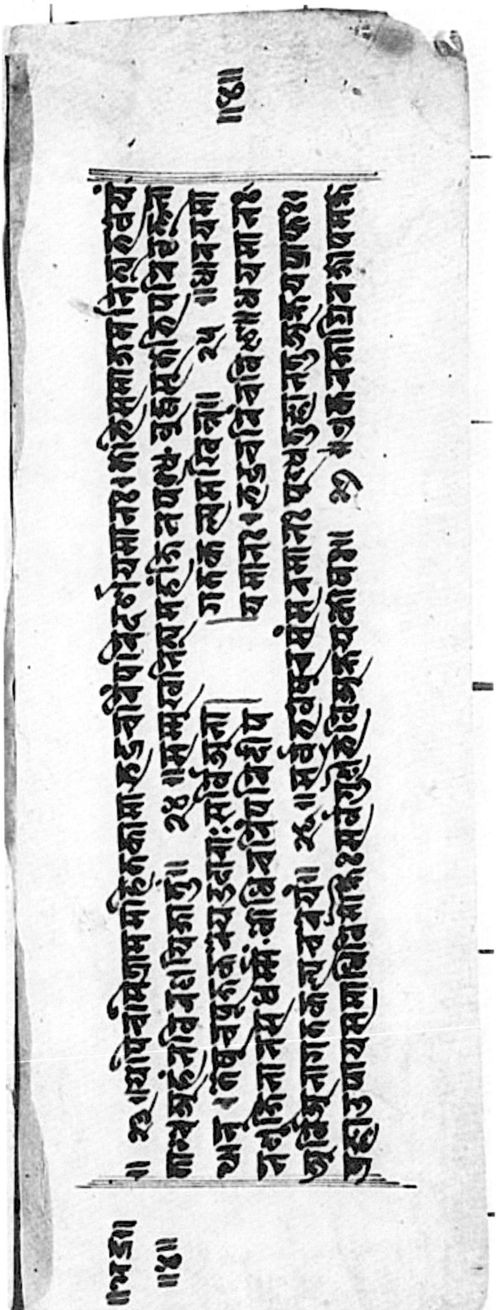

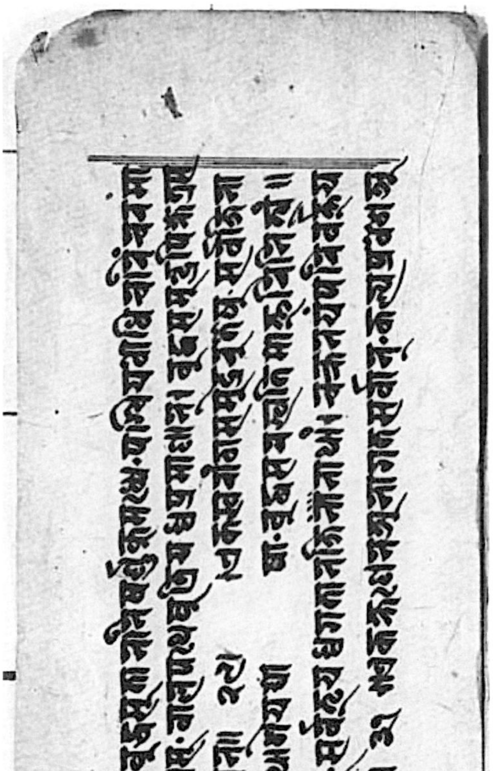

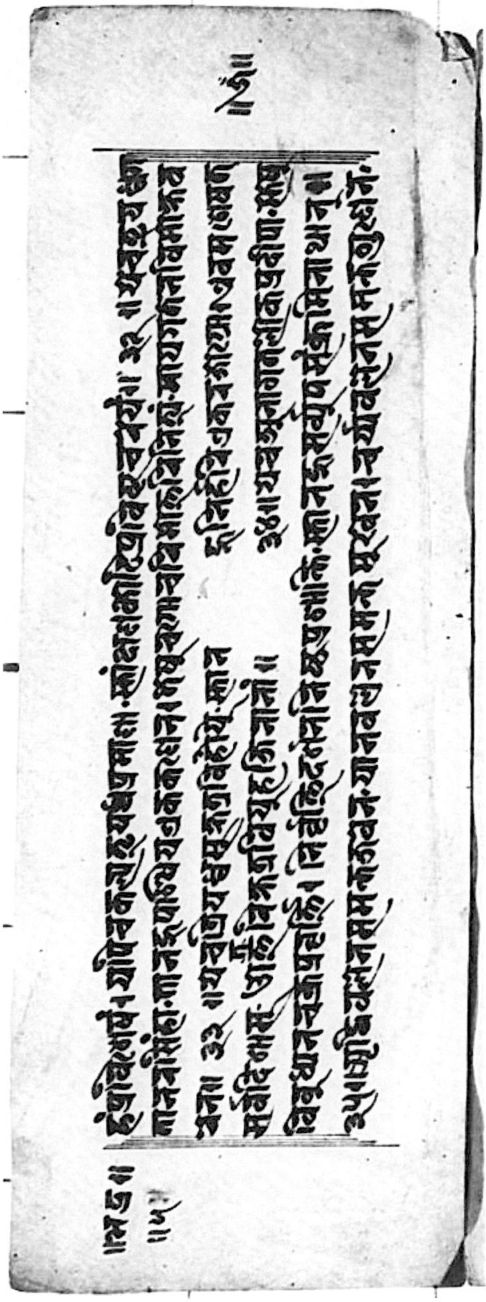

॥भद्र॥
॥६॥

यच्चात्र्यध्वगतान जिनानां बोधिवीप्रणिधानविशेषाः तानहु पूरयि सर्वि अशेषान्
भद्रचरीय विबुद्धिय बोधिं॥ ४१ ॥ ज्येष्ठकु यस्तु सर्वजिनानां यस्य च नाम समन्तभद्रः
तस्य विदुस्य सभागचरीय नामयमी कुशलं इमु सर्वान्॥ ४२ ॥ कायतु वाचम
नस्य विशुद्धि चर्यविशुद्ध्यथ क्षेत्रविशुद्धि ॥ यादृशनामन भद्र विदुःस्य तादृश भो
तु समेन मनाद्य॥ ४३ ॥ भद्रचरीय समन्तशुभाय मञ्जुशिरीप्रणिधान चरेयं सर्वि
अनागतकल्पम खिन्नः पूरयि तां क्रिय सर्वि अशेषां॥ ४४ ॥ नो च प्रमाण भवेय चरीय

॥ॐ॥

नो च प्रमाण भवेय गुणानां। अप्रमाणचरियाय स्थिहित्वा जानयि सर्वि विकुर्वितु तेषां॥ ४५ ॥
यावत निष्ठ नभस्य भवेया सत्त्व अशेषत निष्ठ तथैव। कर्मतु क्लेशतु यावत निष्ठा तावत
निष्ठ मम प्रणिधानं॥ ४६ ॥ यश्च दशद्दिशि क्षेत्र अनन्ता रत्नअलंकृत दद्य जिनानां दि
व्य च मानुष सौख्यविशिष्टान् क्षेत्ररजोपम कल्प ददेया॥ ४७ ॥ यश्च इमं परिणा
मनराजं श्रुत्व सकृज्जनयेदधिमुक्तिं। बोधिवरामनुप्रार्थयमानो अग्रविशिष्ट भवेदि
मु पुण्यं॥ ४८ ॥ वर्जित तेन भवन्ति अपाया वर्जित तेन भवन्ति कुमित्राः। क्षिप्र स पश्यति

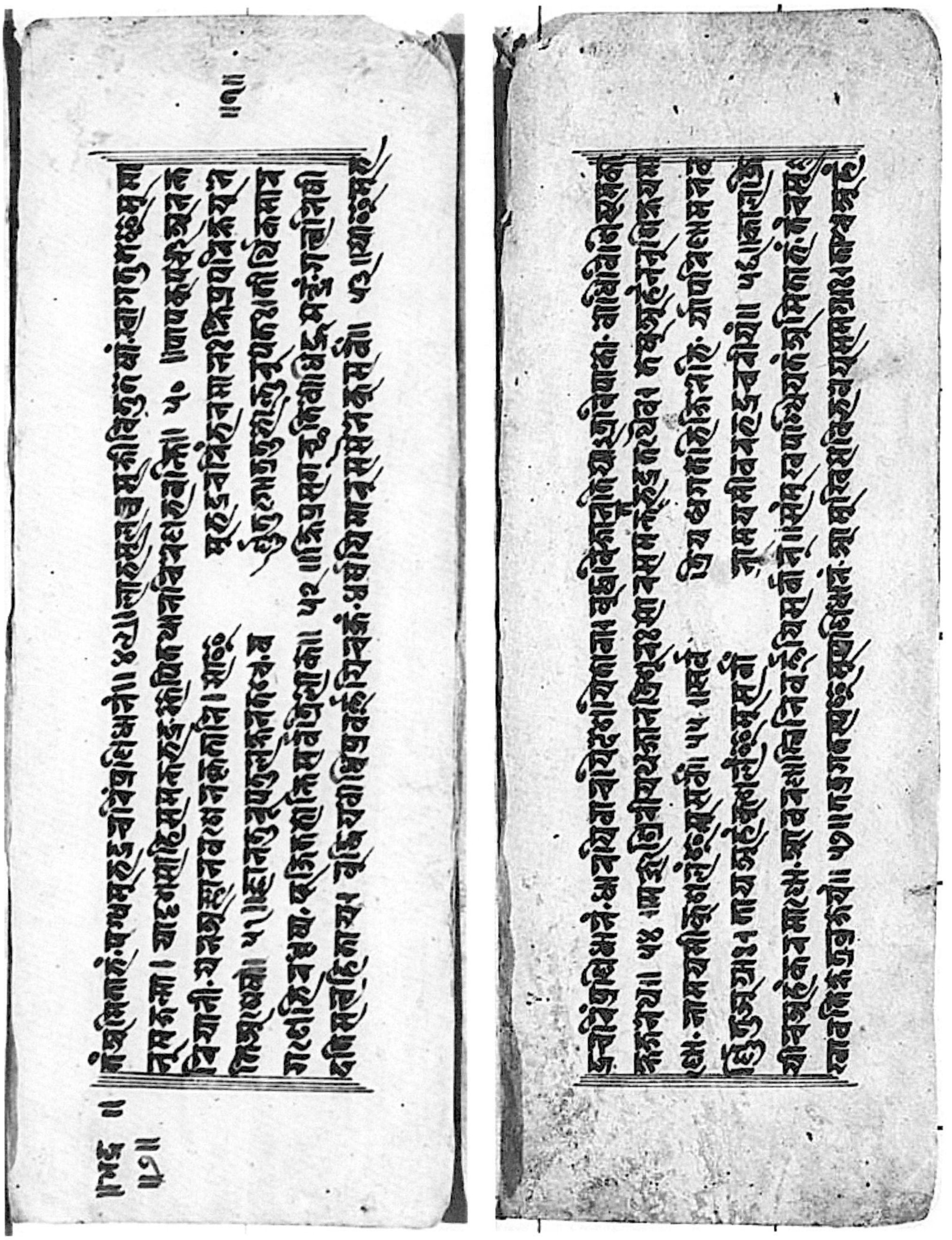

380

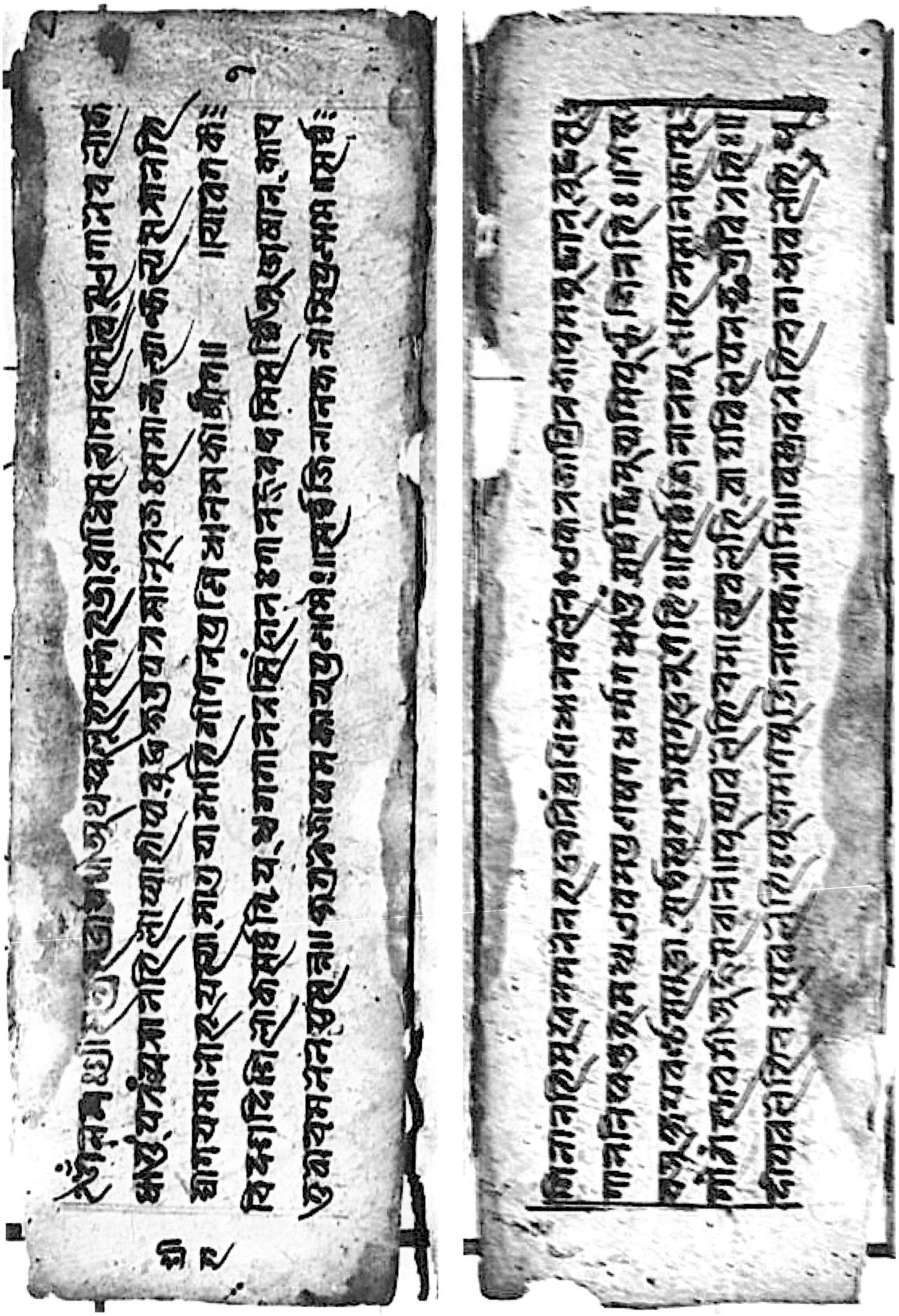

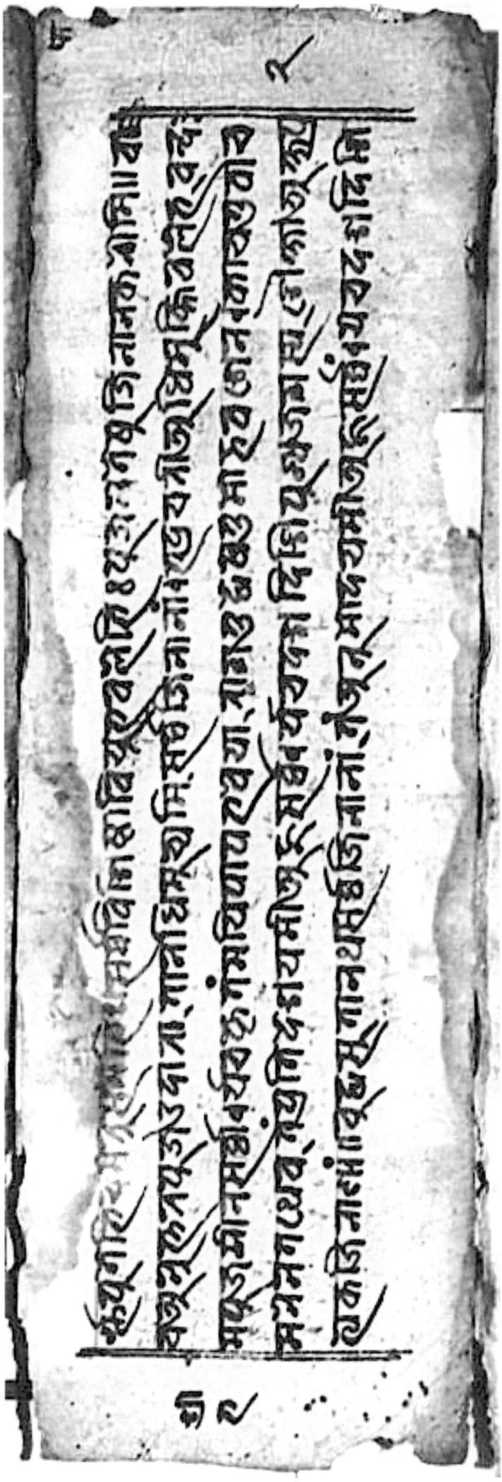

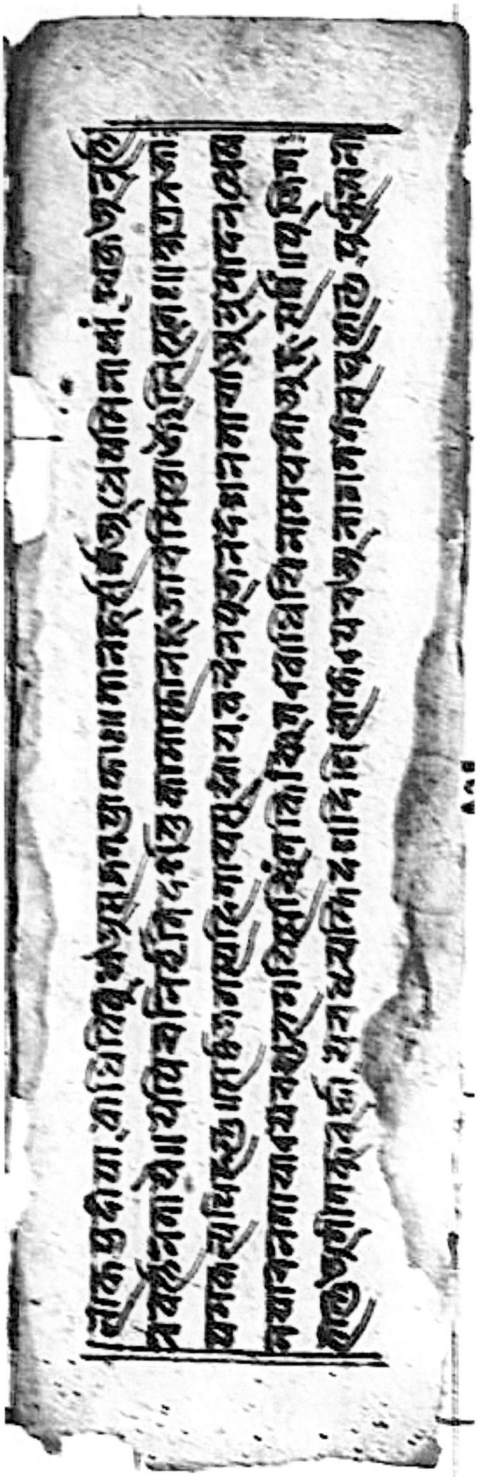

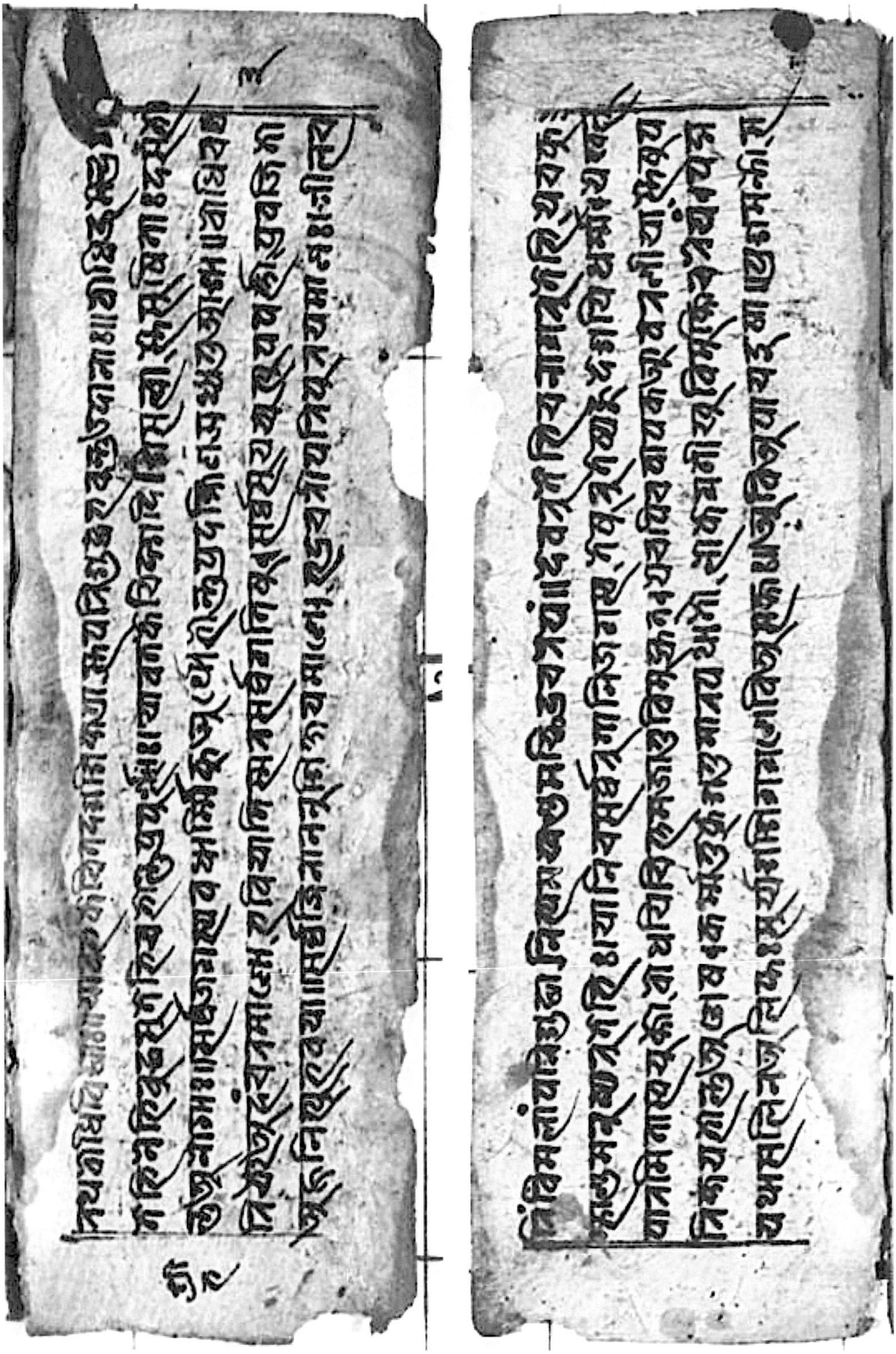

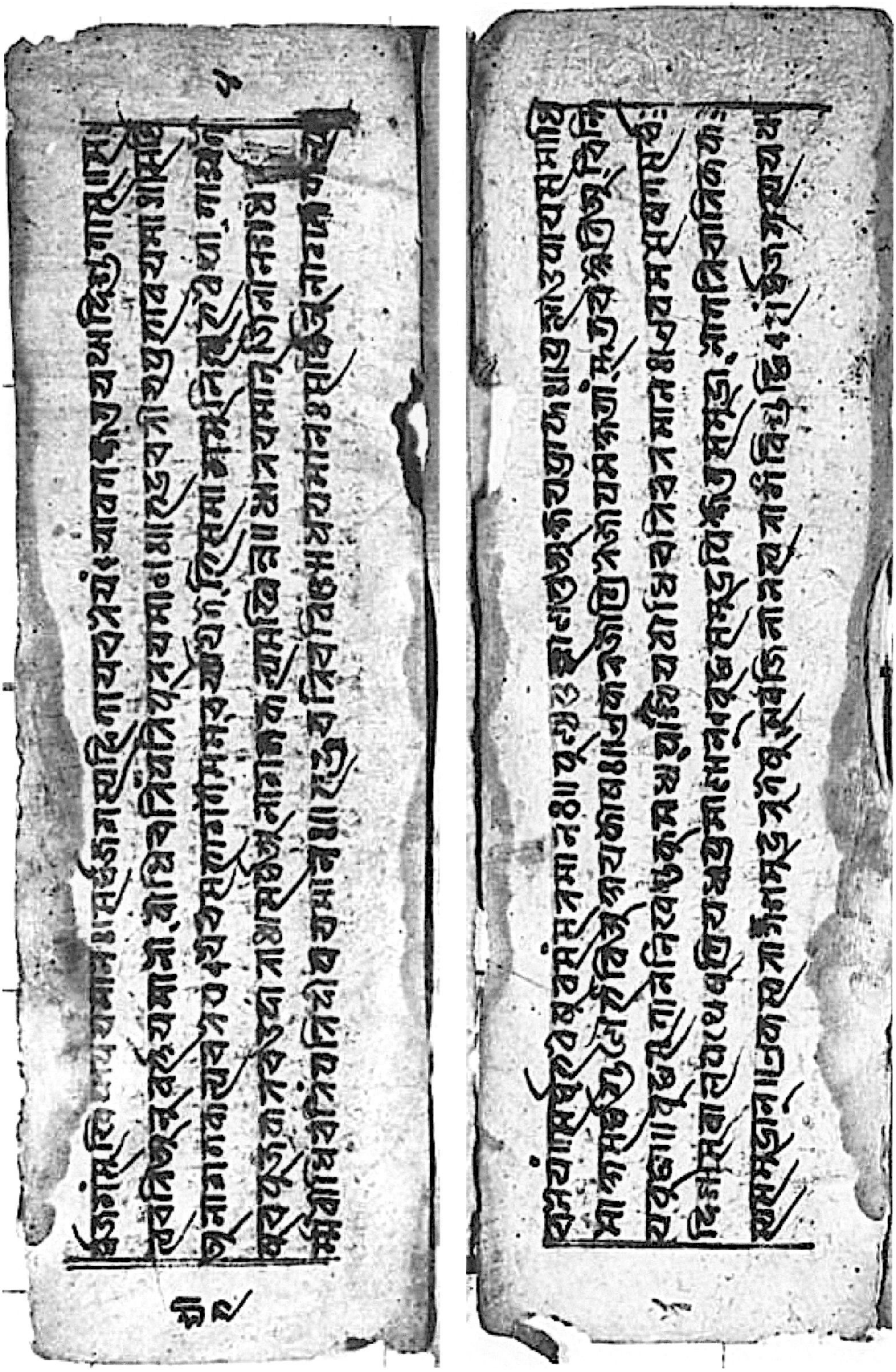

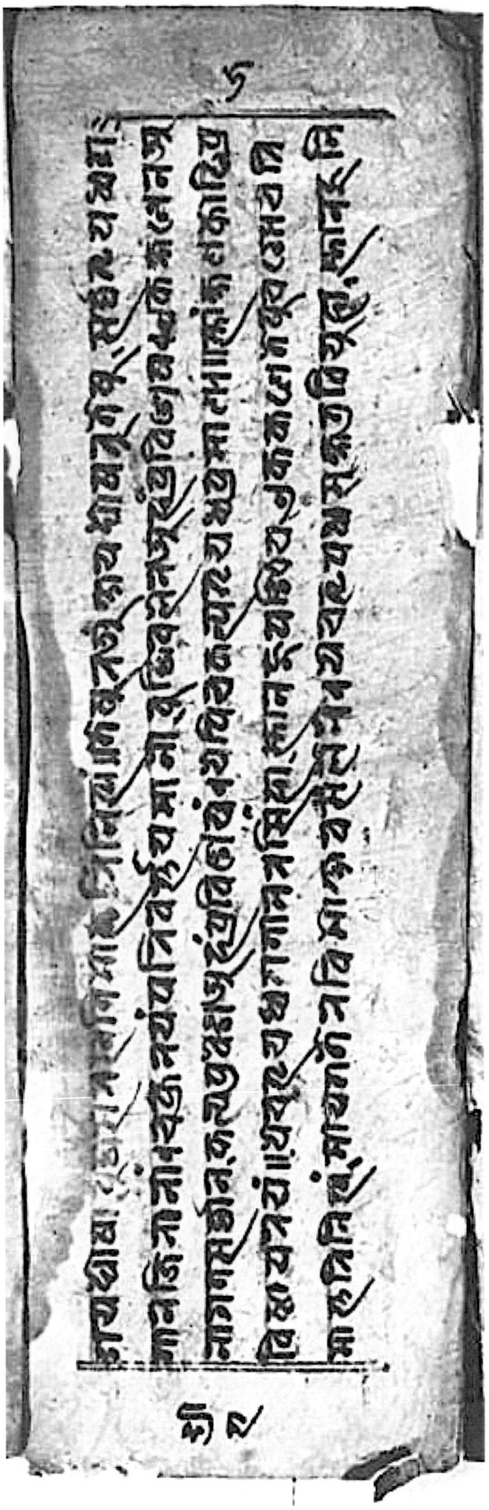

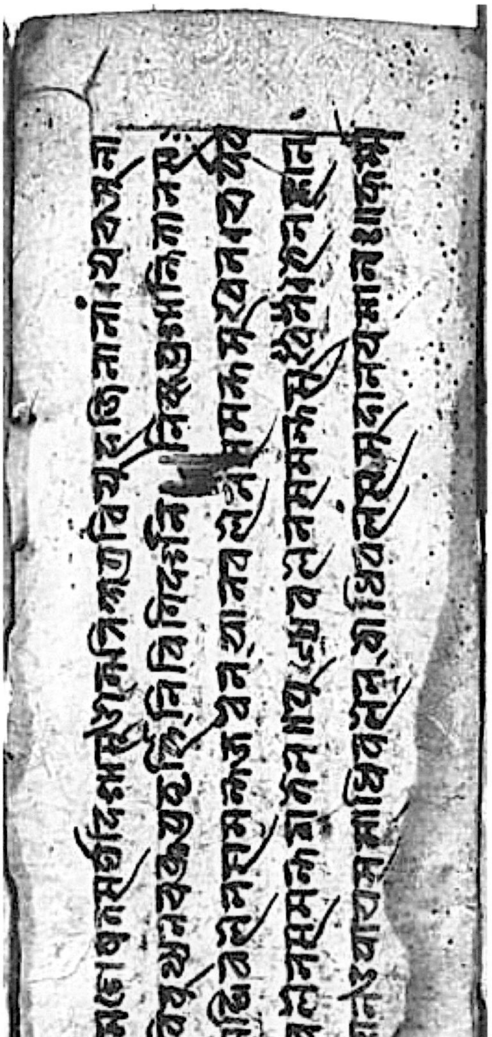

श्री ९

बलंबगिलो[illegible]यमानः ॥ क्लेशसर्वसत्त्वनिर्मर्दयमानः ॥ मानबलं अबलकीतमानः ॥
बनयि रद्धयमीबनसर्व ॥ क्षेत्रसमुद्र विशोधयमानः ॥ सत्त्वसमुद्र विमोचयमानः ॥
धर्म्मसमुद्र विपश्ययमानः ज्ञानसमुद्र विगाहयमानः ॥ चर्यासमुद्र विशोधयमान
प्रणिधिसमुद्र प्रपूरयमानः ॥ बुद्धसमुद्र पूजयमानः ॥ कल्पसमुद्र व[illegible]यमखि-
न्नः ॥ एवं रूपयमनागत जिनानां, बोधिचर्य्या[illegible] विशेषान विजेयाः ॥ [illegible]नक्षत्र[illegible]

८

[illegible]ष्टिषुलोमान्, रत्नवतीय विबुद्धि यथायि ॥ यस्य कृत्यः [illegible] सर्वजिनानां, यस्य च नाम
समन्तरं[illegible] प्रतिविद्ध्य स[illegible] च तीर्थ, नामयमी गले ॐ मूर्द्धानि ॥ कायश्च वा-
यमनस्य विशुद्धि, [illegible] विशुद्धि ॥ [illegible]नाम नरेन्द्र विद्धया[illegible]
[illegible]समं समनेन रत्नवतीय समम[illegible] सर्व[illegible] नीयु[illegible] क्षमव[illegible] ॥ सर्वजिनाग
[illegible]यमखिन्न ३ पूर्व[illegible] यस्य सर्वजिनानां ॥ मातय[illegible] माथुर[illegible] रत्नवतीय, मार्व

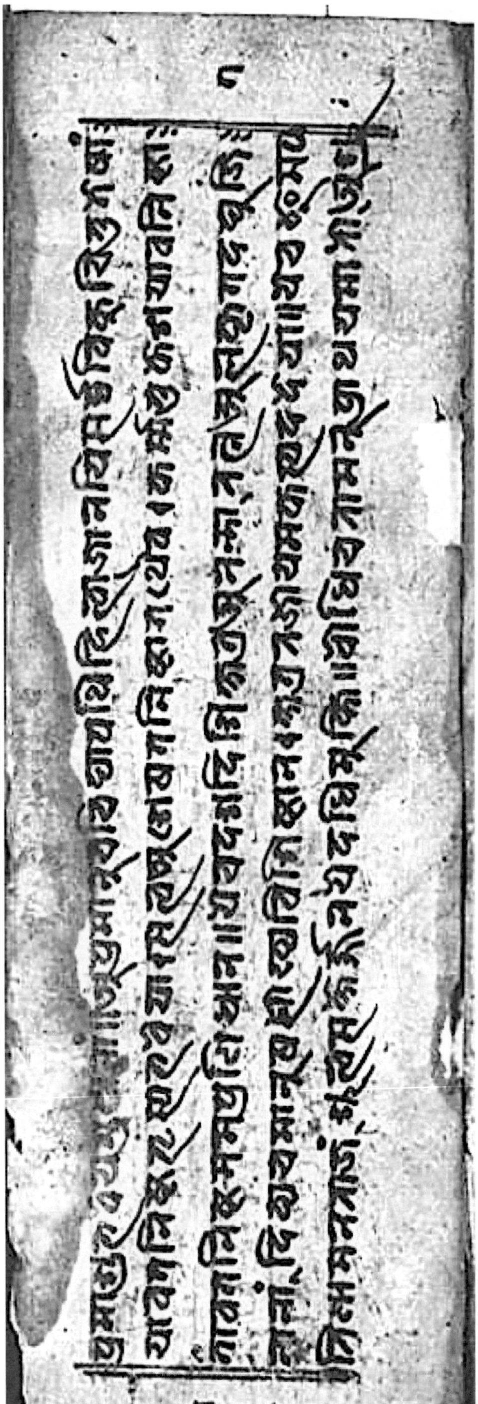

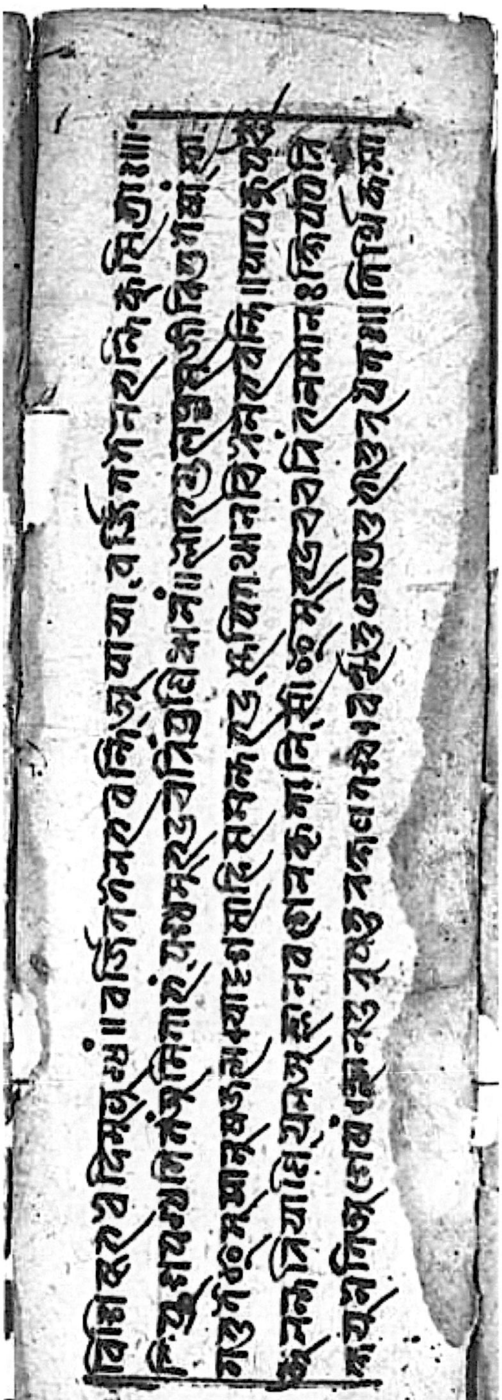

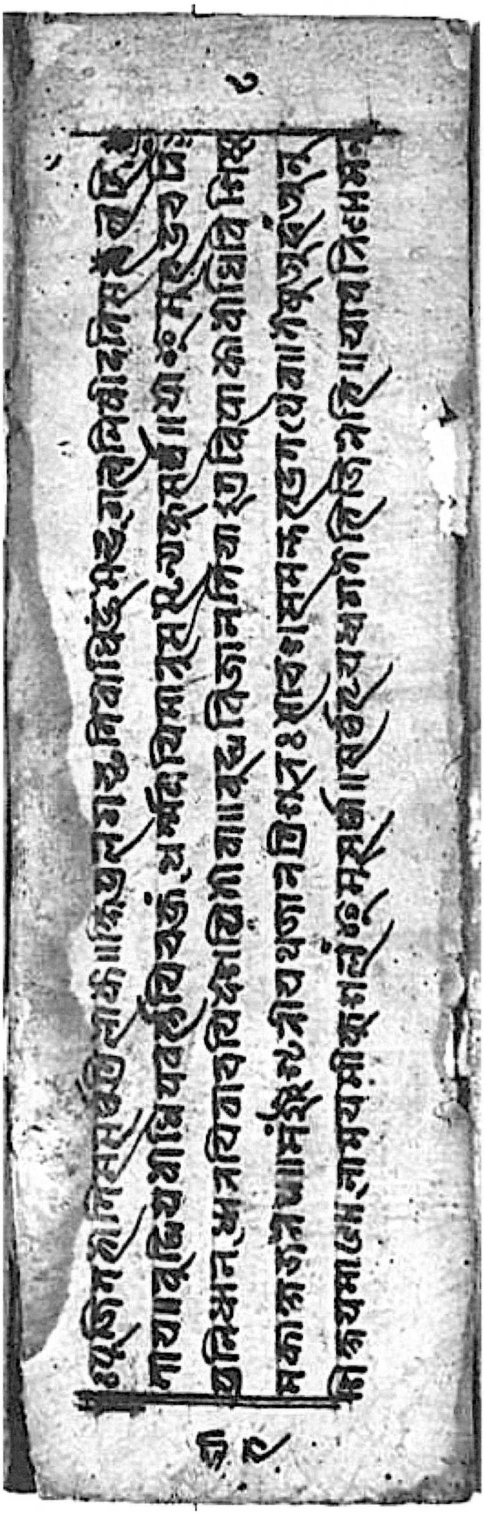

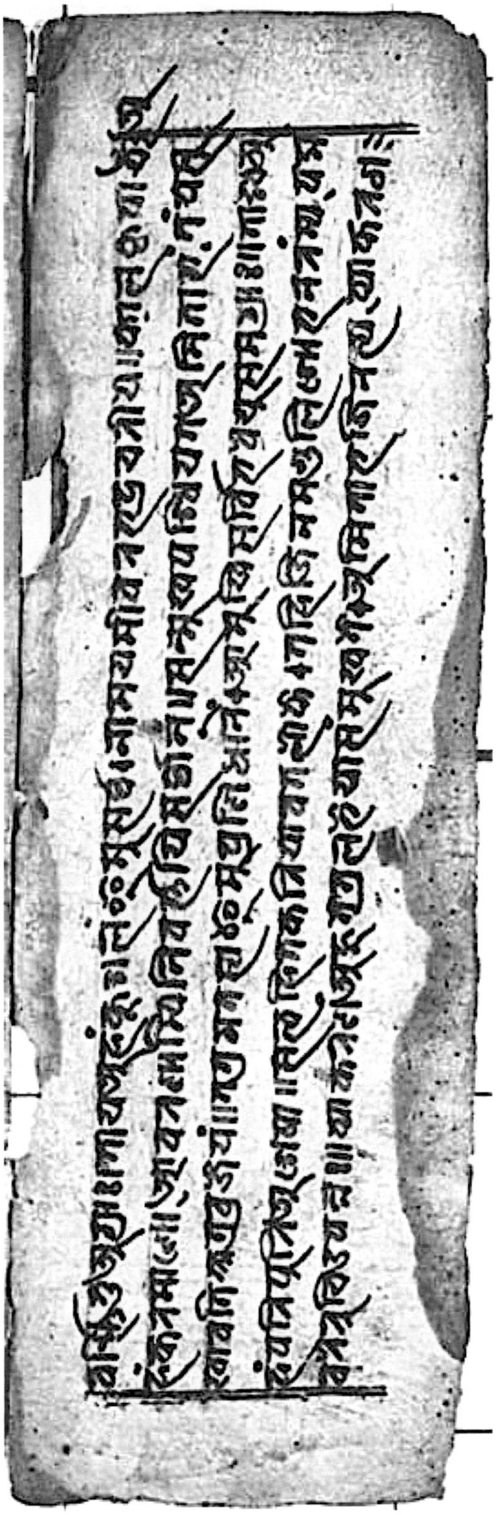

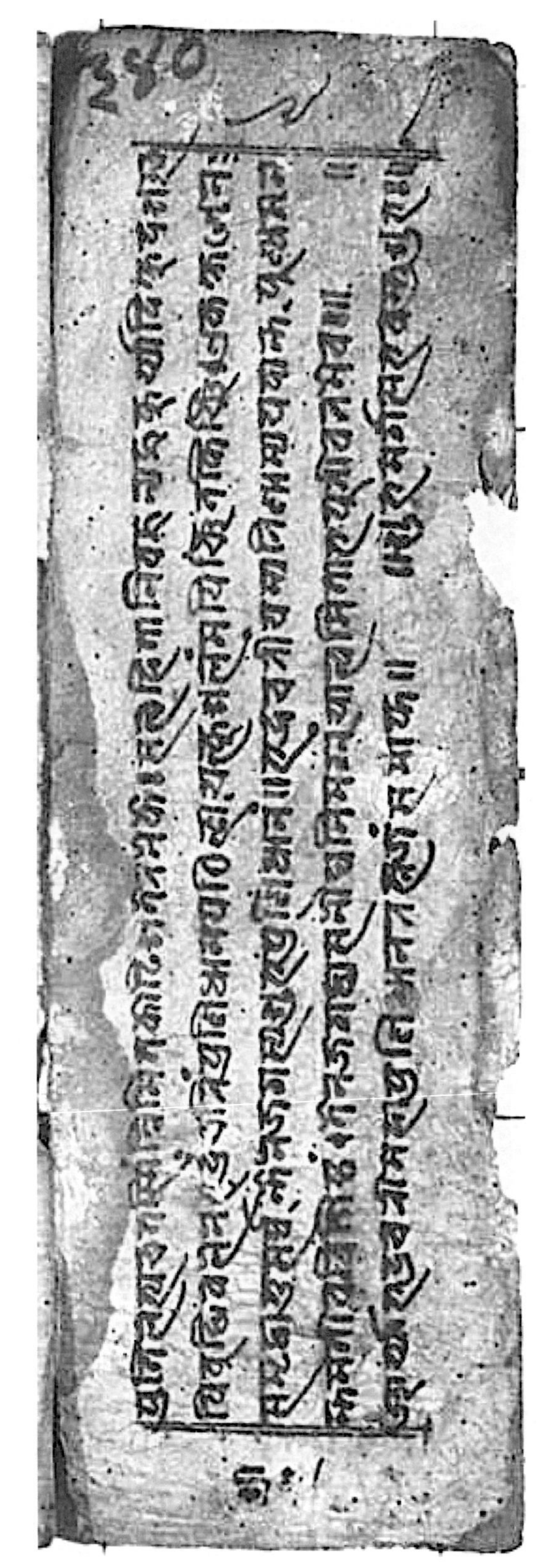

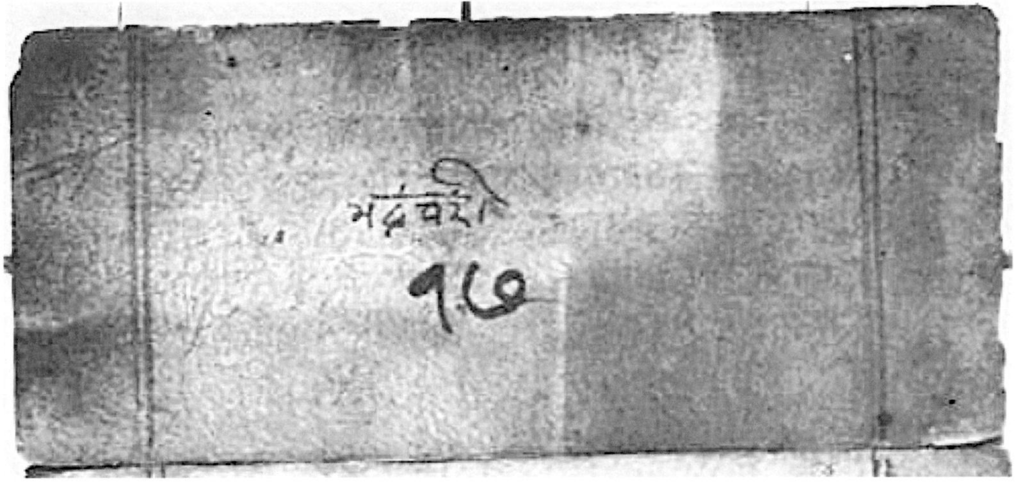
भद्रचरी
१८

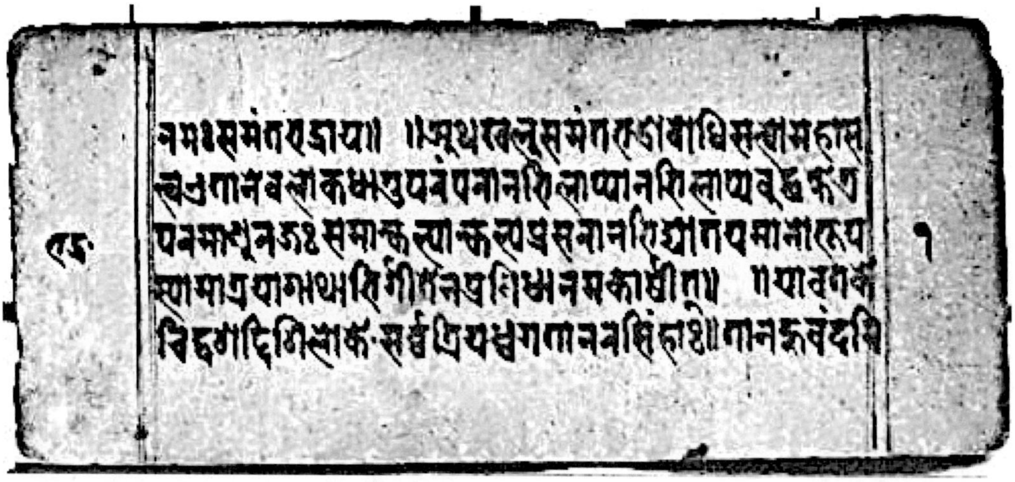

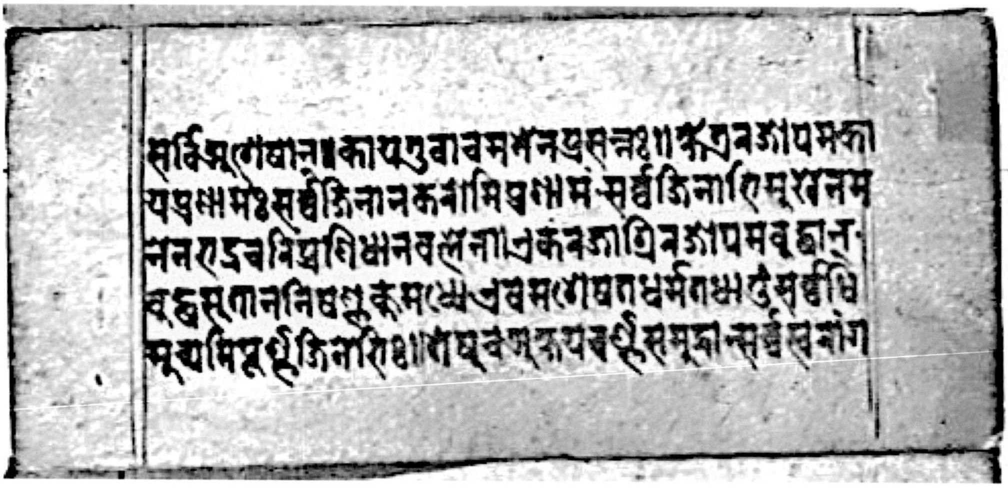

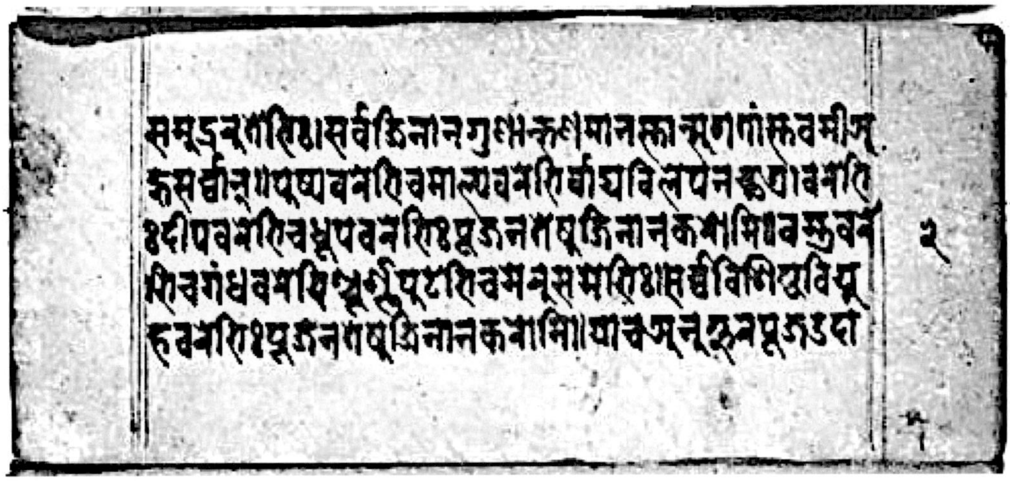

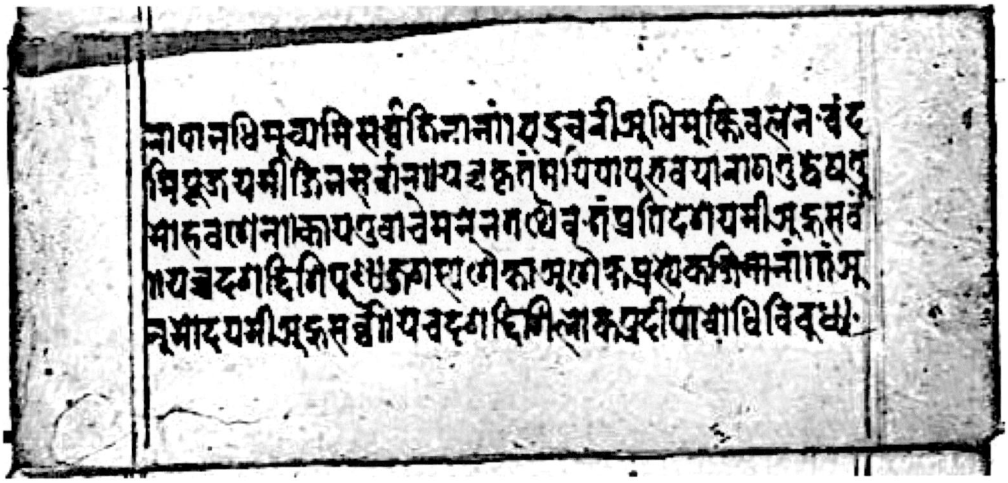

समुद्भवगंधिनेन ।। सर्वजिनानगुणमनुश्मानस्मानुमणांस्कवमीस्
कुसुमांनाणपुष्पवनदिवमाल्यवनदिवीयविलपनस्तुयावनदि
दीपवनदिवधूपवनदिवपूजनेनपूजिनानकवामिवकुवर्न २
मिवगंधवनदिवचूर्णपटदिवमनुसमादिहासर्वविभिद्युविपू
हवनदिपूजनेनपूजिनानकवामि ।। यावत्नुस्तनपूजउदा

नादानविमुच्यामि सर्वजिनानां वुद्धवीजमिमुक्तिवलनवंद
मिपूजयमीजिनसर्वानाय वद्धकृतंमांपापापूहवयानानगुवमथनु
मादवणानाकायपवुवावेमनननगदेववनंघतिदगयमीजुकुसवं
नायवद्वदशादिगिपुण्यक्षेत्रलोकामूलोकस्वयकजिनानांजनमू
नुमादयमीजुकुसवनायवदशादिमीलाकपुदीपावाधिविवुध्यः

४

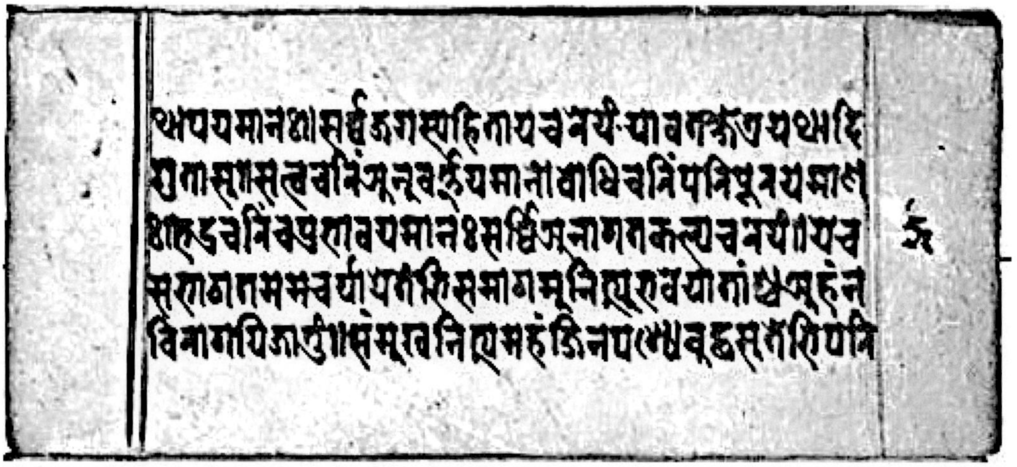

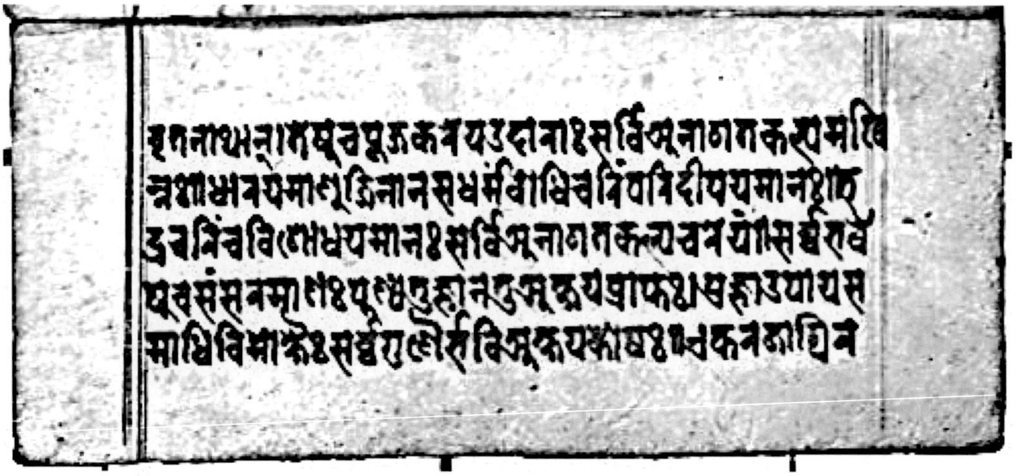

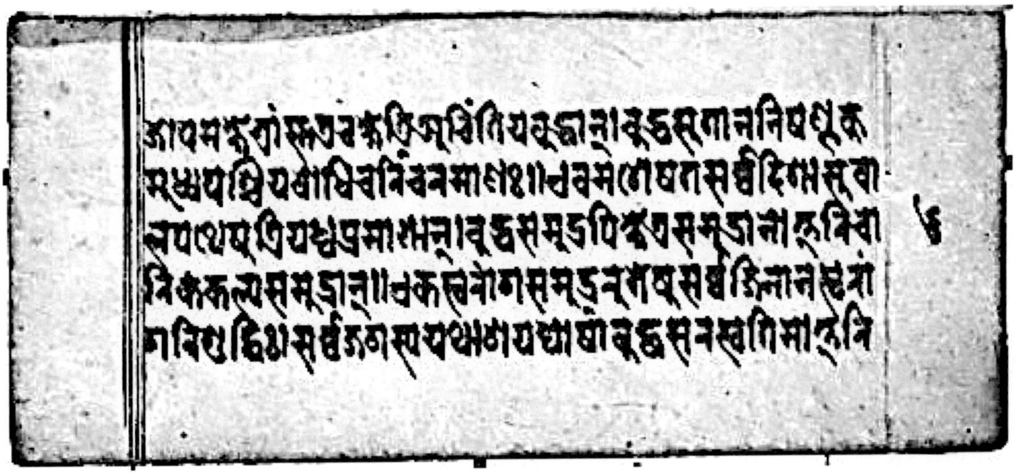

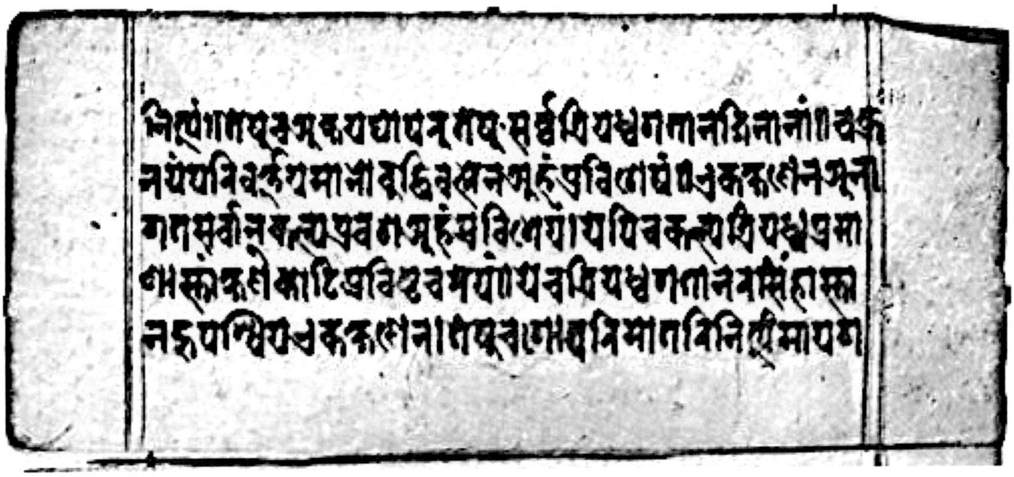

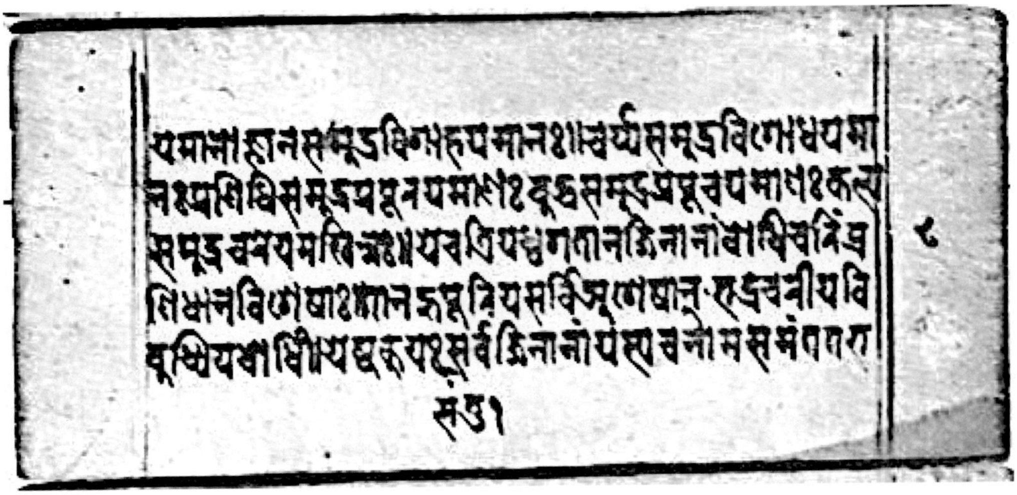

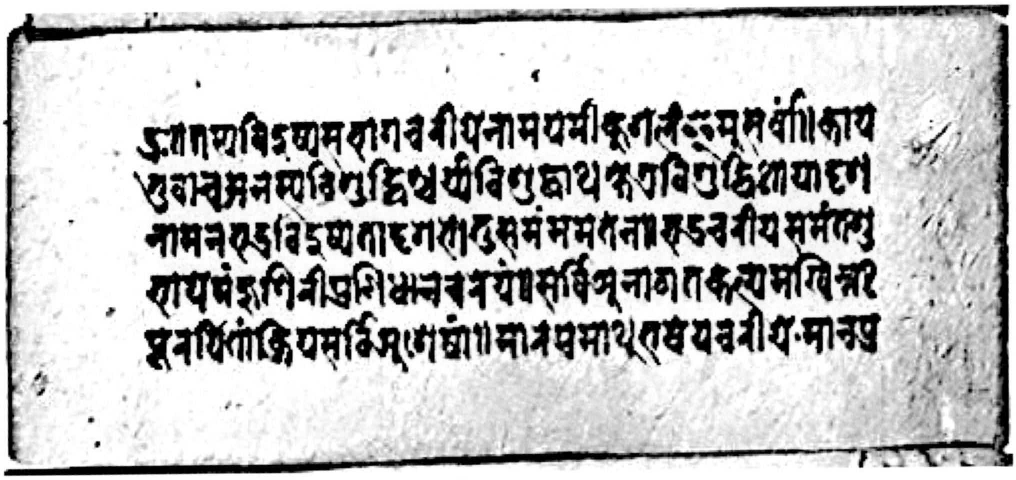

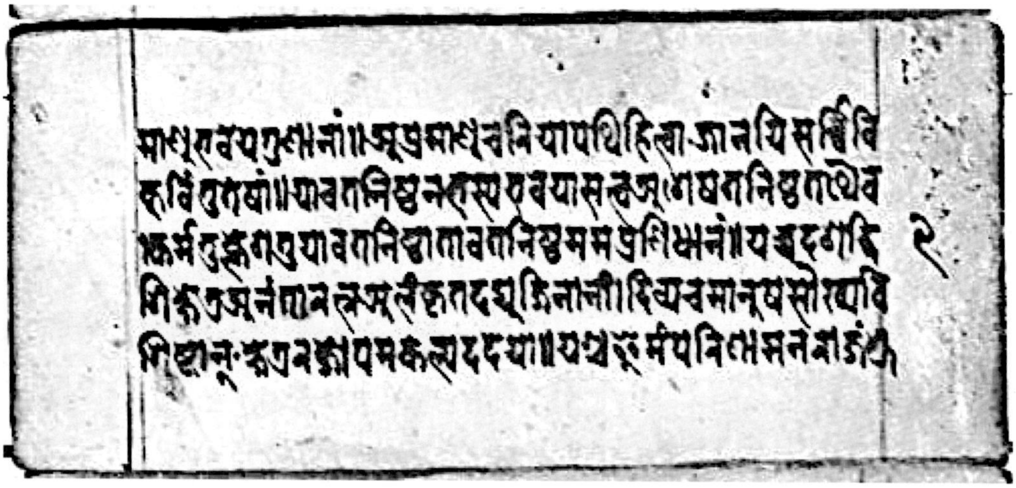

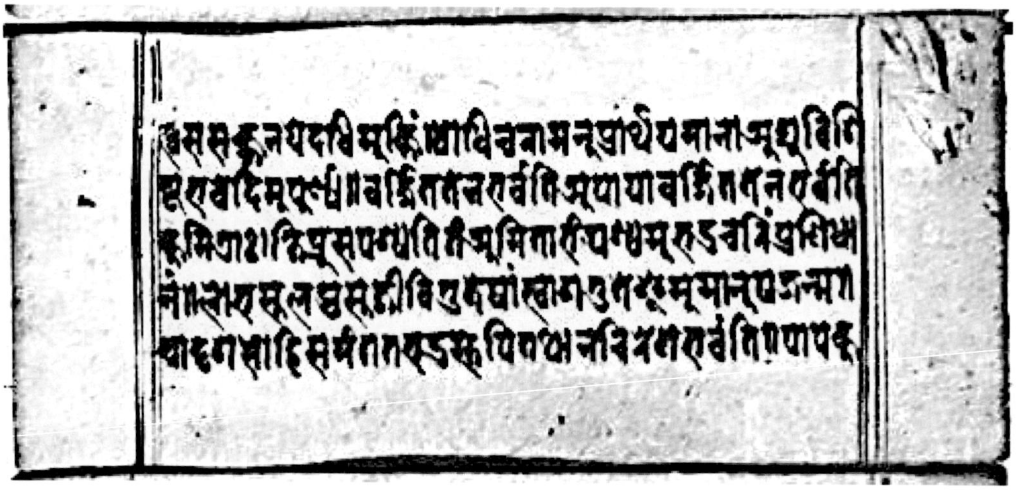

मानुत्तरबुद्धगुणानां॥सूक्ष्ममार्गवनियापथिहित्वा ज्ञानयि सर्व्विवि
हृवि बुद्धगतां॥यावतनिष्ठनभस्य भवयासत्त्वअशेषतनिष्ठतथैव
कर्मतुक्लेशतुयावतनिष्ठातावतनिष्ठमम प्रणिधानं॥यच्च दशद्दि २
शि क्षेत्रअनंतान रत्नअलंकृतदद्यि जिनानां॥दिव्यचमानुषसौख्यवि
शिष्टान् क्षेत्ररजोपमकल्पददेया॥यश्चइमंपरिणामनराजं

श्रुत्वसकृज्जनयदधिमुक्तिं॥बोधिवरामनुप्रार्थयमानो अग्रविशि
ष्टभवादिमपुण्यं॥वर्जिततेन भवंति अपाया वर्जिततेन भवंति
कुमित्रा॥क्षिप्रस पश्यति तं अमिताभं यस्य समन्तभद्रचरिं प्रणिधा
नं॥लाभसुलब्धसुजीवितु तेषां स्वागत उत इमुमानुषजन्मा
याद्दशसाहि समंतभद्रस्तु यितथ्यनचिरेण भवंति पापक

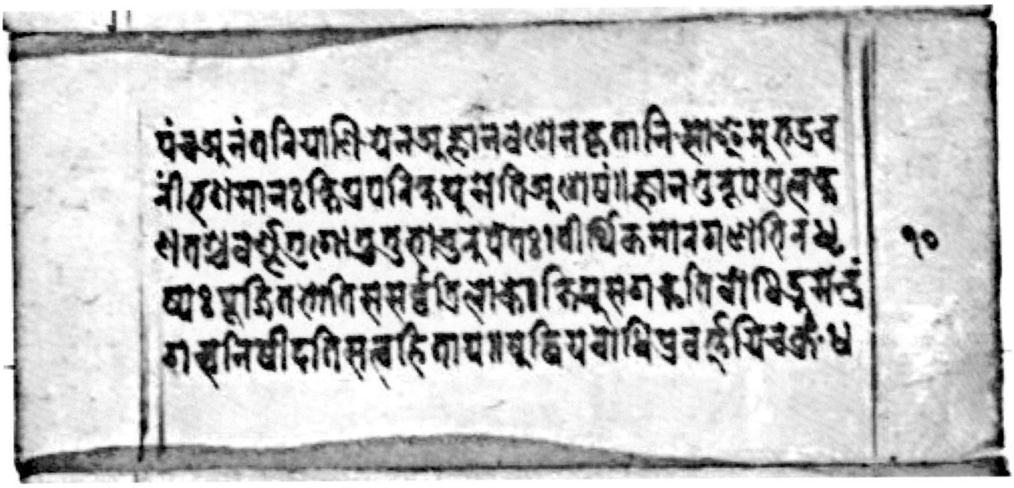

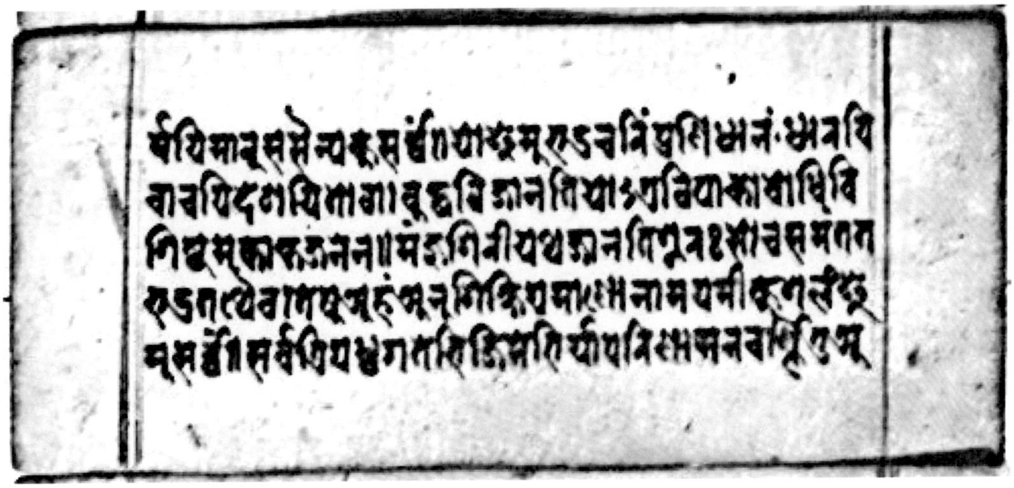

१०

११

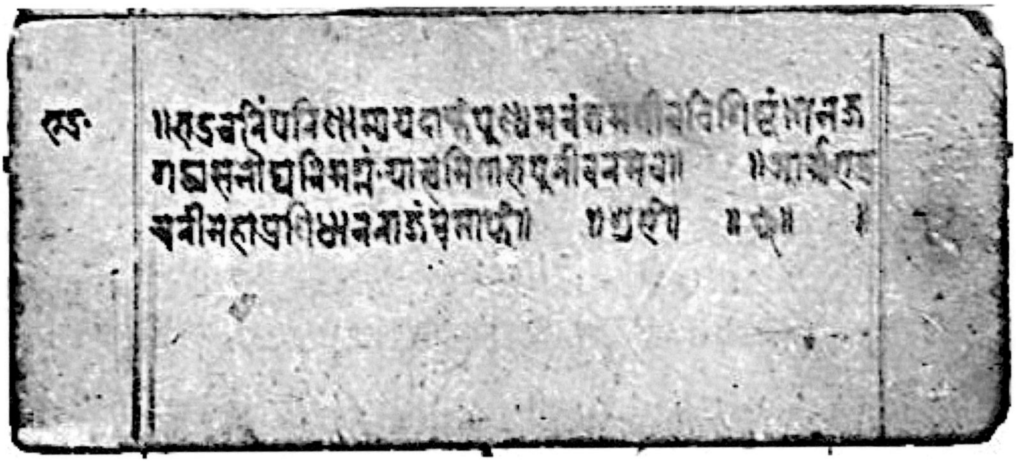

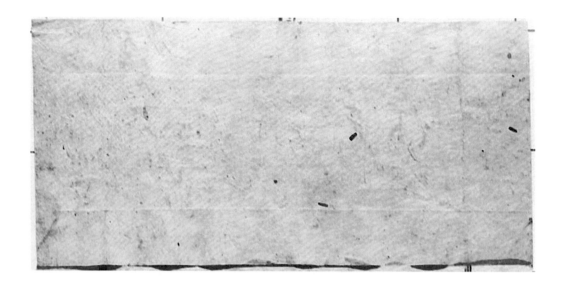

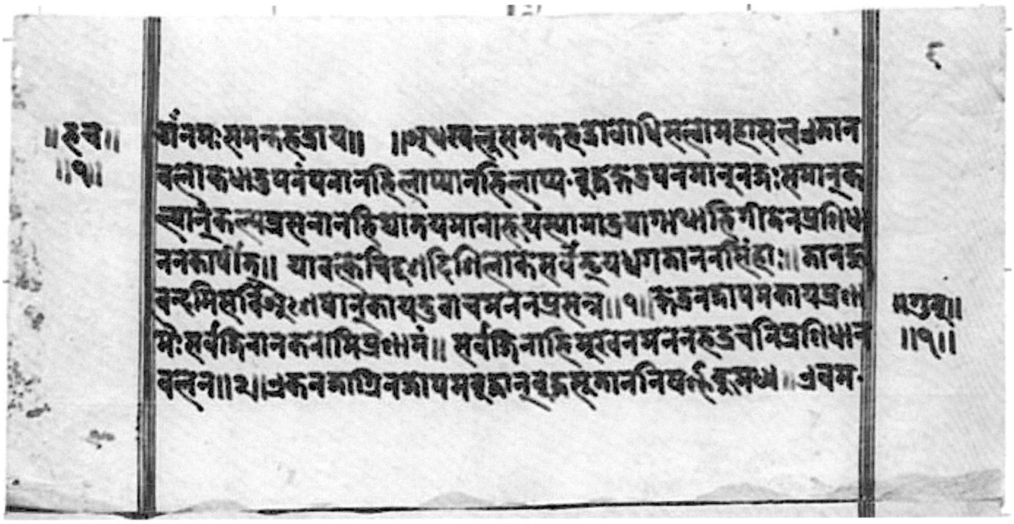

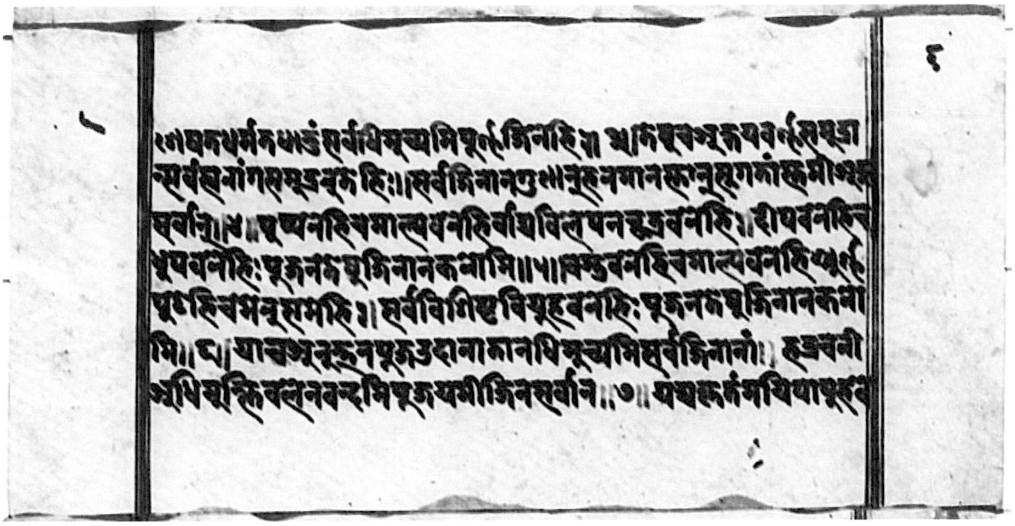

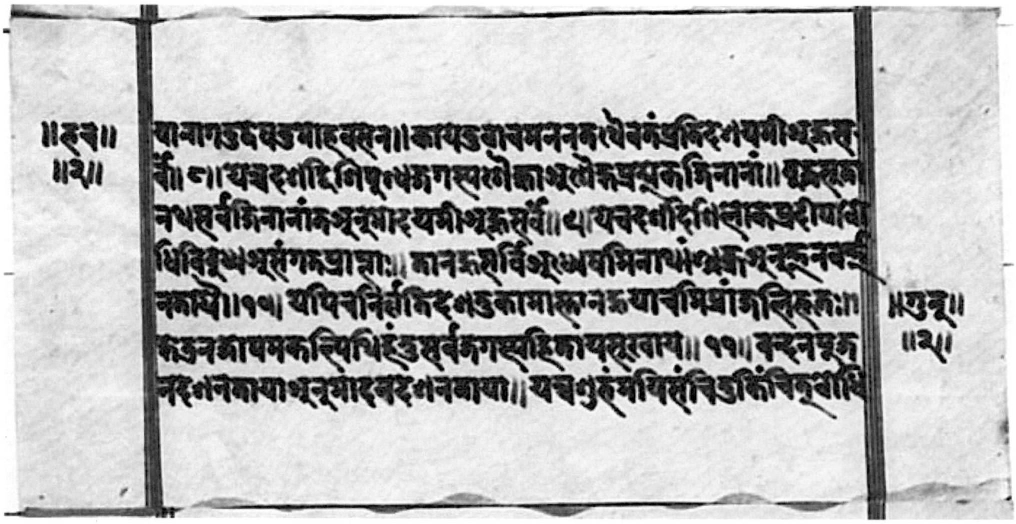

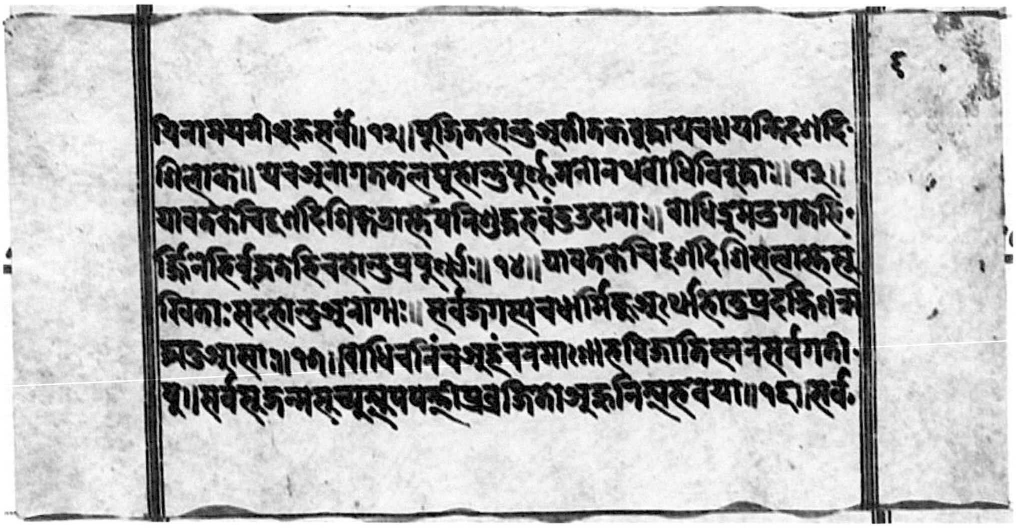

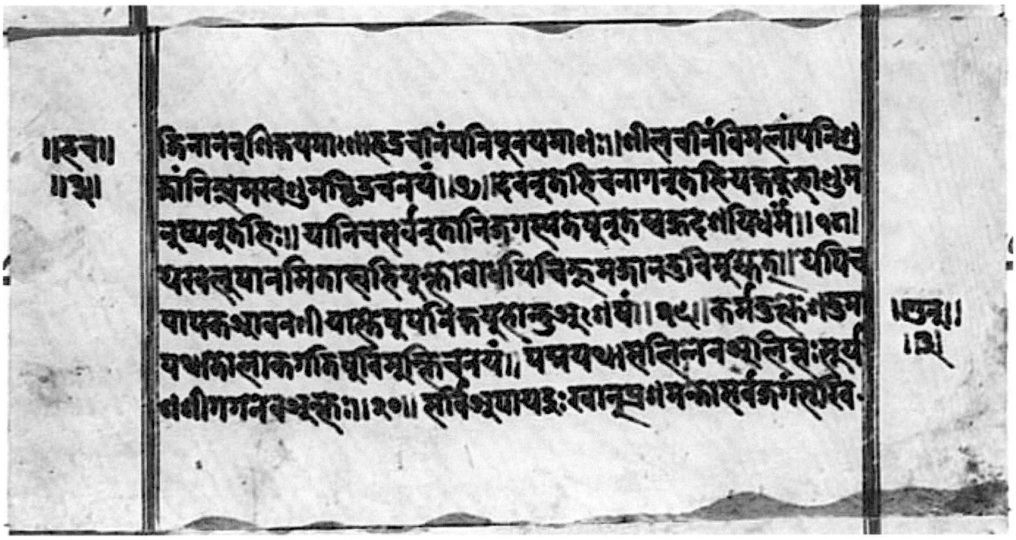

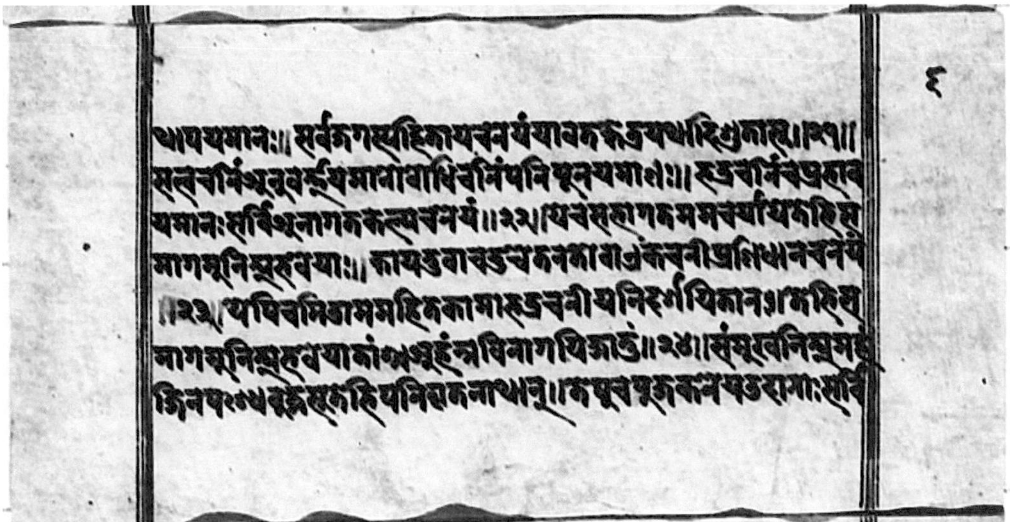

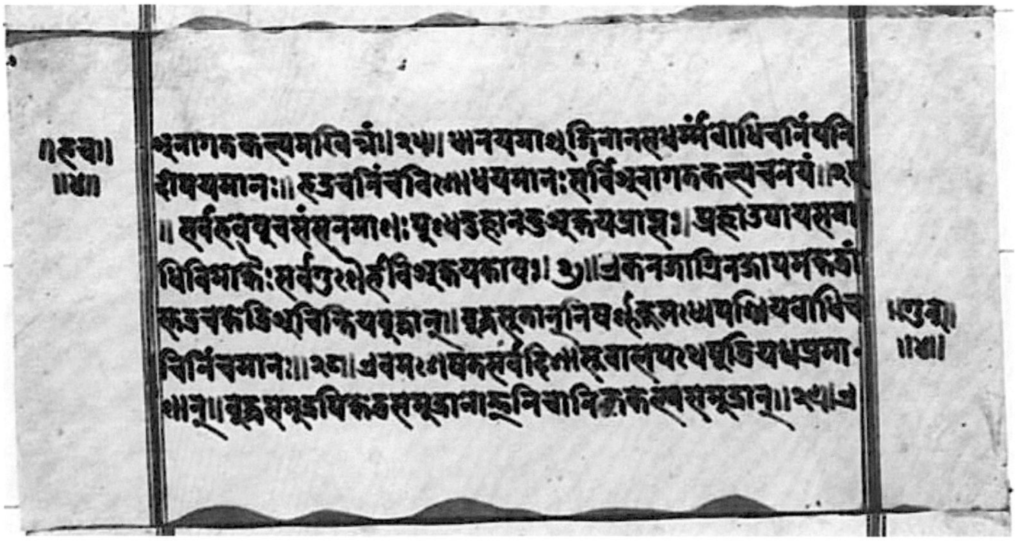

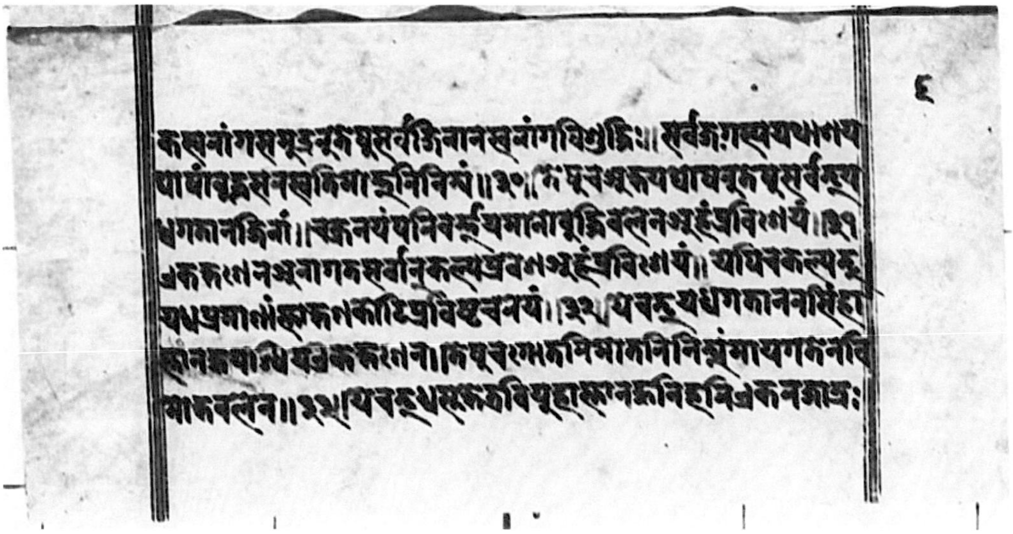

॥ह्व॥ ॥५॥

प्रथमः॥क सर्वदिश सूक्ष्मनिक ॥ विशुद्ध जिनानां॥ ३४॥ यच भूनागबला
प्रदिपालक पूविनूधनचक्र प्रवर्त्ति॥ निर्हदि दर्शनफिष्ट उजांफिंकानका
भूपसंक्रमिनाथन॥ ३५॥ ऋद्धिबलनसमन्कमबनयानबलनसमन्क
स्वन॥ वर्ण्यबलनमन्कगुणनमेवबलनसमंकगकन॥ ३६॥ पूर्वबलन
समन्कशुक महानबलनअसंगगकन॥ ब्रह्मउपायसमाधिबलनबाधि ॥गुन्हु॥
लंसमूहानयमानः॥ ३७॥ कर्मबलंयनिश्चयमानः कलसबलंयनि ॥५॥
मईयमानः॥ मानबलंभ्रबलंकनमोक्षः पूनमहद्रबनीबलसर्वं॥ ३८॥

६

कलसमूहविश्चयमानः सबलसहविमावयमानः॥ धर्म्मसमूहविय व्ययमा
नाह्लानसमूहविभहयमानः॥ ३९॥ वर्यसमूहविश्चधयमानः प्रणिधिसमू
प्रपूनयमानः॥ नूकसमूहप्रपूजयमानः कल्पसमूहबनयमविन॥ ४०॥
थवनूयधगफानाजिनानांवाधिबनिंप्रशिक्षानीविलोधाः॥ कानकपूनयस
विश्वलोकांनहद्रबनीयविनूध्ययवाधिं॥ ४१॥ यद्दकूयः सउसर्वजिनानै
यसबनामसन्कहद्रः॥ कस्याविद्ध्यसकागबनीयनामयमीकृशलंश्रमू
सर्वं॥ ४२॥ कायउवाचमनस्वविशुद्धिर्यविशुद्धाथकजविशुद्धि॥ य

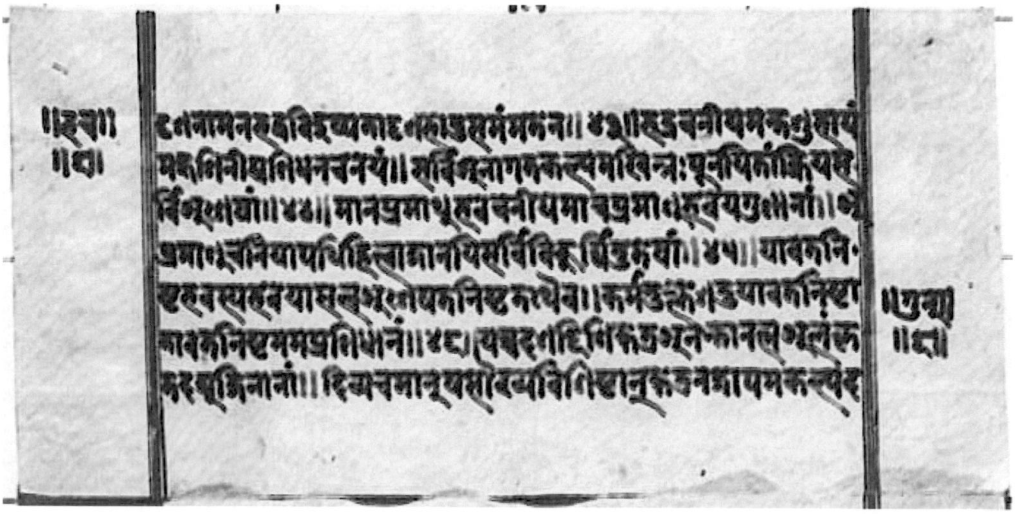

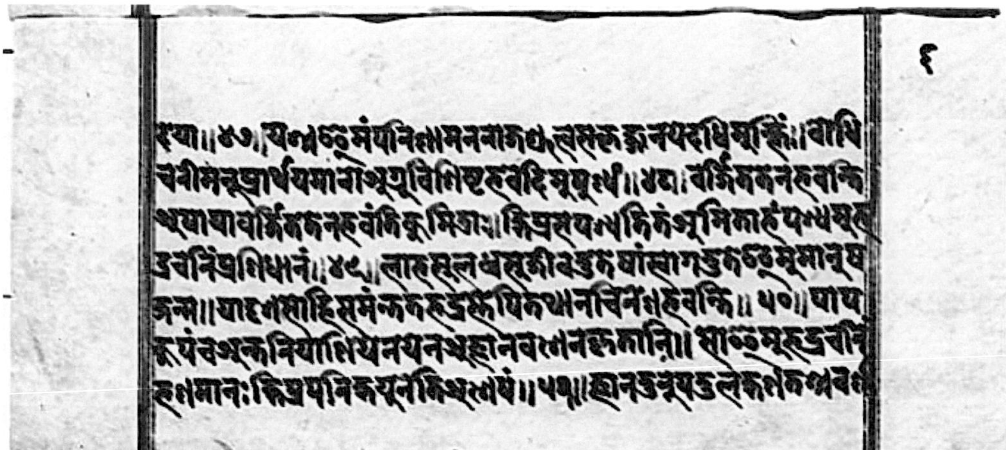

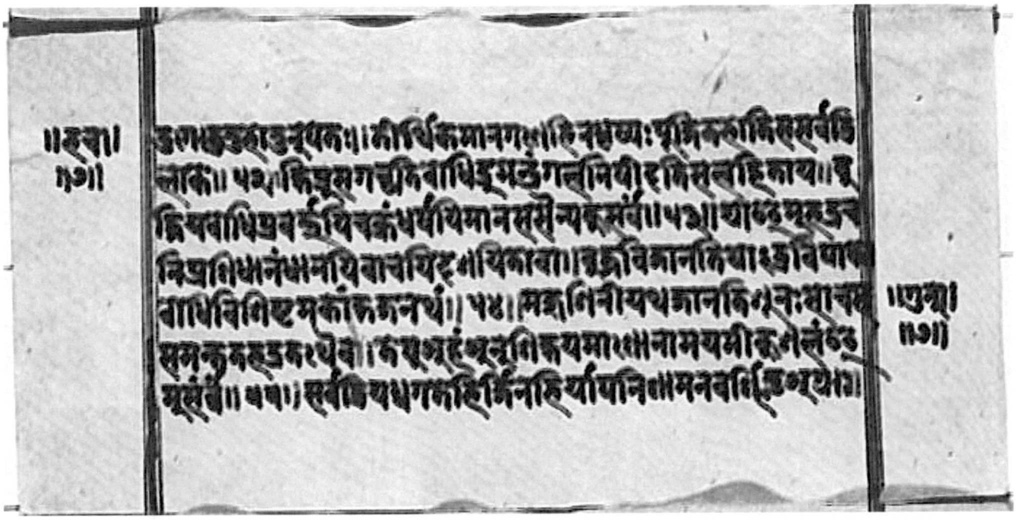

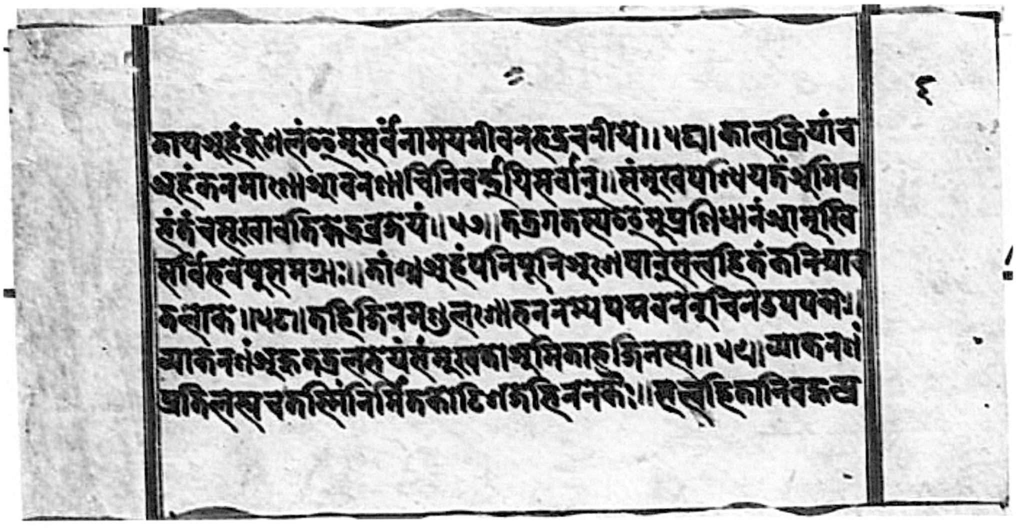

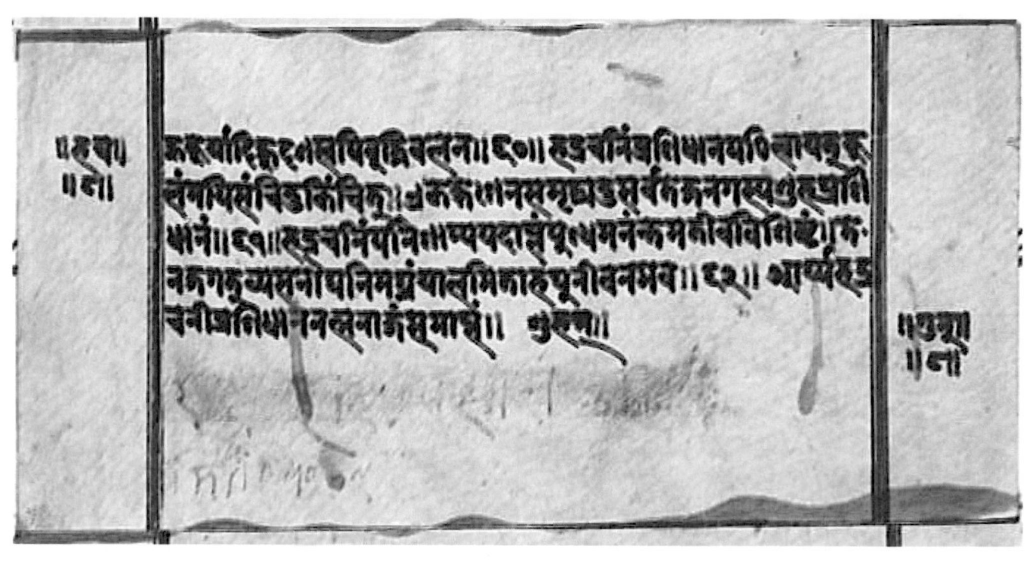

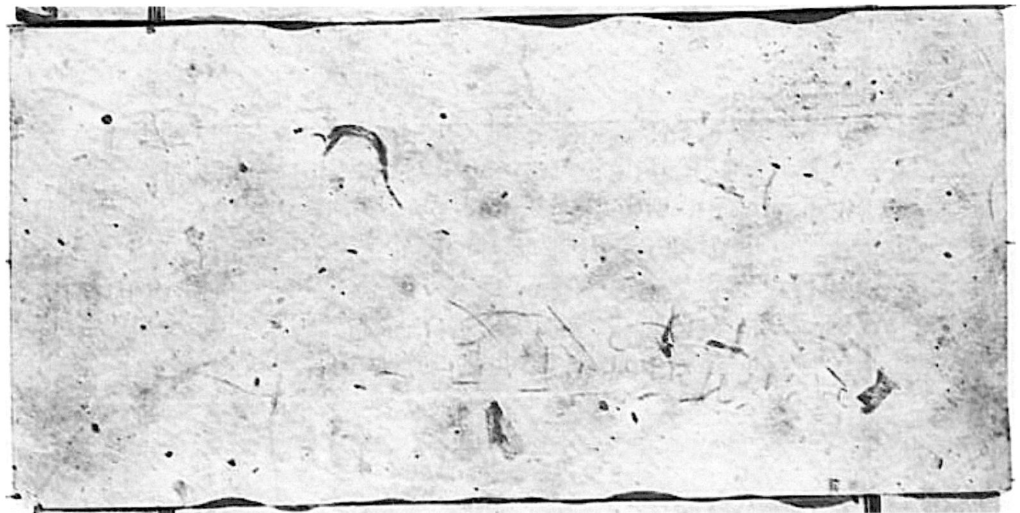

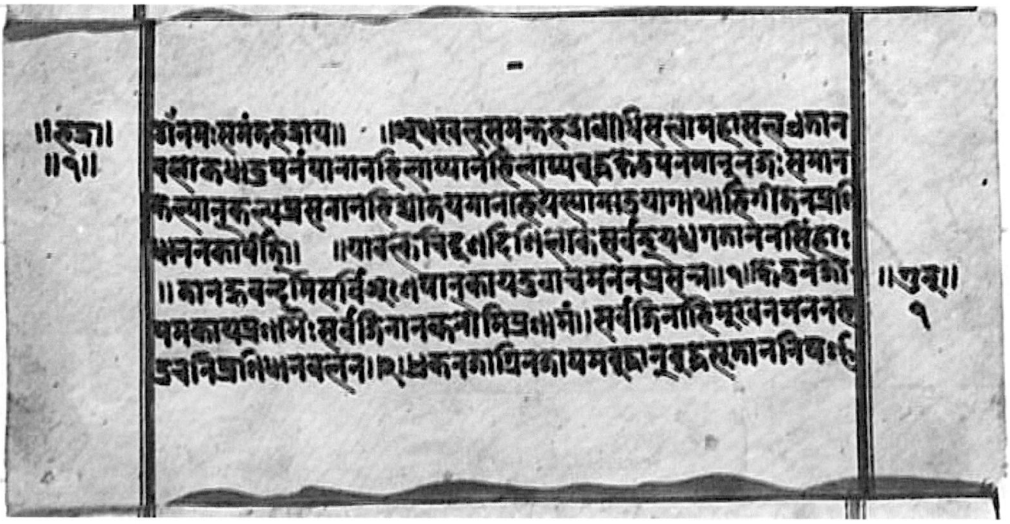

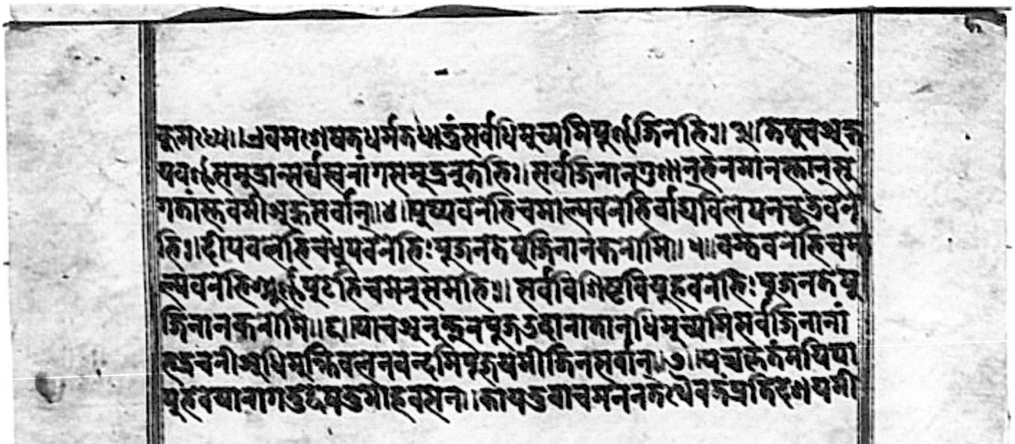

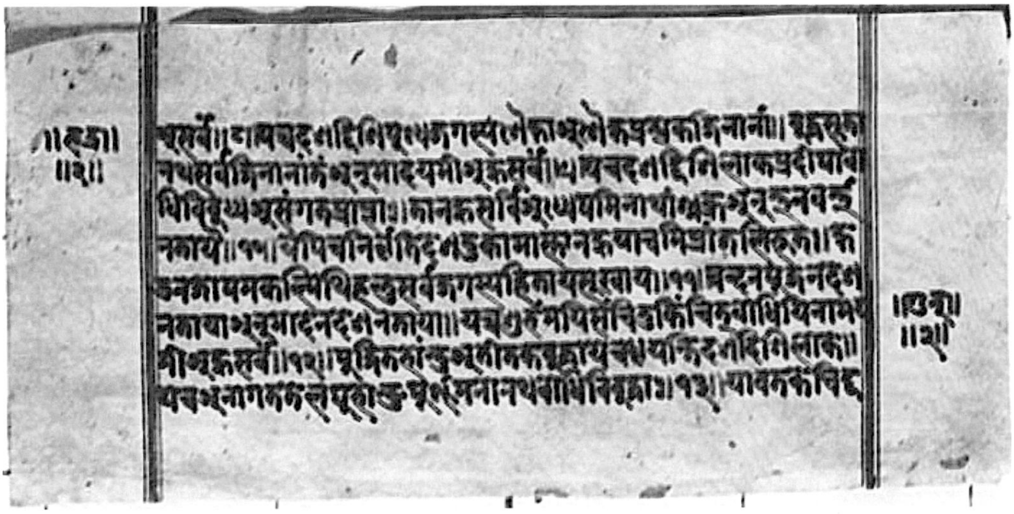

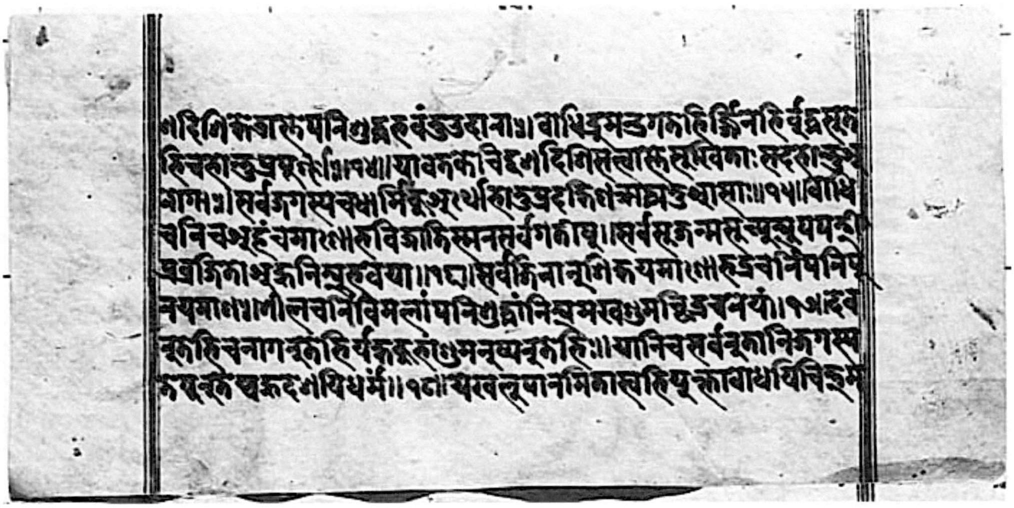

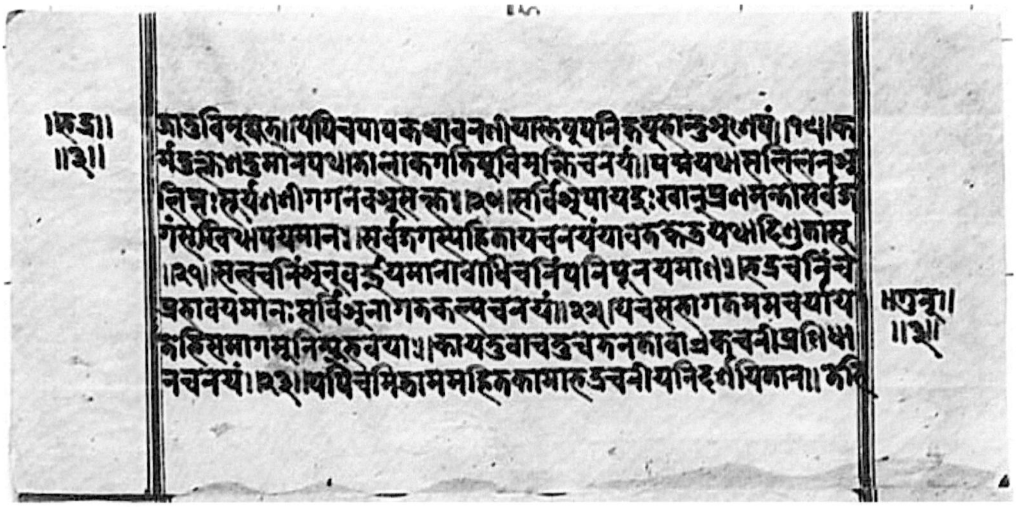

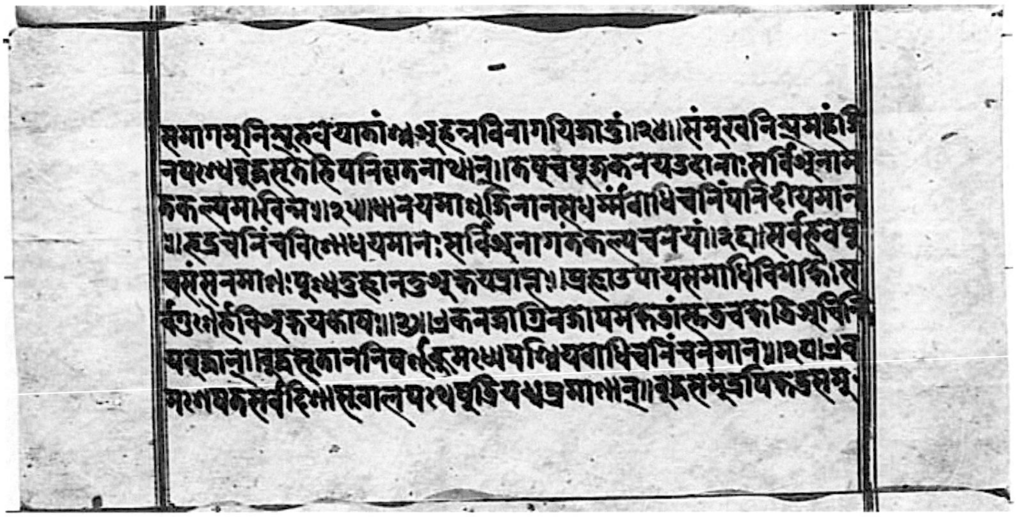

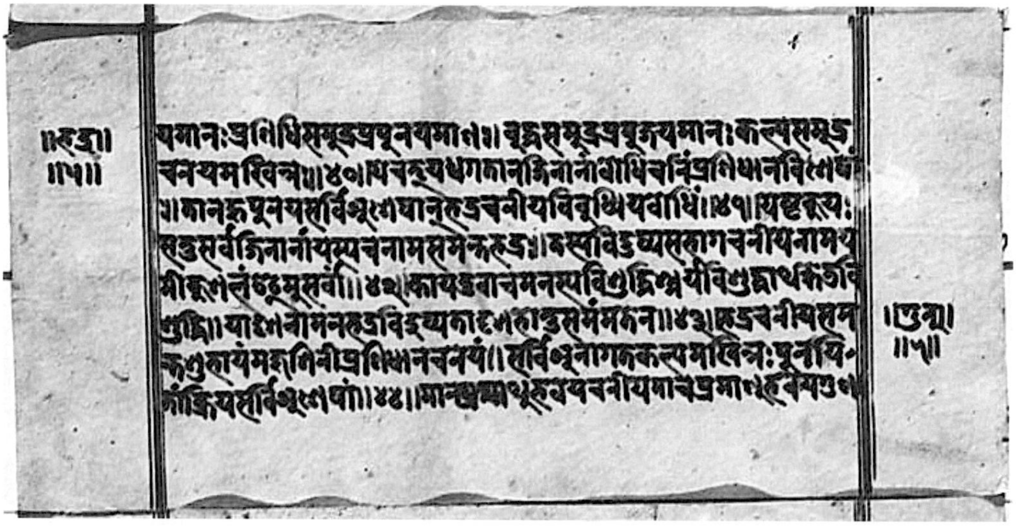

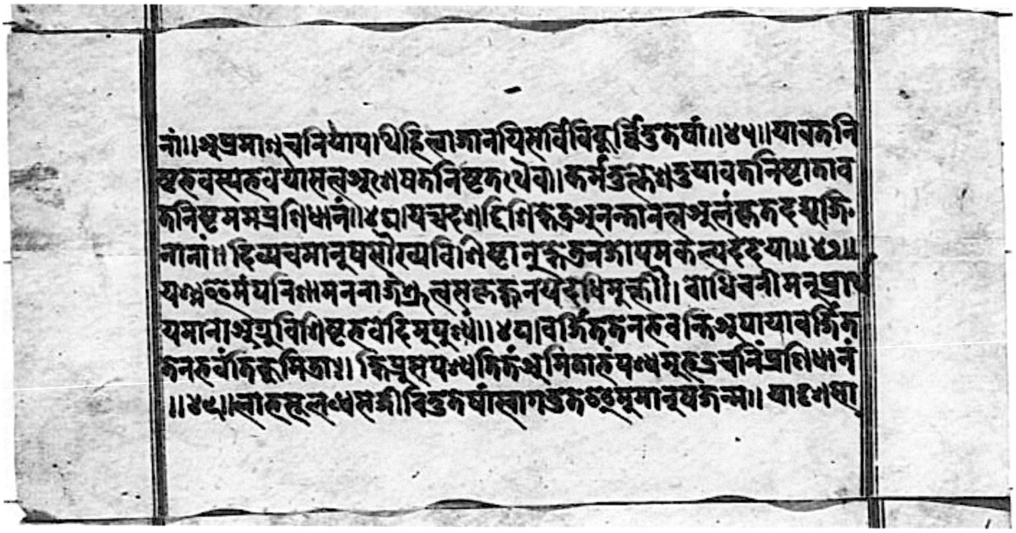

॥ह्र॥ ॥५॥

यमानः प्रनिधिसमुद्रप्रपूरयमानः॥ बुद्धसमुद्रप्रपूजयमानः कल्पसमुद्र
चरनयम खिन्नः॥४०॥ ये च त्र्यध्वगतान जिनानां बोधिचरिंप्रनिधानविशेषा
ः॥ तानहु पूरयि सर्वि अशेषा भद्रचरीय विबुध्यिय बोधिं॥४१॥ ज्येष्टक यः
सुतु सर्वजिनानां यस्य च नाम समन्तभद्रः॥ तस्य विदुस्य सभागचरीय नामय
मी कुशलं इमु सर्वं॥४२॥ कायतु वाच मनस्य विशुद्धिश्चर्यविशुद्ध्यथ क्षेत्रवि
शुद्धि॥ यादृश नामन भद्रविदुस्य तादृश भोतु समं मम तेन॥४३॥ भद्रचरीय सम
न्तशुभाय मञ्जुशिरीप्रनिधान चरेयं॥ सर्वि अनागतकल्पमखिन्नः पूर्णयि
तां क्रिय सर्वि अशेषत तां॥४४॥ नो च प्रमाणु भवेय चरीये नो च प्रमाणु भवेय गुण ॥पुन्य॥ ॥५॥

नां॥ अप्रमाण चरीयाय स्थिहित्वा जानमि सर्वि विकुर्वितु तेषां॥४५॥ यावत नि
ष्ठ नभस्य भवेया सत्व अशेषत निष्ठ तथैव॥ कर्मतु क्लेशतु यावत निष्ठा ताव
त निष्ठ मम प्रनिधानं॥४६॥ यश्च दशद्दिशि क्षेत्र अनन्तान रत्नालंकृत दद्य जि
नानां॥ दिव्य च मानुष सौख्यविशिष्टां क्षेत्ररजोपम कल्प ददेया॥४७॥
यश्चिमं परिनामनराजं श्रुत्व सकृज्जनयेदधिमुक्तिं॥ बोधिवरामनुप्रार्थ
यमानो अग्रविशिष्ट भवेदिमु पुण्यं॥४८॥ वर्जित तेन भवन्ति अपाया वर्जित
तेन भवन्ति कुमित्राः॥ क्षिप्रु स पश्यति तं अमिताभं यस्यिमु भद्रचरिंप्रनिधानं
॥४९॥ लाभ सुलब्ध सुजीवितु तेषां स्वागत ते इम मानुषजन्म॥ यादृश सो

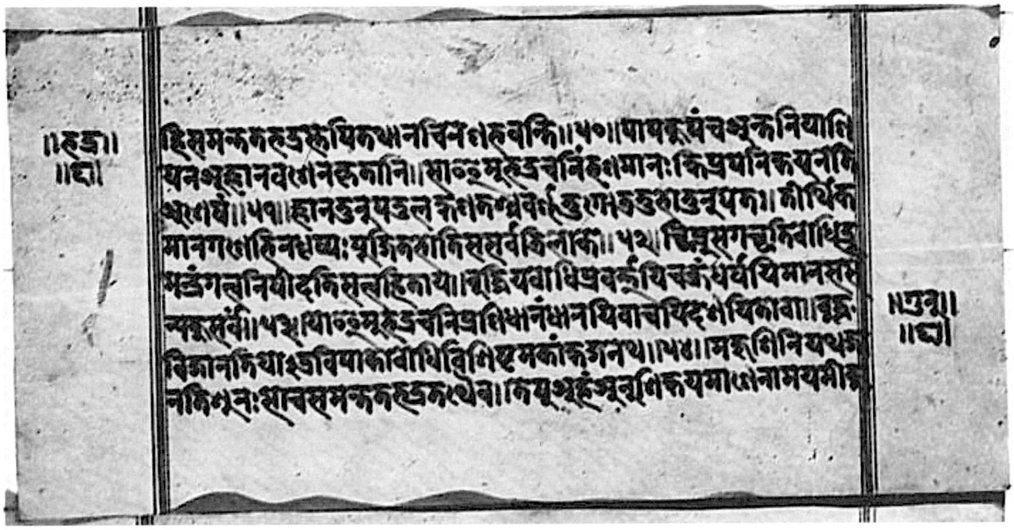

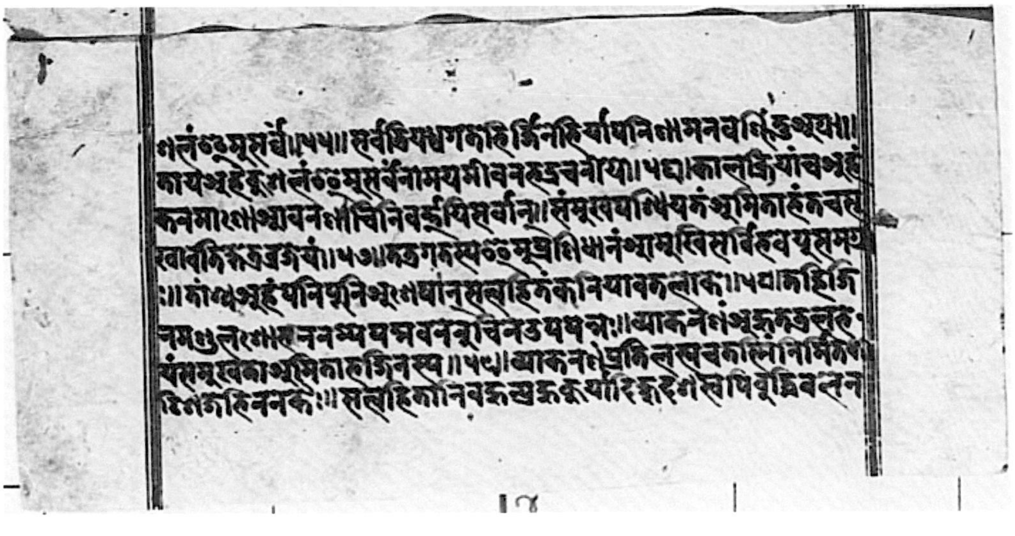

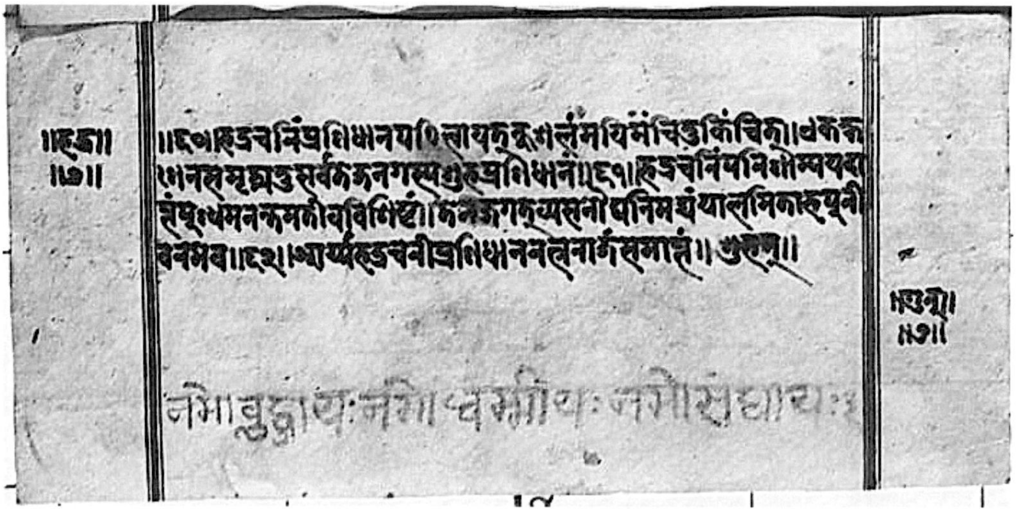

॥भद्र॥ ॥७॥

॥६०॥ भद्रचरिं प्रणिधान पठित्वा यत्कुशलं मयि संचितु किंचित्। एकक्ष-
णेन समृध्यतु सर्व जगस्य शुभप्रणिधानं॥६१॥ भद्रचरिं परिणामि यदाप्तं पुण्यमनन्तमतो विशिष्टं। तेन जगद्व्यसनौघनिमग्नं यात्वमिताभपुरीं वरमेव॥६२॥ आर्यभद्रचरीप्रणिधानराजं समाप्तं॥ शुभम्॥

॥शुभ॥ ॥७॥

नमो बुद्धाय नमो धर्माय नमो संघाय

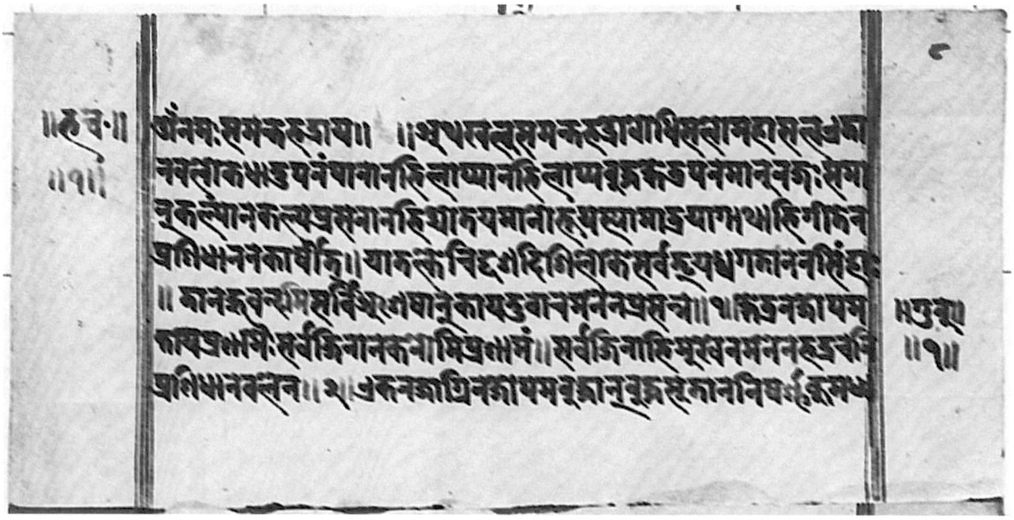

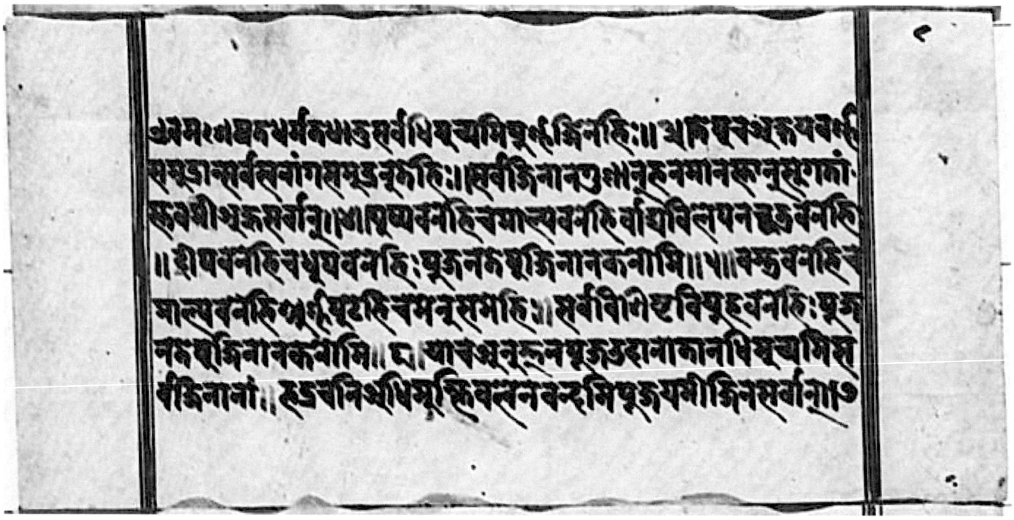

॥ रुवा ॥ ॥ २ ॥

यच्च कृतं मयि पापु भवेय्या रागतु द्वेषतु मोह वशेन ॥ कायतु वाच मनेन तथैव
तं प्रतिदेशयमी अहु सर्वं ॥ ८ ॥ यच्च दशद्दिशि पुण्य जगस्य शैक्ष अशैक्ष प्रत्येक
जिनानां ॥ बुद्धसुतान थ सर्वजिनानां तं अनुमोदयमी अहु सर्वं ॥ ९ ॥ ये च द
शद्दिशि लोकप्रदीपा बोधि विबुद्ध असंगत प्राप्ताः ॥ तानहु सर्वि अध्येषमि
नाथां चक्रु अनुत्तर वर्त्तन तायी ॥ १० ॥ ये पि च निर्वृति दर्शितुकामास्तानभि ॥ तुन् ॥
याचमि प्रांजलि भूत्व ॥ क्षेत्ररजोपम कल्प स्थिहन्तु सर्वजगस्य हिताय सुखा ॥ २ ॥
य ॥ ११ ॥ वन्दन पूजन देशनताया अनुमोदन अध्येषण याचनताया ॥ यच्च शुभं मयि

संचितु किंचि बोधयि नामयमी अहु सर्वं ॥ १२ ॥ पूजित भोन्तु अतीतक बुद्धा ये च
ध्रियन्ति दशद्दिशि लोके ॥ ये च अनागत ते लघु भोन्तु पूर्णमनोरथ बोधि विबु
द्धाः ॥ १३ ॥ यावत क्षेत्र दशद्दिशि तेषु ते परिशुद्ध भवन्तु उदाराः ॥ बोधिद्रुमेन्द्र
गतेहि जिनेहि बुद्धसुतेहि च भोन्तु प्रपूर्णाः ॥ १४ ॥ यावत केचि दशद्दिशि सत्वा
स्ते सुखिताः सद भोन्तु अरोगाः ॥ सर्वजगस्य च धार्मिक अर्थो भोन्तु प्रदक्षिण
ऋध्यतु आशा ॥ १५ ॥ बोधिचरिं च अहं चरमाणो भवि जातिस्मर सर्वगतीषु
॥ सर्वसु जन्मसु च्युत्युपपत्ती प्रव्रजितो अहु नित्य भवेया ॥ १६ ॥ सर्वजिना-

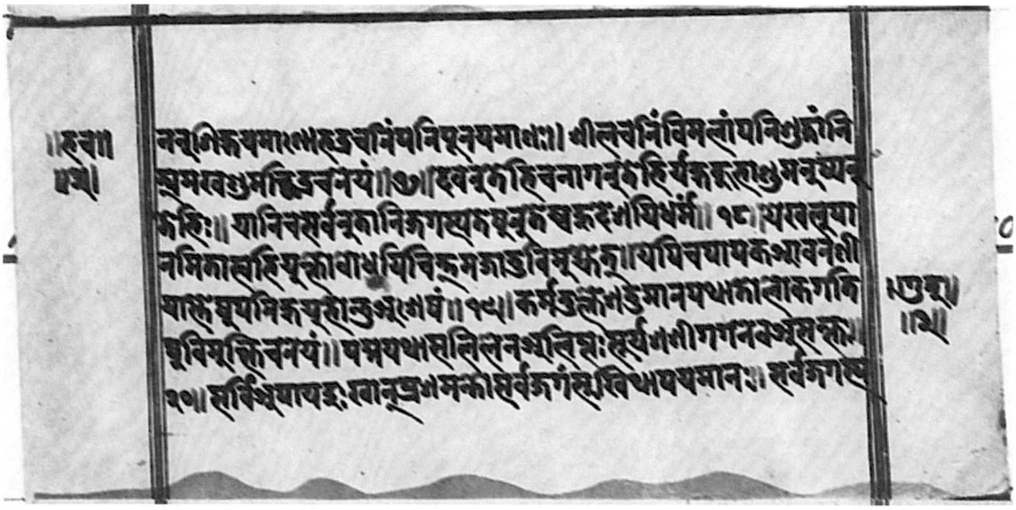

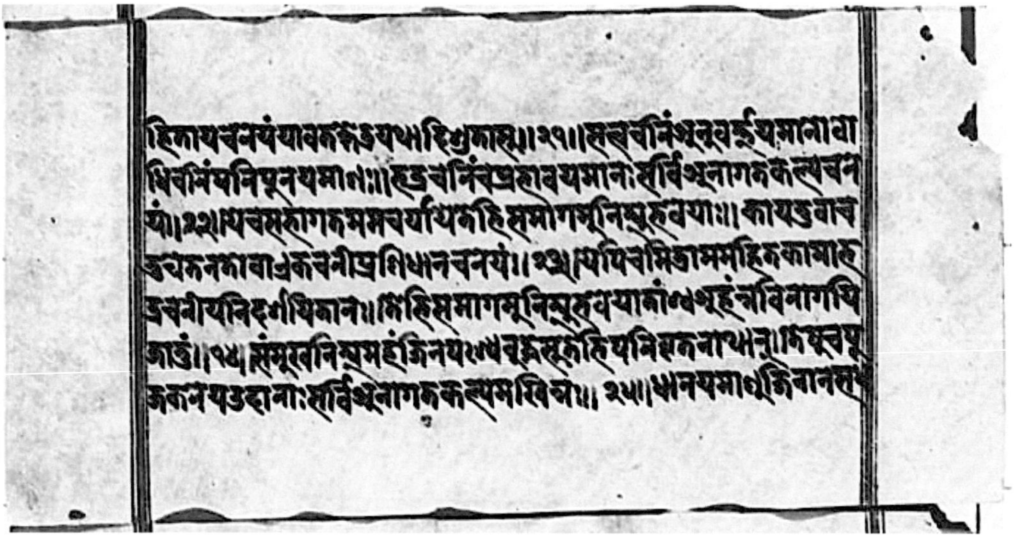

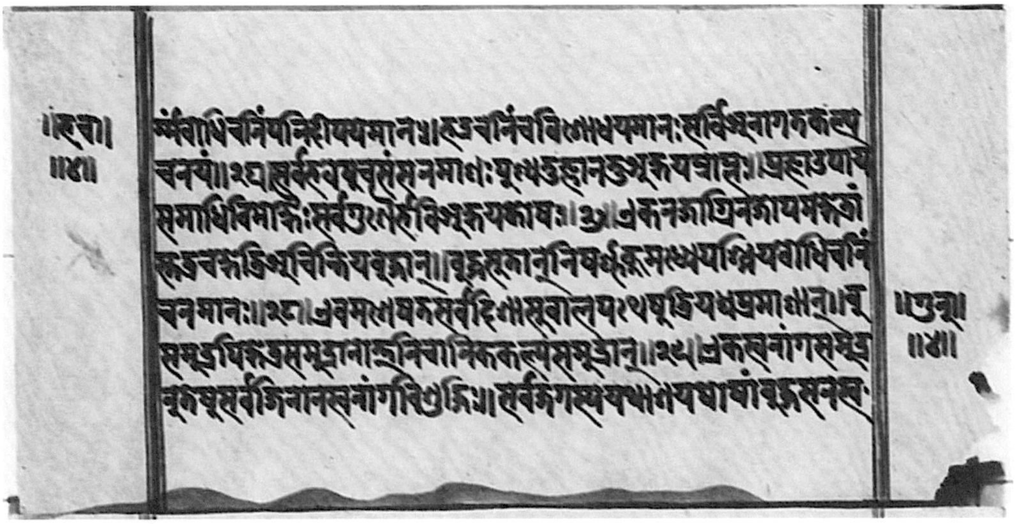

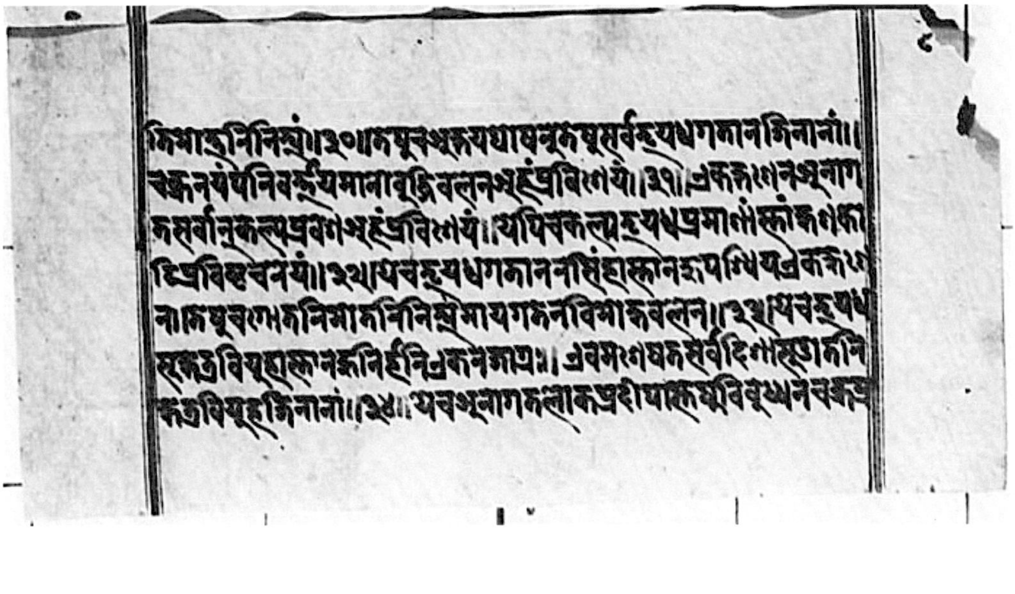

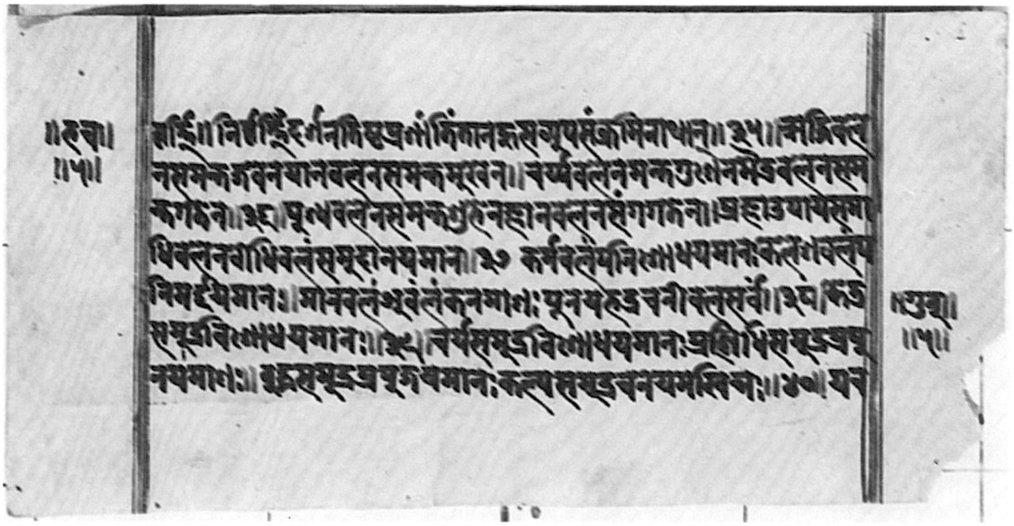

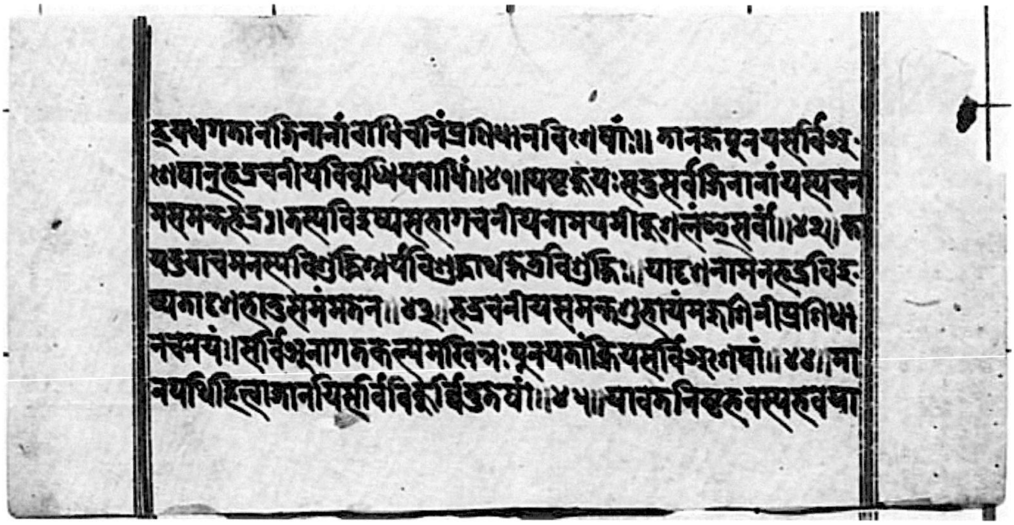

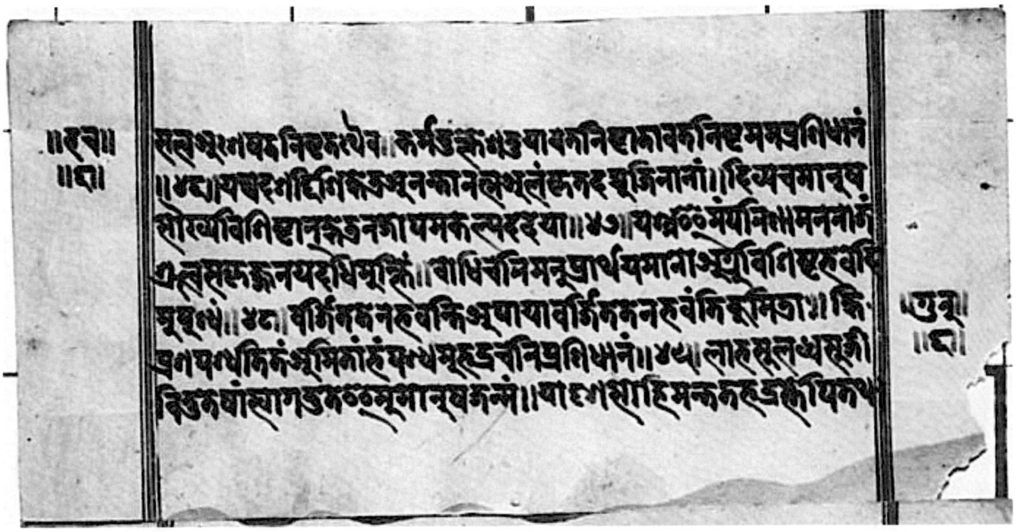

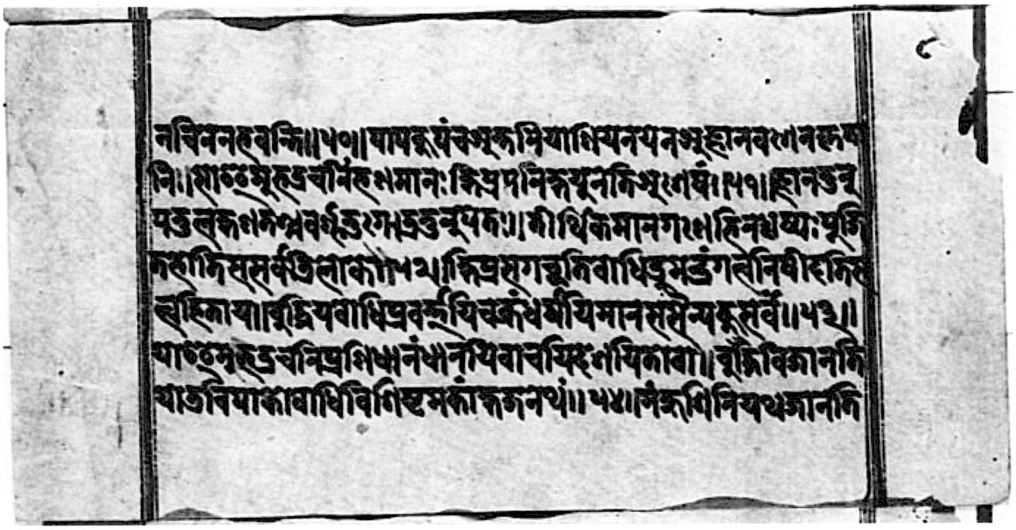

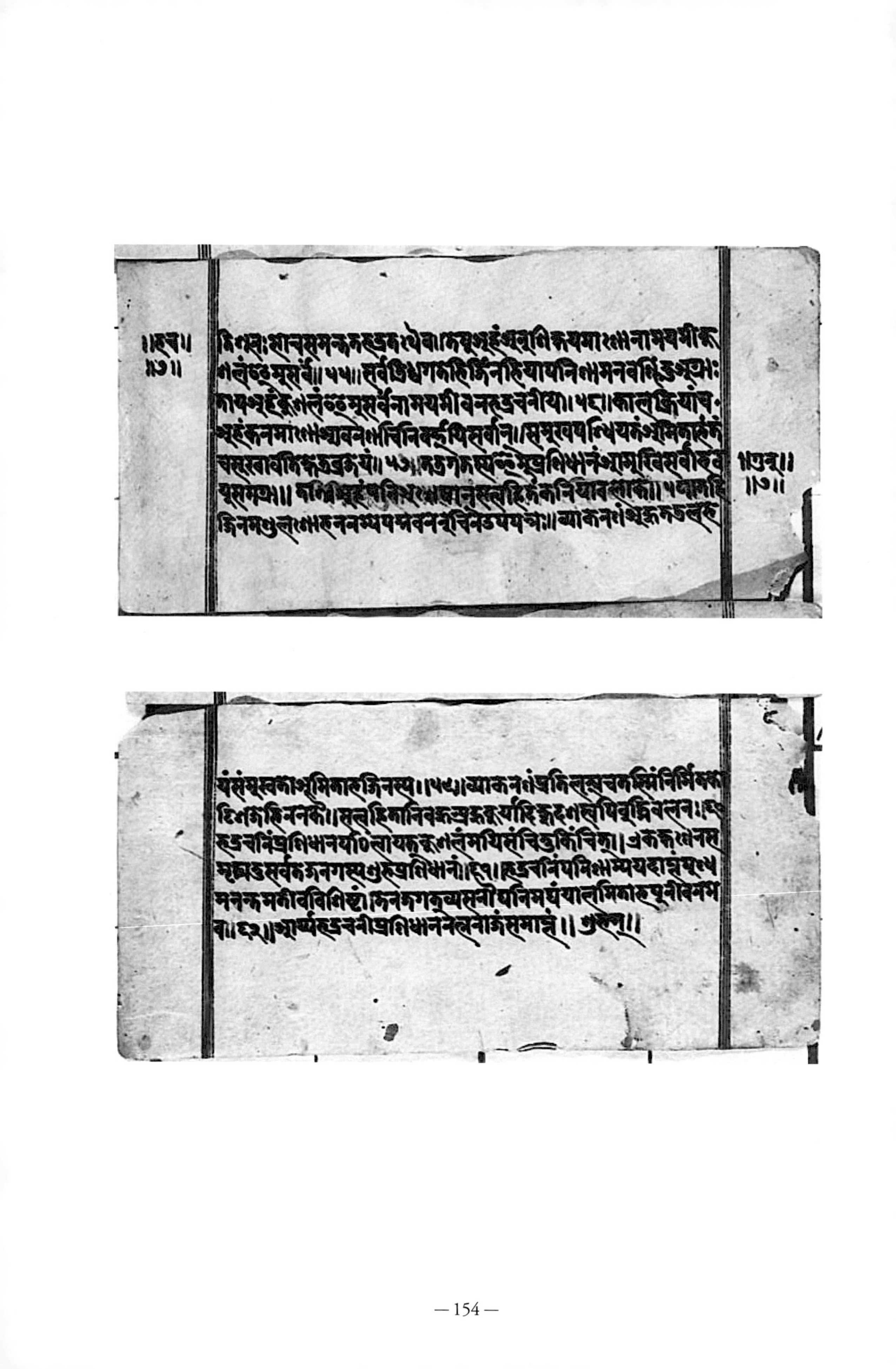

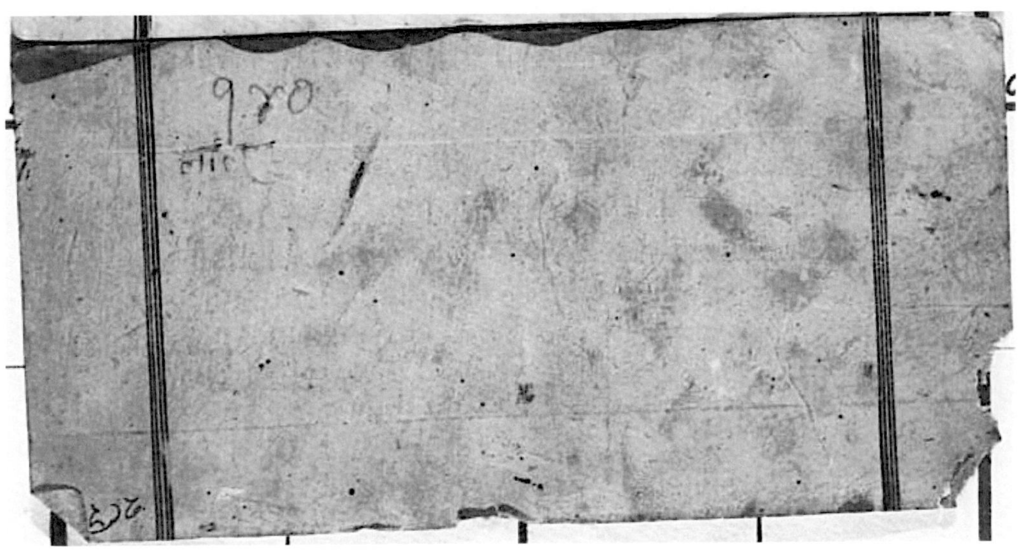

アーシャー・アーカイヴズ所蔵サンスクリット写本

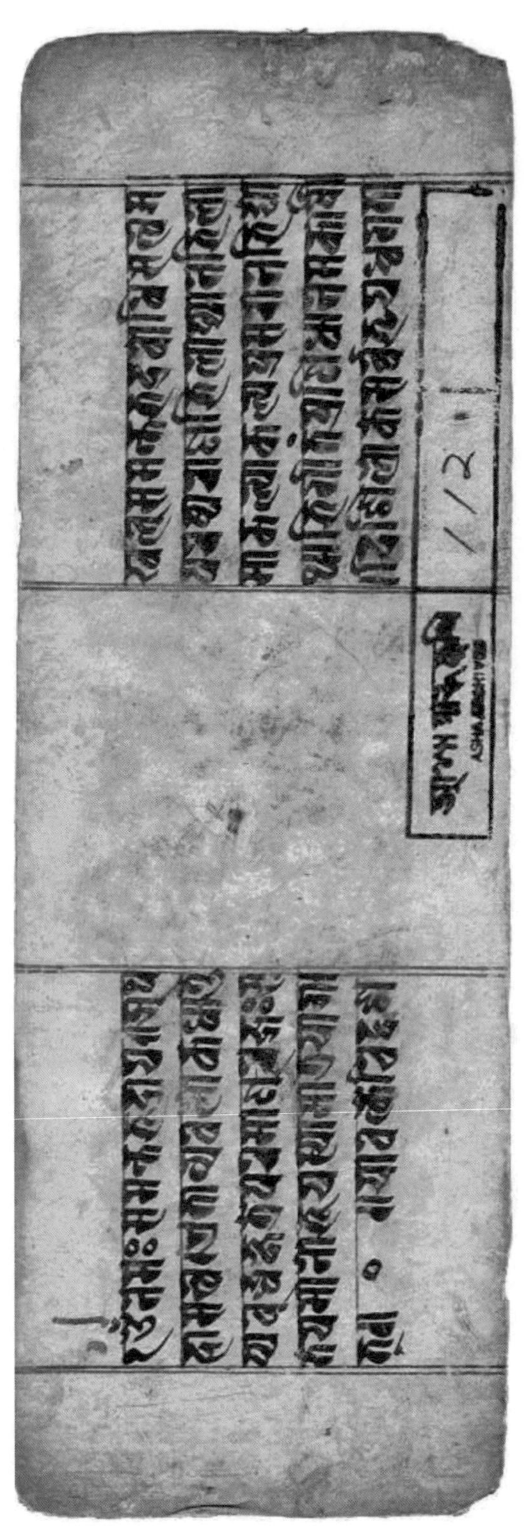

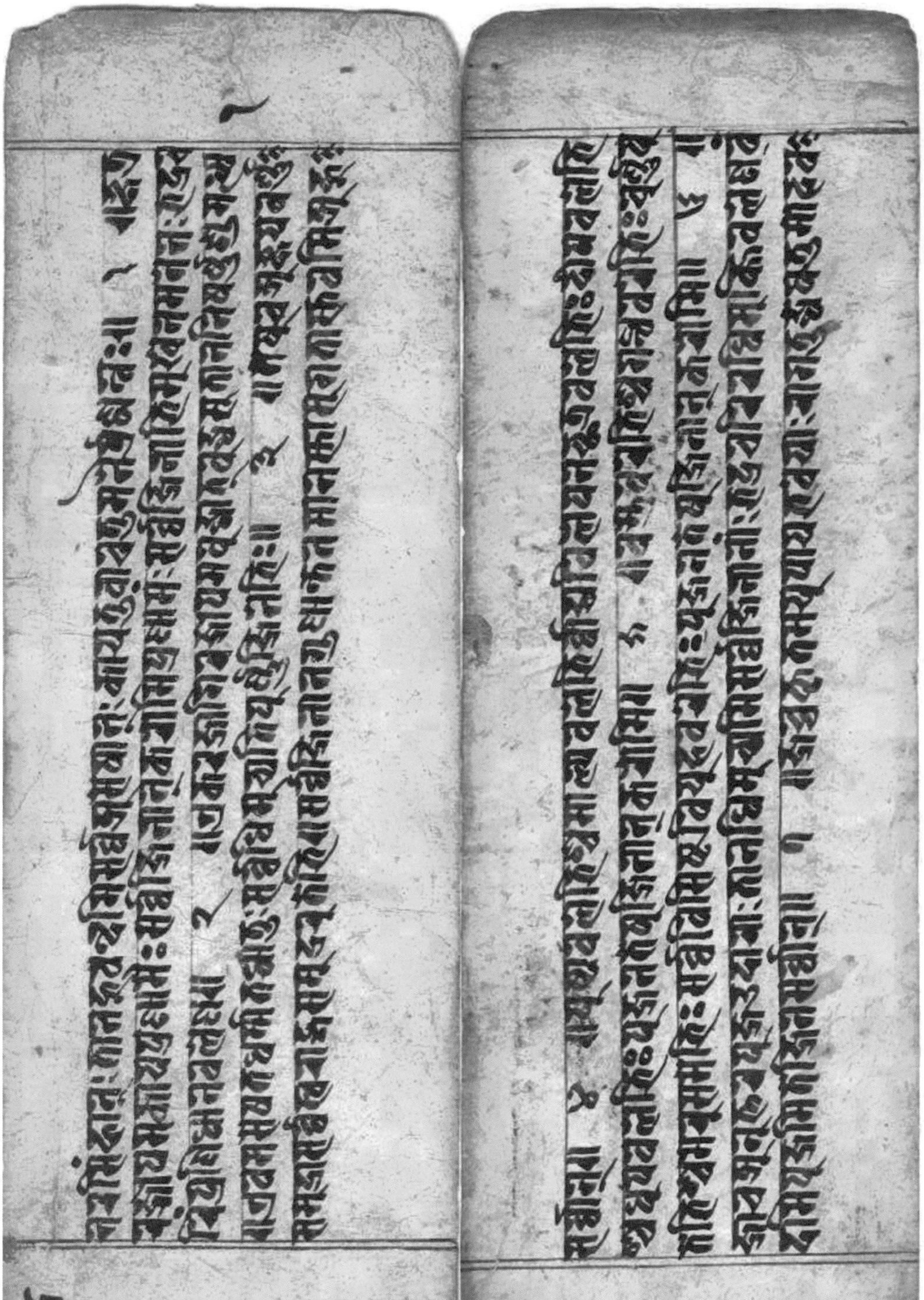

८८

न्तुप्रदक्षिणसत्यत्तुआमासा॥ १५ ॥ वाधिवित्रविंवादंवयमानाः रत्नज्ञानिमसर्व्वगनिषु

सर्व्वसत्वन्मसत्त्वयथानिषिविज्ञानाशुद्धनिस्वभावया॥ १६ ॥ वासर्व्वजिनाननुमिद्धयं

मानाः हृद्ववविंयथायिपूजयमानः॥ शीलवविंविमलाययविशुद्धाःनिव्यमरवषुमक्तिद्रवय २

यं॥ १७ ॥ वादवमूर्त्तिनिश्चनागवूर्त्तिहिर्ष्यकृत्स्नाहुमनुष्यवूर्त्तिहिःआज्ञानिवसर्व्ववूर्त्ता

निजगत्यात्सप्यपूवपाद्धदक्षथिवम्मा॥ १८ ॥ वायवलयाववमिताखमितियुक्तवामयियवि

त्समज्ञानविमुक्तनाययिवयायकर्म्मावलोकितकमप्युयविद्धयमान्तुअसवां॥ १९ ॥ वाद

र्मारुज्ञानापुमालयथाकाःलोकगनिषुविमुक्तिवयवयं॥ यक्षयथाजाविवद्धमूलियकः सू

र्य्यज्ञाक्षिगगनलवमूसकः॥ २० ॥ वासूविस्वायायरःस्वात्वुक्षमनकःसर्व्वजगत्सुखिस्व

वयमानः॥ सर्व्वजगत्सुहितायवयंःजावत्तूक्तयथादिशुनासूव॥ २१ ॥ वासत्ववक्ष

विंज्ञवर्त्तयमानाः बोधिवलिंयथायिपूजयमानः॥ हृद्ववविंवयरत्नवयमानः सिद्धिसूनाम

त्रकस्येनागसमुद्भवं कृतयुसर्व्वजिनानत्वमामविबुद्धिं ॥ सर्व्वज्ञतास्य यथासयथामं: वृक्षसवस्व
निमानविनिर्त्यं॥ ३० ॥ तस्मूवस्कृयथामवनं यसर्व्वत्वयथ्वगतान् जिनानां: स्वकनयंय
विवर्त्त्यमानाः वृक्षिवलक्षक्तूर्नयविजयंय॥ ३१ ॥ सत्वकस्मनताभ्यागतसर्व्वान् कल्ययु
वक्षास्यप्रविलक्षयंवायथयिवकल्यत्वयथ्वयमाम्यक्तारमकाधियुविक्ष्यविक्षवयं॥ ३२ ॥
यवत्वयथ्वगतानवमिशिक्षा क्त्नक्त्यश्वियन कारमननवा तयुवत्मवविमानविनिर्त्यंमायसर्न
नविमास्त्रवलक्ष्या॥ ३३ ॥ यथवत्वयथ्वसमृद्धतविचियूसक्त्नकनिर्देविनकमवज्ञात्वात्रक
वजात्वात्रवमत्रायक: सर्व्वदिक्षासूवन्कविरम्भं॥ ३४ ॥ विचियूरुजिनानां: स्ववसूनागत
लोकवर्दीया: क्षयविवूध्यन्वक्रयवस्त्वदिदर्शननिक्ष:स्वक्षानिकिमानक्रूयकामिनाथनय॥
३५ ॥ आक्षित्ववसमसमंतज्ञवलयानववक्षसमन्कमूखनवावर्थावक्षसमन्कवाक्षनमैत्रि
वक्षसमन्कगतनव॥ ३६ ॥ पूर्व्ववक्षसमन्कशुरतनक्त्नववक्षसमन्कगतनवायुक्षे

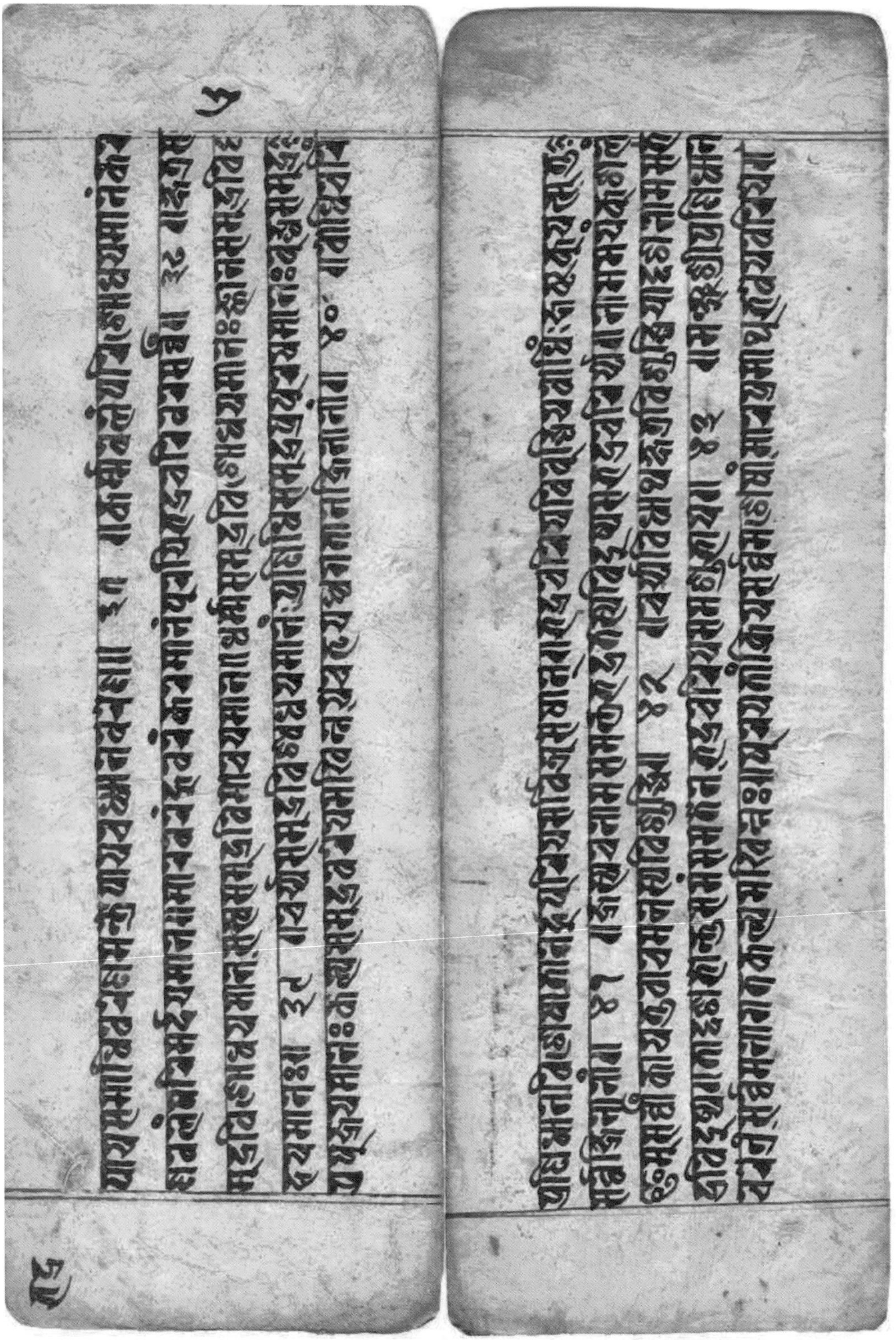

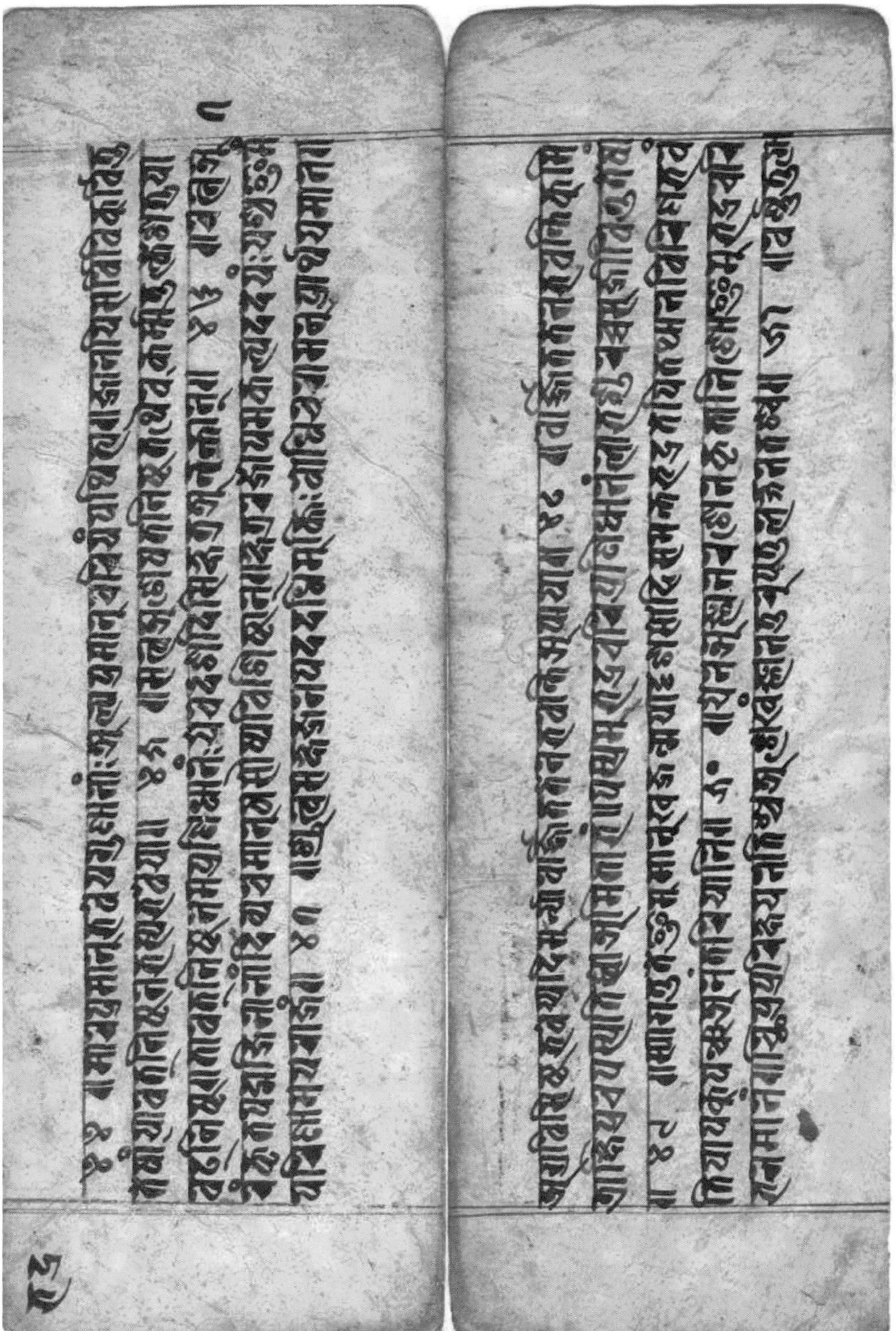

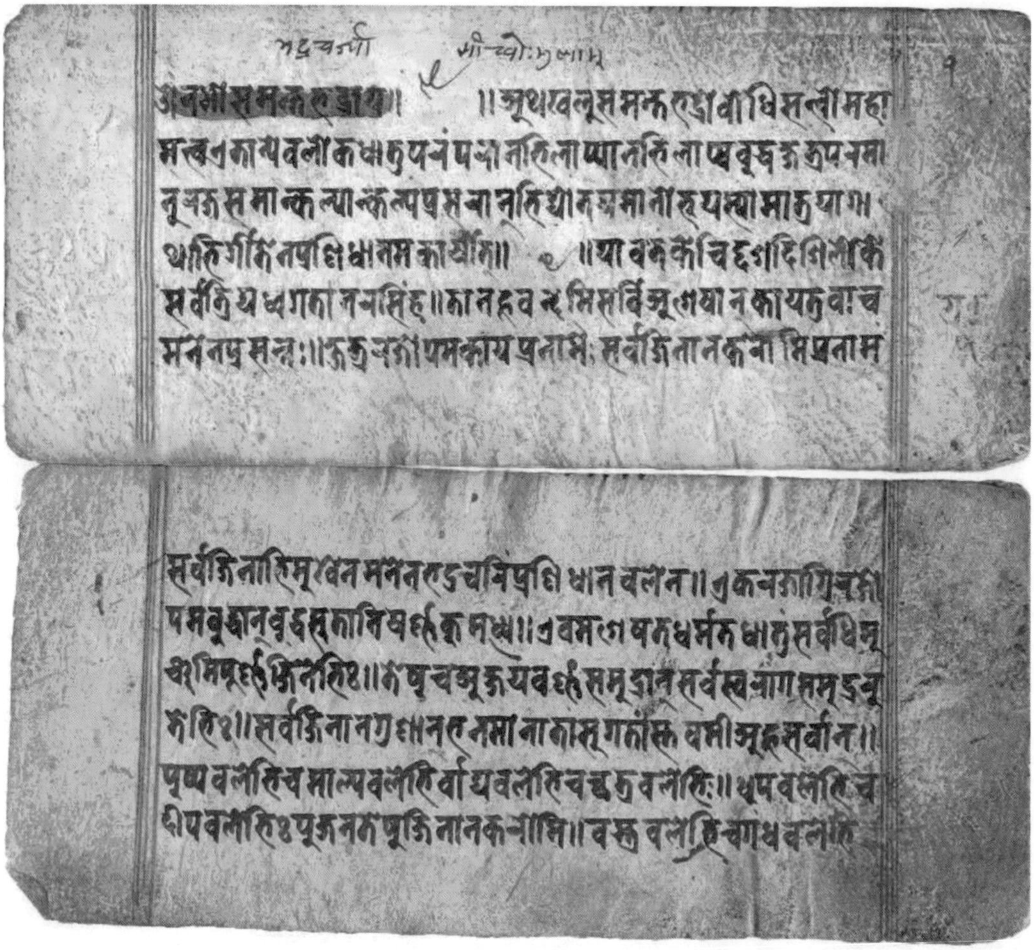

र्णपूटहि च मरुसमहि ४ ॥ सर्वविशिस्टवियूहवलेहि ४ पूजनम पूजिनानक
रोमि ॥ या च अनूत्तन पूज उदारा ता अधिमु च्येमि सर्वजिनानां ॥ भद्रचरि
अधिमुक्ति बलन वन्दमि पूजयमी जिन सर्वान ॥ य च्च कृतं मयि पाप भवेया
रागतु द्वेषतु मोहवशेन ॥ कायतु वाचमनेन तथेव तं प्रतिदेसयमी अहु स
र्वान ॥ य च्च दशद्दिशि पूण्य जगस्य शैक्षाशैक्ष प्रत्येकजिनानां ॥ बुद्धसुतानथ
सर्वजिनानां अनुमोदयमी अहु सर्वान ॥ य च्च दशद्दिशि लोकप्रदीपा बो ग्न

धिविबुद्ध असङ्गतप्राप्ता ॥ तानहु सर्वि अध्येषमि नाथां चक्रु अनूत्तर व
र्तनताये ॥ थपि च निर्वृति दर्शितुकामा ताभियाचमि प्राञ्जलिभूत्वा ॥ क्षेत्ररज
ोपमकल्प स्थिहन्तु सर्वजगस्य हिताय सुखाय ॥ वन्दनपूजनदेशनता
या अनुमोदन अध्येषनयाचनताया ॥ य च्च शुभं मयि संचितु किंचि बोधय
नामयमी अहु सर्वान ॥ पूजित भोन्तु अतितक बुद्धानय च ध्रियन्ति दशद्दिशि
लोक ॥ य च अनागत ते लघु भोन्तु पूर्णमनोरथ बोधिविबुद्धा ॥ यावत के

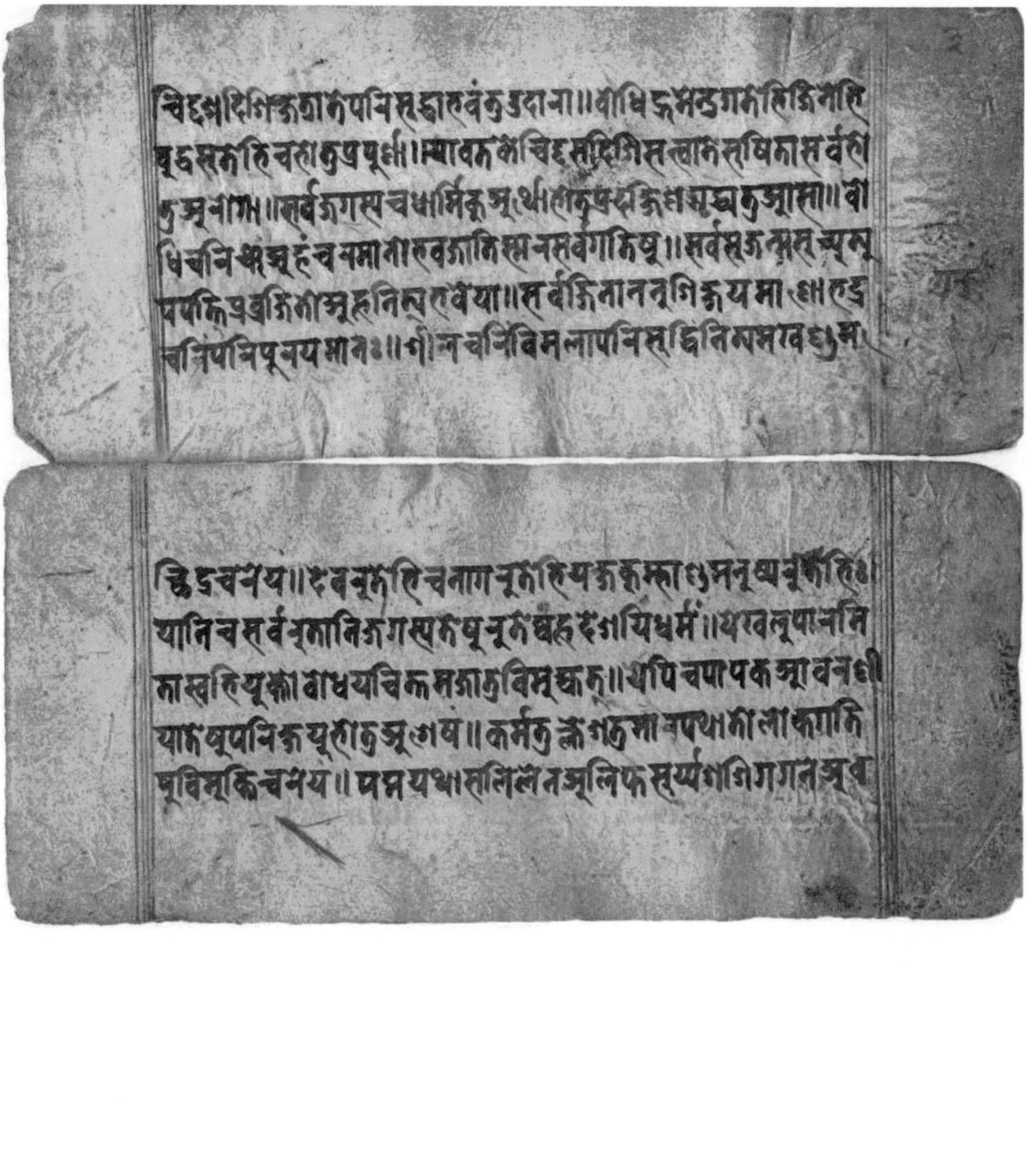

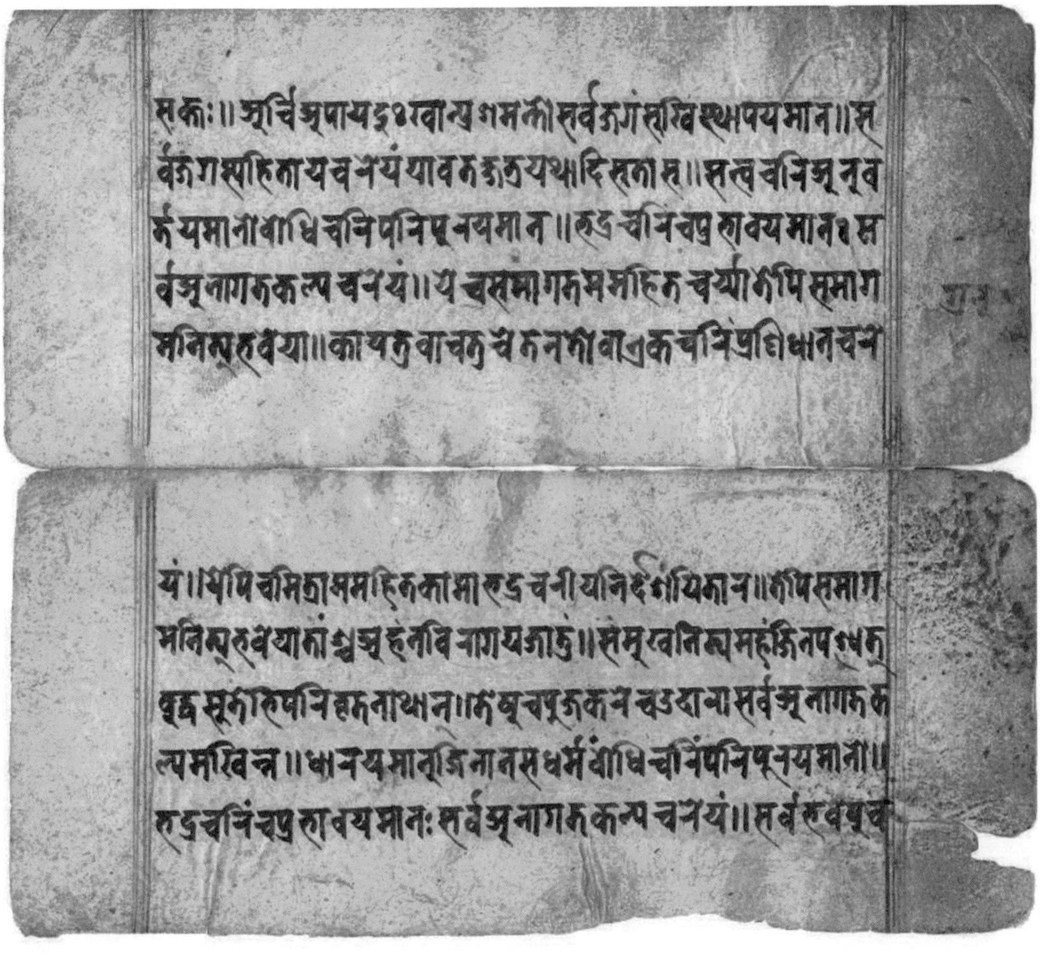

सकः॥ सूर्चिं अपायदुःखवान्तगमकौ सर्वज्ञतां संस्थापयमान॥ स
र्वज्ञतासहिताय वचनयं यावत्कृतयथादि सत्त्वान॥ सत्त्वचनिञ्जूनूव
र्त्यमानौ बोधिचर्यापानिपूनयमान॥ लघुचर्यां चतुर्लावण्यमानः स
र्वज्ञनागरककल्पवचनयं॥ यत्सतभागतमभसहितचर्यां कपिसमाग
मनिष्पत्तव्या॥ कायक्तवाचक्तचितनमीवात्रकचर्यां प्रतिष्ठानवच

यं॥ यपि चमित्रामम हितकाभालघुचनी यनिर्दिशयिकान॥ कपिसमाग
मनिष्पत्तव्याकां श्रुत्वा हेनवि नागयजाकु॥ संपूर्वनिष्ठमहर्षिनपश्चकृ
कृत्स्नकालिकपानिहतनाथान॥ कंपूचपूजकन चउदाना सर्वज्ञनागरक
ल्पमखिन्न॥ धानयमानजिनानसधर्मं बोधिचर्यापानिपूनयमानौ॥
लघुचर्यां चतुर्लावण्यमानः सर्वज्ञनागरककल्पवचनयं॥ सर्वसत्त्वपूर्व

संसरमानपृथग्जनानुत्तरप्राप्त ४॥ प्रज्ञाउपायसमाधिविमोक्षे ७स
वंगु(णे)र्विज्ञेयकाय ४॥ एकनक्षणे नरोपमक्षेत्रकत्रचक्षुत्रअभि
मियबुद्धान। बुद्धसमानि यद्(ध)क्रमध्यपाश्विय बोधि चर्यं चरमान ४॥ एवम
जयक सर्वदिशासु बोधपथ प्रतिय ध्वप्रमान॥ बुद्ध समृद्धपि क्षेत्रसमु
द्रानानि यानिक कल्पसमुद्रान॥ एक स्वनांग समुद्र नुसमु सर्वबो

नान स्वनांगाविशुद्धि ४॥ सर्वजगत्सुयथाशय घोषा न बुद्धसनस्तानि भाक
निनानां॥ कपू वज्र क्रय घोष नु क्रमु सर्वत्रिय ध्वगका नाशिनां॥ चक्र नयं
परिवर्तयमानावृद्धि बलनज्ञ हं प्रविशयं॥ एक क्षणे नज्ञ नागत सर्वान्
कल्पप्रवेशज्ञ हं प्रविशयं॥ यपि चक्र ल्य त्रय ध्वप्रमा संनाक्षद काडिपु
विशरनयं॥ यं चत्रिय ध्वगकान नास हकानहू पाश्विय एक क्षणन

कंखुच ६॥ कनि मार्कानि निर्यंभी क्रुगर्क नवि भी क्रुवलन ॥ थ चाति य ध्वम क्रुत्र
विध्रु हाका नकृ निर्हं निध्रक बजा ६॥ त्र नम ६ यक सर्वदिसा स्थाकनि क्रुतु
वियुह क्लिनानां॥ थ चभूनागकला कपुदीपाकं ध्रुविध्रु ध्वन चक्रु प्र हाक्रि॥ निर्द्दं
क्रिदर्सननिस्थप्रसां क्रिकानकृस व्पूप संक्रमिनाथा नु॥ सुद्धि बलंनस मकृय
वंनयानवलं नस मकृ मरेवन॥ चर्य्यबल नस मकृय ६ ज्ञानमेत्री बलनस

मकृ शुलेन॥ अर्थबलनस मकृयवन प्रज्ञाबलजूलंगगाकं न॥ प्रज्ञाउ
पायस माधिबलन बाधिबलंस म्हदायमान ६॥ कर्मबलं दाम ६ अधय
मानः क्लेशबलंपनिवर्कयमा ६॥ मानबलंजू बलंकयमान पुनय रुद्र च
नी बनसर्वं॥ कृत्र समडवि ६ अधयमान सर्वसमडविभी चयमा ६॥ ध
र्मसमडविपंध यमा ६॥ ज्ञानसमडविभि हयमा ६॥ चर्यसमडवि ६॥

धयमानः प्रणिधिसमुद्र प्रपूरयमाणा॥ बुद्धसमुद्र प्रपूजयमानः कल्पसमु
द्र चरेयमखिन्नं॥ ये च त्रियध्वगतान जिनानां बोधिचरिप्रणिधान विशेषा॥
तानहु पूरयि सर्वि अशेषां भद्रचरिय विबुद्धिय बोधिं॥ ज्येष्ठक य सुतु सर्व
जिनानां यस्य च नाम समन्तभद्र॥ तस्य विदुस्य सभाग चरीय नामयमी कुश
लं इमु सर्वान्॥ कायतु वाच मनस्य विशुद्धिश्चर्यविशुद्ध्यथ क्षेत्रविशुद्धि॥

याद्दश नाम भद्रविशुद्धि ताद्दश भोतु समम तेन॥ भद्रचरीय समन्तशुभा
य मंजुश्री प्रणिधान चरेयं॥ सर्व अनागत कल्पमखिन्न पूरयि तां क्रिय सर्व अ
शेषां॥ मान प्रमान भवेय चरीय मा न प्रमाण भवेय गुणानां॥ अप्रमाण चरी
य स्थिहित्वा ज्ञानय सर्वि विकुर्वितु तेषां॥ यावत निष्ठ नभस्य भवेया सत्व
अशेषत निष्ठ तथैव॥ कर्मतु क्लेशतु यावत निष्ठ तावत निष्ठ मम प्रणि

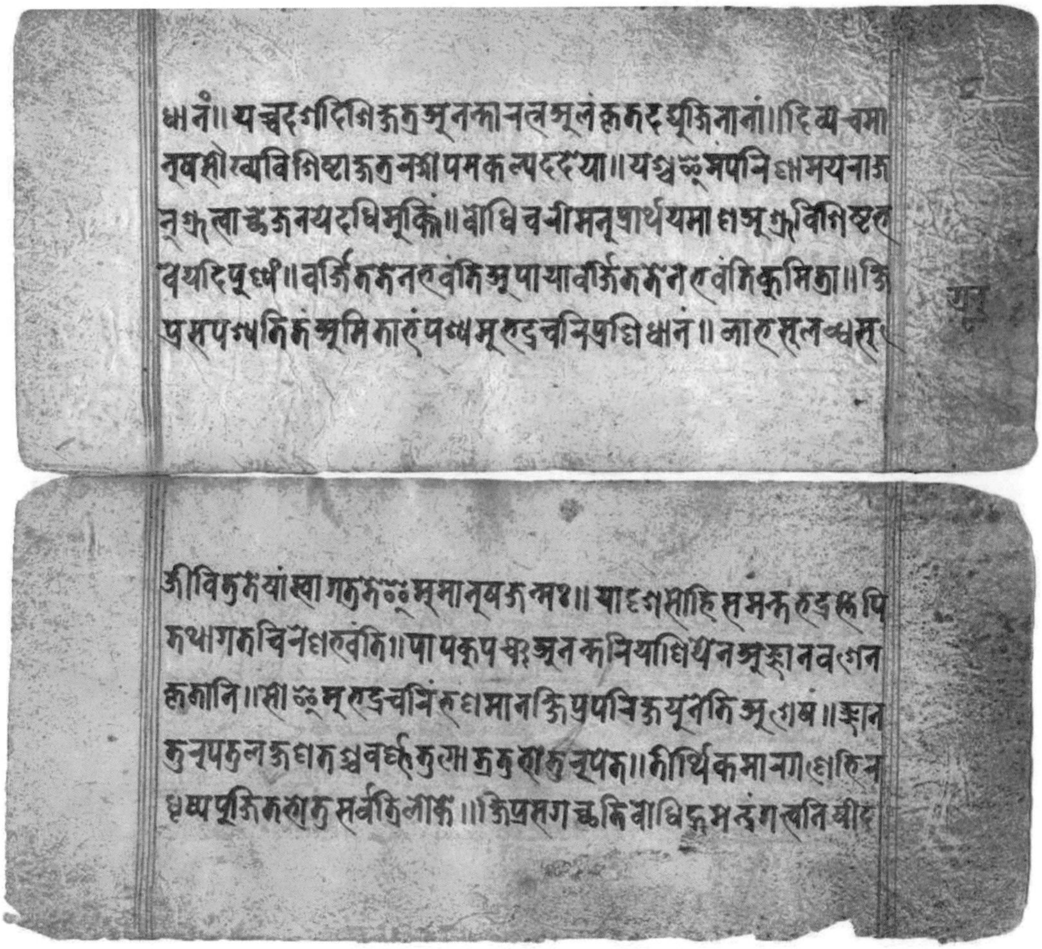

मिसत्त्वहिताय॥ बुद्ध्य बोधि प्रवर्तयि चक्रं धर्षयि मार ससैन्यक सर्वं॥ या
ंऊ मह भद्रचरि प्रणिधानं धारय वाचय देशयि वा॥ बुद्ध विजानति यात्र विपा
को बोधिविशिष्ट म कांक्ष जनेत॥ मञ्जुश्री यथ जानति शूर सो च समन्तभ
द्र तथैव॥ तेषु अहं अनुशिक्षयमाणो नामयमी कुशलं इमु सर्वान्॥ स
र्वत्रियध्वगतेहि जिनेहि या परिणामन वर्णित अग्रा॥ ताय अहं कुश

लं इमु सर्वां नामयमी वरभद्रचरीय॥ कालक्रियां च अहं करमाण आव
रणान्वि विनिवर्तयि सर्वान्॥ संमुख पश्यमि तं अमिताभं तं च सुखावति क्षेत्र
व्रजेयं॥ तत्र गतस्य इमं प्रणिधानं आमुख सर्व भवेयु समग्रा॥ तांश्च अहं
परिपूरि अशेष सत्त्वहितं करि यावत लोके॥ तर्हि जिनमण्डल शोभन रम्य
पद्मवरे रुचिरे उपपन्ना॥ व्याकरणं अहु तत्र लभेयं संमुखतो अमिता

लजिनस्य ॥ व्याकरणं प्रकिलस्य चकस्मिन्निर्भिककादिग महित्न धकेश ॥ सत्व
हिमानि वहन्यह कुर्यानुदिरुदग स्वपि वृद्धिवलन ॥ सद्धर्मनिं प्राणिधानमपि
त्वायत्कुशलं मयि संचितं किंचित् ॥ एकक ... नसम स्यकु सर्वं जनजगत्स
संप्रणिधानं ॥ सद्धर्मनिंपनिधामयदाफ पुण्य मनक मकीदविंशिस्त ॥ ...नज
गच्छसनो घानिमग्नं या त्वमिमारपूर्वीव नभव ॥ ॥ आर्यश्रीसद्धर्म

...प्रणिधानसहस्रमार्गसमाप्तम् ॥ ॥

ॐनमः श्रीसमंतभद्राय॥ ॥अथखलुसमंतभद्रोबोधिसत्वोमहासत्वएतानेवलो
कधातोपरंपरानभिलाप्यानभिलाप्यबुद्धक्षेत्रेपरमाणुरजसमान्कल्पान्कल्पप्रसरा
नभिद्योतयमानोभूयस्यामात्रयागाथाभिर्गीतेनप्रणिधानमकार्षीत्॥ ॐ ॥
अथखलु-थनंलिनिश्चयनं।समन्तभद्रोबोधिसत्वोमहासत्व-समन्तभद्रबोधिस
त्वमहासत्वं।एतानेवलोकधातुपरंपरान्-थुलिलोकधातुपरंपरा॥अभिलाप्यानभि
लाप्य-अभिलाप्यअनभिलाप्यसंख्या॥बुद्धक्षेत्रपरमाणुरजसमान्-बुद्धक्षेत्रपर १
माणुरजसमान-कल्पान्कल्पप्रसरान्-कल्पान्कल्पफैलेजुयाङंगु॥अभिद्योतय

मान-क्यना॥भूयस्यामात्रयागाथाभिर्गीतेन-हानंथुलिमात्रगाथारूपीगीनयाक्यं॥प्रणि
धानमकार्षीत्-प्रणिधानयानाविज्यात॥ ॥ ॐ ॥ ॥यावनकेचिद्दशदिशि
लोकेसर्वत्रियध्वगतानरसिंहाः॥तानहंवंदमिसर्वअशेषान्कायतुवाचमनेनप्रस
न्नः॥ १ ॥यावन्केचित्-गुलिनकछुंगुगुं॥दशदिशिलोके-झिगुदिशालोके॥सर्व
त्रियध्वगताः-संपूर्णाद्वापाजूपिंलिपाज्वीपिंआजुयाचंपिं॥नरसिंहाः-मनुष्यमध्येसिंहतथा
गतपिंसर्वअशेषान्तान्-थुपिंशेषमदयकसकस्यानं कायतुवाचमनेनप्रसन्नः-प्र
सन्नगुकायवाक्चित्तं॥अहंवंदमि-जिनंनमस्कारयाय॥ ० ॥क्षेत्ररजोपमकायप्र

रणाभैः सर्वजिनान करोमि प्रणामं॥ सर्वजिनाभिमुखेन मनेन भद्रचरीं प्रणिधानवलेन॥ २ ॥
क्षेत्ररजोपम- क्षेत्रयाधू उपमां॥ कायप्रणामैः- शरीरया प्रणामं॥ सर्वजिनाभिमुखेन मनेन-
सकलतथागतया सन्मुखेभिगुच्चिन्तं॥ भद्रचरीं प्रणिधानवलेन- भद्रचरि प्रणिधानयावलं-
सर्वजिनान- सकलतथागतपिंत॥ प्रणामं करोमि- नमस्कार यायै॥ ० ॥एकरजाग्रि
रजोपम बुद्धान- बुद्धसुतानानिषण्णकमध्ये॥ एवमशेषत धर्मतधातुं सर्वधिमुच्चमि पूर्णजि
नेभिः॥ ३ ॥एकरजाग्रिरजोपम- छगुरजमुखधूउपमां॥ बुद्धानबुद्धसुतान बुद्धबुद्ध २
यापुत्रगणापिं॥ निषण्णकमध्ये- विज्यानाच्चंगमध्येस॥ एवं अशेषत- थुगुप्रकारं शेषमद
यक सर्वधिमुच्चमि पूर्णजिनेभिः- संपूर्णतथागतं पूर्णायाये धर्मतधातुं- धर्मधातु॥ ०
तेषु च अक्षयवर्णसमुद्रान सर्वस्वरांग समुद्ररुतेभिः॥ सर्वजिनानगुणा भनमानास्तां
सुगतांस्तवमी अऊसर्वान्॥ ४ ॥तेषु- थुपिं सकलधर्मधातुतथागतपिंको॥ अक्षय
वर्णसमुद्रान- क्षयमजुयकअक्षररूपी समुद्र सर्वस्वरांग- संपूर्णसप्तस्वरया॥ समु
द्ररुतेभिः- समुद्रस्वरूपशब्द सर्वजिनान- सकलतथागतया॥ गुणान् भणमाना- गु
णगान्न्यायाना तान्सर्वान्सुगतान्- थुपिं सकलतथागतपिंत अऊस्तवमि- जिनं स्तोत्र
यायै॥ ० ॥पुष्पवलेभिश्चमाल्यवलेभिर्वाद्यविलेपन छत्रवलेभिः॥ दीपवलेभिश्च

धूपवलेभिः पूजनतेषु जिनानकरोमि॥ ५ ॥पुष्पवलेभिः-उत्तमगुस्थानं॥माल्यवलेभिः
उत्तमगुमालाछाया॥वाद्यविलेपन-वाजस्थाना सुगंधलेपनयाना॥छत्रवलेभिः-उत्तमगु
छत्रछाया॥दीपवलेभिः-उत्तमगुमतछायका॥धूपवलेभिः-सुगन्धधूपथना॥तेषुजिना
न-थुपिंतथागतपिंत॥पूजनकरोमि-पूजायाये॥ ० ॥वस्त्रवलेभिचगन्धवलेभिश्चू
र्णपुटेभिचमेरुसमेभिः॥सर्वविशिष्टवियूहवलेभिः पूजननेषुजिनानकरोमि॥ ९ ॥
वस्त्रवलेभिः-उत्तमगुवस्त्रछाया॥गन्धवलेभिः-उत्तमगुसिहूलंतिका॥चूर्णपुटेभिः-सुव ३
र्णचूर्णआदिंछाया॥मेरुसमेभिः-सुमेरुपर्वतसमानं॥सर्वविशिष्टवियूहवलेभिः-संपूर्ण

उत्तमरगु-पूजासादोमं॥तेषुजिनान-थुपिंतथागतपिंत॥पूजनकरोमि-पूजायाये॥ ० ॥
यावदनुत्तरपूजउदारातानभिमुच्यमिसर्वजिनानां॥भद्रचरिंअधिमुक्तिवलेनवंदमिपूज
यमिजिनसर्वान॥ ७ ॥यावत्-गुलिनक॥अनुत्तरपूजउदारा-जोरामडगुउत्तमगुपूजा
दयान्चनथुलिपूजा॥तान्सर्वजिनानां-थुपिंसकलतथागतयाता॥अभिमुच्यमि-पूजाया
ये॥भद्रचरिंअधिमुक्तिवलेन-भद्रचरिश्रद्धाछन्दयावलं॥जिनसर्वान्-सकलतथागत
याता॥वंदमिपूजयमि-नमस्कारयायेपूजायाये॥ ० ॥यच्चकृतंमयिपापभवेयारागत
तुद्वेषतुमोहवशेन॥कायतुवाचमनेनतथैवतंप्रतिदेशयमिअडुसर्वं॥ ८ ॥

मयिपाप भवेया· जिपापीजुया॥रागतुद्वेषतुमोहवशेन- रागद्वेषमोहयावशं॥कायतुवा
न्चमनेनतथैव- थ्वथ्वंतुंकायवाक्चित्तं॥यच्चकृतं- गुगुजिनंपापयानातयागुउ॥तंसर्वं-
थ्वसंपूर्णपाप॥अऊप्रतिदेशयामि- जिनंदेशनायाये॥ ० ॥यच्चदशदिशिपुरायजग
स्यसैक्षासेक्ष प्रत्येकजिनानां॥बुद्धसुतानथसर्वजिनानांगंअनुमोदयमि-अऊसर्वं॥ ८॥
यच्चदशदिशि- गुगुदिगुदिशास॥सैक्षअसैक्ष- शिक्षाअशिक्षायाकं॥प्रत्येकजिनानांप्र
त्येकबुद्धगणापिनि॥बुद्धसुतान- वोधिसत्वगणापिनि॥सर्वजिनानां- सकलतथागतगण ४
पिनि॥पुरायजगस्य- लोकयापुरायाकगुस्वया॥तत्सर्वं- थ्वसंपूर्ण॥अऊअनुमोदयमि-

जिनंहर्षमानयाये॥ ० ॥यच्चदशदिशिलोकप्रदीपावोधिविवोधिअसंगतप्राप्ता॥ता
नऊसर्वंअध्येषमिनाथान्चक्रअनुत्तरवर्तननाये॥ १० ॥यच्चदशदिशि- गुगुदि
गुदिशास॥लोकप्रदीपाः- लोकयामतसमानजुया॥वोधिविवोधि- वोधिज्ञानलाना॥अ
संगतप्राप्ताः- तथागतजुयाविज्यापिं॥तान्सर्वनाथान्- थुपिंसकलनाथपिंके॥चक्र
अनुत्तरवर्तननाये- उत्तमधर्मचक्रप्रवर्तनयाकेनिंतिं॥अऊअध्येषमि- जिनंअध्येषणा
याये॥ ० ॥येपिचनिर्वृतिदर्शनकामास्तानऊयाचमिप्रांजलिभूता॥क्षेत्ररजोपम
कल्पथिहंतुंसर्वजगस्पहितायसुखाय॥ ११ ॥येऽपिच- गुलितथागतगणपिंनि

र्शतिदर्शनकामाः-निर्वाणवृन्मगुरुन्धायानाचंपिं॥तान्-शुभिकेा॥सर्वजगस्य-सकल
जगत्या॥हितायसुखाय-हितयायसुखयायत॥क्षेत्ररजोपमकल्प-क्षेत्रयाधूमा
णकल्पनक॥चिरेनुं-क्रिम्माक्मतनिर्वाणमज्वीकयन॥प्रांजलिभूतः-लाहज्वरेयान
अऊयान्वमि-जिनंप्रार्थनायाये॥ ० ॥वंदनपूजनदेशनतायाअनुमोदनाध्येमन
याचनताया॥यच्छपुभंमयसंचितुकिंचित्‌बोधयनामयमिअऊसर्वं॥ १२ ॥
वन्दन-नमस्कारयानाया॥पूजन-पूजायानाया॥देशनताया-पापदेशनायानाया॥अनु ५
मोदन-पुरमानुमोदनायानाया॥अध्येषन-अध्येषनायानाया॥याचनताया-प्रार्थना
यानाया॥यच्छभुभं-गुणुपुरप भयिसंचितुकिंचित्-किंचित्जिनंमुनागदन॥सर्वं-थ
संपूर्ण॥बोधये-बोधिज्ञानलायनिमित्ते॥अऊनामयमि-जिंपरिणामनायाये॥ ० ॥
पूजितभोत्‌अतीतकुवुद्धान्‌येचाभ्रियंतिदशादिशिलोके॥येचअनागततेलघुभोंतु
पूर्णमनोरथबोधिविबुद्धाः॥ १३ ॥अतीतकुवुद्धान्-हूपानथागतजुयाविज्यापिं
दशदिशिलोके-फिगुदिशासलोके॥येचभ्रियान्ति-गुलितथागतपिंआविज्मानाच्चन
थमित॥पूजितभोतु-पूजायानागजुयमा॥येचअनागत-गुलिलिपातथागतजूवैपिं
उानि-थुपिंसकल्पं॥पूर्णमनोरथ-मनसुवापुरेजुयां॥बोधिविबुद्धाः-बोधिज्ञानलाना

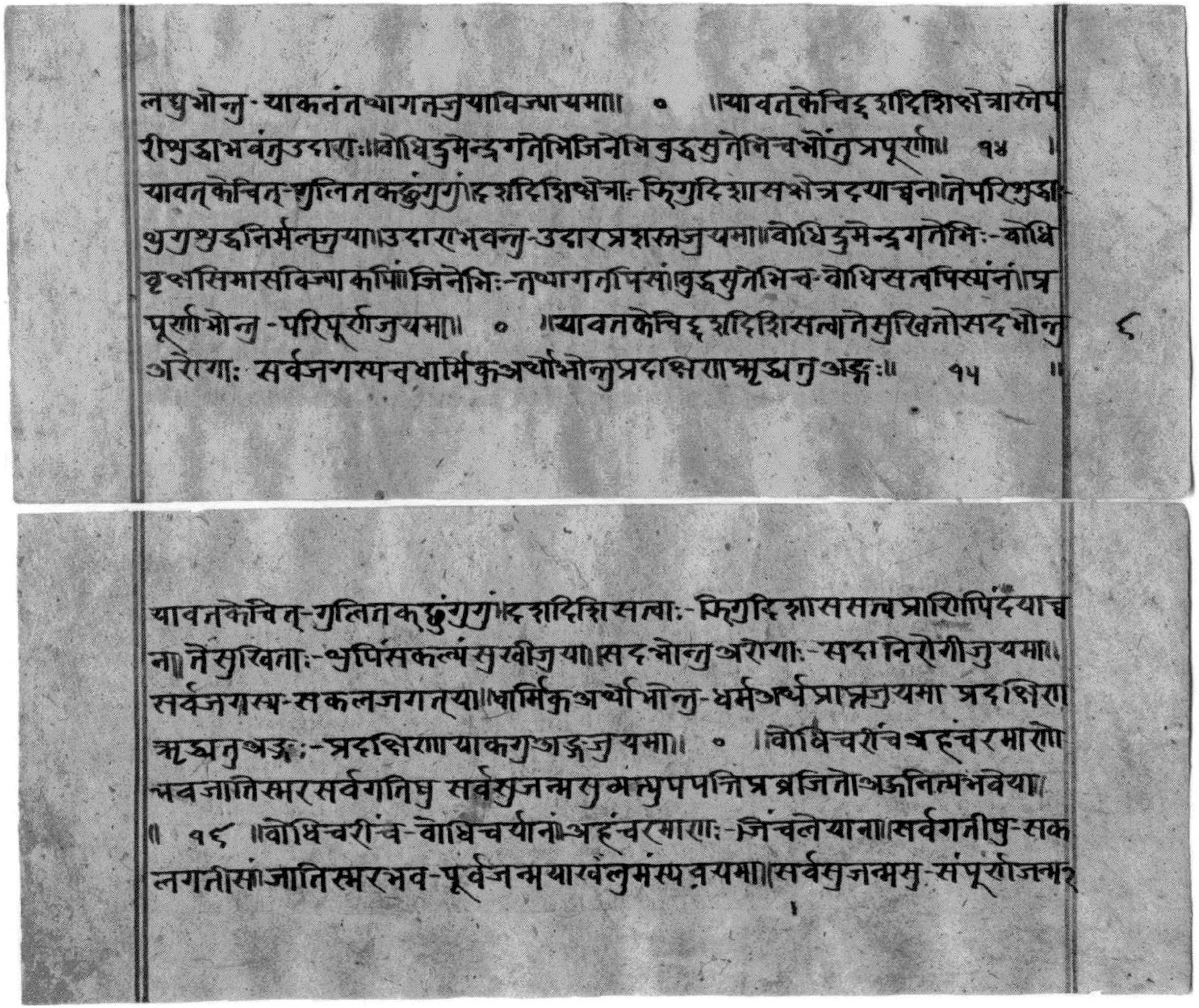
लघुभोन्तु · याकनंतथागतजुयाविज्यायमा॥ ० ॥यावत्केचिद्दशदिशिक्षेत्रास्तेप
रीशुद्धाभवंतुउदाराः॥बोधिद्रुमेन्द्रगतेभिजिनेभिबुद्धसुतेभिचभोंतुप्रपूर्णा॥ १४ ॥
यावत्केचित्-थुलितकद्धुंगुगं॥दशदिशिक्षेत्राः-फिगुदिशासक्षेत्रदयाच्वना॥तेपरिशुद्धा-
थुगुशुद्धनिर्मलजुया॥उदाराभवन्तु-उदारप्रशस्तजुयमा॥बोधिद्रुमेन्द्रगतेभिः-बोधि
वृक्षसिमासविज्याकपिं॥जिनेभिः-तथागतपिसं॥बुद्धसुतेभिच-बोधिसत्वपिस्यंनं॥प्र
पूर्णाभोन्तु-परिपूर्णजुयमा॥ ० ॥यावतकेचिद्दशदिशिसत्वातेसुखिनोसदभोन्तु ९
अरोगाः सर्वजगस्यचधार्मिकअर्थोभोन्तुप्रदक्षिणाऋध्यनुअङ्गः॥ १५ ॥
यावतकेचित्-थुलितकद्धुंगुगं॥दशदिशिसत्वाः-फिगुदिशासत्वप्राणिपिंदयाच्व
ना॥तेसुखिताः-थुपिंसकल्पंसुखीजुया॥सदभोन्तुअरोगाः-सदानिरोगीजुयमा॥
सर्वजगस्य-सकलजगतया॥धार्मिकअर्थोभोन्तु-धर्मअर्थप्राप्तजुयमा प्रदक्षिणा
ऋध्यनुअङ्गः-प्रदक्षिणायाकगुअङ्गजुयमा॥ ० ॥बोधिचरींचअहंचरमाणो
भवजातिस्मरसर्वगतिषु सर्वसुजन्मसुच्युपपत्तिप्रव्रजितोअहनित्यभवेया॥
॥ १६ ॥बोधिचरींच-बोधिचर्यानं॥अहंचरमाणाः-जिंचलेयाना॥सर्वगतीषु-सक
लगतीसं॥जातिस्मरभव-पूर्वजन्मयाखंलुमंस्पजुयमा॥सर्वसुजन्मसु-संपूर्णजन्म

पत्तिकं॥ अनुपमपति-सिनाजन्मजूपतिकं॥ अडुनित्य-जिनित्य२॥ प्रव्रजितो भवेया-
प्रव्रज्याग्रनञ्चलेयायपक्ष्यना॥ ० ॥सर्वजिनाननुशिक्षयमाणो भद्रञ्चरींपरिपू
रयमानश्शीलचरींविमलांपरिशुद्धांनित्यमखण्डमच्छिद्रञ्चरेयं॥ १७ ॥सर्वजि
नान-सकलतथागतगणापिंके॥ अनुशिक्षयमाणः-शिक्षास्यना॥ भद्रञ्चरींपरि
पूरयमाण-कल्याणगुञ्चर्यापरिपूर्णयाना॥ विमलांपरिशुद्धान्-निर्मलशुद्धजुया
च्वंगु॥ शीलचरीं-शीलचर्यास॥ नित्यमखण्डमच्छिद्रञ्चरेयं-नित्य२खंडितमूनफुत ७
मदयकजिनंचलेयाये॥ ० ॥देवरुतैभिचनागरुतैर्भिर्यक्षकुम्भाण्डमनुष्यरु
तैभिः॥ यानिचसर्वरुतानिजगस्यतेषरुतेषुदेशयधर्मं १८ देवरुतैभिः-दे
वतायावोलिं॥ नागरुतैभिः-नागयावोलिं॥ यक्षकुम्भाण्डमनुष्यरुतैभिः-यक्षकुम्भा
ण्डमनुष्ययावोलिं॥ सर्वजगस्य-सकलजगत्प्राणिया॥ यानिरुतानि-गुलिकिसि
म२या वोलिंहूर्इपिंडु तेष्वरुतेषु-थुलिवोलिं प्राणिपिंता॥ अडुदेशयधर्मं-जिंधर्म
देशनाविये॥ ० ॥येखलुपारमितास्वभियुक्ता वोधयचिन्तनजातुविमोहयेत्॥ ॥
येपिचपापक आवरणीयानेषुपरिक्षयुभोन्तु अशेषं॥ १९ ॥येखलु-थुलिनिश्च
यनंप्राणिगणपिं॥ पारमितासु अभियुक्ताः-खगुपारमितासचलेयानाच्वंपिंडु॥ वोध

यचिन्त-थुलिबोधिज्ञानेन्चित॥नजातुविमोहयेत्-खलसंछुनेमजुयक॥येपिच-हानं
गुलितक॥पापकआवरणीया-पंचमहापापआदिंयानाच्चोपिंआनेपुअशेषं-थुभिंशो
षथुद्धानमदयक॥परिक्षयुभोनु-नाशजुयमा॥ • ॥कर्मतुक्लेशनुमारपथानो
लोकगतीषुविमुक्तिचरेयं॥पद्मयथासलिलेनअलिप्तसूर्यशशीगगनेअवशक्त॥ २०॥
पद्मयथासलिलेनअलिप्तः-पलेखानेगथ्वलखंमापिल॥सूर्यशशी-सूर्यवचन्द्रमा
गगनेअवशक्तः-गथ्वआकाशंपननमजुलवथ्वं॥लोकगतीषु-लोकयागतिस॥कर्म ८
तुक्लेशनुमारपथानः-कर्मक्लेशमारयागुमार्गं॥विमुक्तिचरेयं-छुतेजुयाचलेयाये ०

सर्वअपायदुःखान्प्रशमन्तः सर्वजगत्सुखिस्थापयमानः॥सर्वजगस्यहिताय चरे
यं याधत्क्षेत्रयथादिसुतासु॥ २१ ॥सर्वअपायदुःखान्-संपूर्णनरकयागुदुःख
प्रशमन्तः-शान्तयायानिंनिं॥सर्वजगत्-सकलजगत्प्राणिपिं॥सुखिस्थापयमानः-
सुखंतयानिंनिं॥यावतक्षेत्र-गुलितकक्षेत्र॥यथादिसुतासु-गुगुप्रकारंचर्यायाय
मालअथ्व॥सर्वजगस्य-सकलजगत्या॥हिताय चरेयं-हितयायनाजिनंचलेया
य॥ ० ॥सत्वचरीं अनुवर्तयमानो॥बोधिचरींपरिपूरयमाणा॥भद्रचरींचप्रभाव
यमाणासर्वअनागतकल्पचरेयं॥ २२ ॥सत्वचरीं-सत्वयाचर्या॥अनुवर्तयमाणा-

८

अनुवर्तनयायनितिं॥ बोधिचरीं परिपूरयमाणाः-बोधिचर्यापरिपूर्णायायनितिं॥ भद्रचरींच-कल्याणगुचर्यानां॥ प्रभावयमाणाः-प्रभावयायनितिं॥ सर्वअनागतकल्प-सकलमवोनिगुकल्पसं चरेयं-जिनंचलेयायि॥ ० ॥ येपिचसभागतममचर्यां नेपि

समागमनित्यभवेया॥ कायतुवाचनुचेतननोवा एकचरीं प्रणिधानचरेयं॥ २२ ॥ येपिचममचर्या-गुलिजिगुचर्यासा॥ सभागत-समानभागंचलेयाकपिंडु॥ नेपि-थुपिनं नित्यसमागमभवेयाः-नित्यरसंगमजुयमा॥ कायतुवाचनुचेतननोवा-जिगुकायवाकचित्तयाकां॥ एकचरीं-छगुचर्या॥ प्रणिधानचरेयं-थ्वहेप्रणिधानसजिंचलेयाय

येपिचमित्रा ममहितकामा भद्रचरीयनिदर्शयिनारा॥ नेपिसमागमनित्यभवेया तांश्च अर्हंनविरागययजातुं॥ २४ ॥ ममहितकामा-जिनहितयायगुरच्छायानाचंपिं॥ भद्रचरीय-कल्याणगुचर्या॥ निदर्शयिनार-कयनाबीपिं॥ येपिचमित्रा-गुलिमित्रगणपिं दयाचन॥ नेपि-थुपिंनां॥ नित्यसमागमभवेया-नित्यरसंगमजुयमा॥ तांश्चअर्हं-थुमिनजिनं॥ नविरागयिजातुं-कदाचितविरागयायमखु॥ ० ॥ सन्मुखनित्यमहंजिनपश्येन् बुद्धसुतेभिः परिवृतनाथान्॥ तेषुचपूजकरेय उदारा सर्वअनागतकल्पमखिन्न॥ २५ ॥ बुद्धसुतेभिः-बोधिसत्वगणपिसां॥ परिवृतनाथान्-चाउयकाविज्या

पिंनाभगराणिंत॥सन्मुखनित्यमहं-सन्मुखनित्यश्जिनं॥जिनपश्ये-तथागतपिंतदर्शन
यामानिपुच-हानंधुपिंतथागतगरापिंके॥सर्वअनागतकल्प-संपूर्णामरुणनिगुकल्पत
कं॥अखिन्नः-थकेमजस्य॥उदाराःपूजकरेय-उदारंउत्तमपूजायाये॥ ० ॥धारय
मारा॥जिनानसधर्मंबोधिचरिंपरिदीपयमाराः॥भद्रचरींचविशोधयमाराःसर्वअनाग
तकल्पचरेयं॥ २८ ॥जिनानसधर्मं-तथागतगरापिंगुसधर्म॥धारयमाराः-धारण
याना॥बोधिचरिं-बोधिचर्या॥परिदीपयमाराः-मतस्वरूपप्रकाशयाना॥भद्रचरींच-क १०
ल्याणगुनचर्यानं परिशोधयमाराः-भिंनकशोधनयाना॥सर्वअनागतकल्पचरेयं-संपू
र्णामरुणनिगुकल्पसंचलेयाये॥ ० ॥सर्वभयेषुचसंसरमाराः पुरायगुज्ञानगुअक्ष
यप्राप्ता॥प्रज्ञाउपायसमाधिविमोक्षैः सर्वगुरोभविअक्षयकोषः॥ २७ ॥सर्वभये
षु-संपूर्णाध्वसंसारे संसरमाराः-चलेजुया पुरायगुज्ञानगुअक्षयप्राप्ता-क्षयमजूगु
पुरायज्ञानलाना॥प्रज्ञाउपायसमाधिविमोक्षैः-प्रज्ञाउपायसमाधिविमोक्षां॥सर्वगुरोः-
संपूर्णगुरां॥अक्षयकोषःभवि-अक्षरंभखारजिजुये॥ ० ॥एकरजाग्रिरजोप
मक्षेत्रा तत्रचक्षेत्रअचिंतियबुद्धान् बुद्धसुतानतिषराकुमध्येपश्यियबोधिचरिंचर
मारा॥ २८ ॥एकरज-छगूगिंधू अग्रिरजोपमक्षेत्रा-मुख्यधूउपमांक्षत्र तत्रचक्षे

त्र-थुगुक्षेत्रे॥अचिंतियवुद्धान्-चिंननायायमफयकवुद्धगरा॥वुद्धसुगान-वोधिस
त्वगराभिं॥निषस्लकुमध्ये-किज्यानाच्वपिंगुमध्ये॥वोधिचरिंचरमारा:-वोधिचर्यासच
लेयानाच्वपिं पश्चिय-जिनंखेदयमा॥ ० ॥एवमशेषनसर्वदिशाषुवालपठेषु-
त्रियध्वप्रमारां॥वुद्धसमुद्रपिक्षेत्रसमुद्रानोन्तरिचारिककल्पसमुद्रान्॥ २९ ॥
एवंअशेषन-थुगुप्रकारशेषथुद्धानमदयक॥सर्वदिशाषु-सकलदिशास वाल
पठेषु-संगुप्रमारामार्गसा॥त्रियध्वप्रमारां-स्वंगुमार्गेचलेजूपिंप्रमारां॥वुद्धसमुद्रपि- ११
वुद्धसमुद्रनं॥क्षेत्रसमुद्रान्-क्षेत्रसमुद्र॥कल्पसमुद्रान्-कल्पसमुद्रप्रमारां-चारि

कओन्तरि-चलेयायमा॥ ० ॥एकस्वरांगसमुद्ररुतेषुसर्वजिनानस्वरांगविशु
द्धिं॥सर्वजगस्पयथाशयघोषान्वुद्धसरस्वतिमुन्तरिनित्यं॥ ३० ॥एकस्वरांग-छ
गुस्वरयाअंग॥समुद्ररुतेषु-समुद्रसमानस्वरस सर्वजिनान-सकलतथागतया
स्वरांगविशुद्धि-स्वरयाअंगविशुद्धि॥सर्वजगस्प-सकलप्रारिणया॥यथाशयघोषान्-
गुगुप्रकारआशयस्वरजुयाच्वन॥नित्यं-नित्यनं॥वुद्धसरस्वतिंउन्तरि-वुद्धयास्वरस्य
रूपजुयमा॥ ० ॥तेषुचअक्षयघोषरुतेषुसर्वत्रयध्वगतानजिनानां॥चक्रन
यंपरिवर्तयमारणोवुद्धिवलेनअहंप्रविशेयं॥ ३१ ॥तेषुच-थुगुली॥अक्षयघोष

स्तेषु-क्षयमजूगुखरवचनस॥सर्वत्रियध्वगतान-सकलस्वंगुमार्गसविज्याकोपि
जिनानां-तथागतगणापिनि॥चक्रनयंपरिवर्तयमाणः-धर्मचक्रप्रवर्तनथाकगुली
बुद्धिवलेन-बुद्धियावलं॥अहंप्रविशेयं-जिप्रवेशजुये॥ ० ॥स्कक्षणेनअनाग
तसर्वान्कल्पप्रवेशमहंप्रविशेयं॥येपिचकल्पत्रियध्वप्रमाणांनांक्षणकोटिप्रविश्व
रेयं॥ ३२ ॥स्कक्षणेन-छगुक्षणं॥अनागतसर्वान्कल्पप्रवेशं-मशेनिगुसंपूर्ण
कल्पप्रवेशस॥अहंप्रविशेयं-जिप्रवेशजुये॥येपिचकल्पत्रियध्वप्रमाणां-गुलिक १२
त्स्वंगुमार्गप्रमाणांदयाचन॥नांक्षणकोटि-थुकीछगुक्षणयामुखभागं॥प्रविश्व

रेयं-प्रवेशजुयाजिनंचलेयाय॥ ० ॥येचत्रियध्वगतानरसिंहास्तानऊपश्चिय
स्कक्षणेन॥तेषुचगोचरिमोतरिनित्यंसोयंगतेनविमोक्षवलेन॥ ३३ ॥
येचत्रियध्वगताः-गुलिस्वंगुमार्गविज्यानाचंपिं॥नरसिंहाः-तथागतगणापिंदयाच
न॥तान्अऊ-थुपिंजिनं॥स्कक्षणेनपश्चिय-छगुक्षणभरंदर्शनयाय॥सोयंगतेन-
मायारहितजुया॥विमोक्षवलेन-विमोक्षयावलं॥तेषुचगोचरि-थुपिंतथागतपिंगु
गोचरस॥नित्यंओतरि-नित्यंजिनंचलेयाये॥ ० ॥येचत्रियध्वसुक्षेत्रवियूहास्ता
नऊनिर्हरिस्करजाग्रे॥स्वमशेषतसर्वदिशासुओतरिक्षत्रवियूहजिनानां॥ ३४ ॥

९२

येचत्रिपथसु-गुलिनस्वंगमार्गे॥क्षेत्रवियूहाः-क्षेत्रयासमूहदयाच्वन॥तान्अऊ-थु
पिंजिनां॥एकरजाग्रेनिर्हारि-छगुधूयामुख्यभागंनिर्हारयाये॥एवंअशेषन-थुगुप्र
कारशेषहेमदयक॥सर्वदिशासु-संपूर्णदिशास॥जिनानांक्षेत्रवियूह-बुद्धयाक्षेत्र
समूहस॥ओनारि-जिच्वने॥ ० ॥येचअनागतलोकप्रदीपानेषुविवुध्यनचक्रप्र
वृत्ति॥निर्वृतिदर्शननिष्ठप्रशांतिमानऊसर्वुपसंक्रमिनाथान्॥ २५ ॥येचअना
गत-गुलिनकमवोनिपिं॥लोकप्रदीपाः-लोकयामगसमानजुयाच्वंपिं॥नेषुविवुध्यन-
थुमिवोधिज्ञानलाना॥चक्रप्रवृत्तिः-धर्मचक्रप्रवर्तनयाना॥निर्वृतिदर्शन-निर्वृति

मार्गस्यसा॥निष्ठप्रशान्तिनाथान्-निर्वाणजुयावनीपिंनाथपिंदयाच्वन॥तानृसर्वे-
थुपिंसकस्यां उपसंक्रमि-समीपेजिच्वंवने॥ ० ॥ऋद्धिवलेनसमंतजवेनयान
वलेनसमंतमुखेन॥चर्यवलेनसमंतगुणेनमैत्रिवलेनसमंतगतेन॥ २८ ॥
समंतजवेन-समस्तयावेगजुयाच्वंगु॥ऋद्धिवलेन-ऋद्धियावलं॥समंतमुखेन-
समस्तयामुखजुयाच्वंगु॥यानवलेन-यानयावलं॥समन्तगुणेन-समस्तयागुणजु
याच्वंगु॥चर्यवलेन-चर्यायावलं॥समन्तगतेन-समस्तयागतिजुयाच्वंगु॥मैत्रीव
लेन-मैत्रीयावलं॥ ० ॥पुण्यवलेनसमन्तशुभेनज्ञानवलेनअसंगगतेन

प्रज्ञाउपायसमाधिवलेनबोधिवलंसमुदानयमाणः॥ ३७ ॥समन्तशुभेन-सकं
भनंशुभजुयान्वंग॥पुरायवलेन-पुरायगवलं॥असंगगतेन-संगमगतिमदयान्वं
ग॥ज्ञानवलेन-ज्ञानयावलं॥प्रज्ञाउपायसमाधिवलेन-प्रज्ञाउपायसमाधियाव
लं॥बोधिवलंसमुदानयमाणः-बोधियावललाना॥ ० ॥कर्मवलंपरिशोधयमा
णः क्लेशवलंपरिमर्दयमाणः॥ मारवलंअवलंकयमाणः पूरयभद्रचरीवरसर्वं
॥ ३८ ॥कर्मवलंपरिशोधयमाणः-कर्मयावलंशोधनयाना॥क्लेशवलंपरिमर्द १४
यमाणः-क्लेशयावलमर्दनयाना॥मारवलंअवलंकयमाणः-मारयावलदुर्वल

याना॥वलसर्वं-संपूर्णवलदयान्वंग॥भद्रचरीपूरय-भद्रचरिपुरेयाये॥ ० ॥
क्षेत्रसमुद्रविशोधयमाणः सत्वसमुद्रविमोचयमाणः॥धर्मसमुद्रविपश्ययमाणो
ज्ञानसमुद्रविगाहयमाणः॥ ३९ ॥क्षेत्रसमुद्रविशोधयमाणः-क्षेत्रसमुद्रशोध
नयाना॥सत्वसमुद्रविमोचयमाणः-सत्वसमुद्रमुक्तयाना॥धर्मसमुद्रविपश्ययमा
णः-धर्मसमुद्रदर्शनयाना॥ज्ञानसमुद्रविगाहयमाणः-ज्ञानसमुद्रछिना॥ ० ॥
चर्य्यसमुद्रविशोधयमाणः प्रणिधिसमुद्रप्रपूरयमाणः॥वुद्धसमुद्रप्रपूजयमा
णः कल्पसमुद्रचरेयमखिन्नः॥ ४० ॥चर्य्यसमुद्रविशोधयमाणः-चर्यासमुद्र

शोधनयाना॥प्रणिधिसमुद्रप्रपूरयमाणः-प्रणिधानसमुद्रपूरेयाना॥बुद्धसमुद्रप्र
पूजयमाणः-बुद्धसमुद्रपूजायाना॥कल्पसमुद्र-कल्पसमुद्रतकं॥चरेयमखिन्नः-
थकेमजूस्यचलेयाये॥ ० ॥येच्चत्रियध्वगतानजिनानांवोधिचरिंप्रणिधानविशे
षाः॥तानऊपूरयसर्विअशेषान्भद्रचरीयविबुद्धियवोधिं॥ ४१ ॥येच्चत्रियध्वग
तान-गुलिस्वर्गमार्गसविज्यानान्वंपिं॥जिनानां-तथागतगणपिनि॥वोधिच्चरिंप्रणि
धानविशेषाः-वोधिचर्यायाप्रणिधानविशेषउ॥तान्सर्वि-थ्वसंपूर्ण॥भद्रचरीय-भद्र १५
चर्यायाना॥विबुद्धियवोधिं-वोधिज्ञानलाना॥अशेषान्-शेषमदयक॥पूरय-पूरेयाय

यस्युक्रय:सुतुसर्वजिनानां यस्यचनामसमंततभद्रः॥तस्यविदु ष्यसभागचरीयंना
मयभिकुशलंइमुसर्वं॥ ४२ ॥सर्वजिनानां-सकलतथागतया यस्युकुय:सुतु-थ्व
ह्लजेष्ठह्लपुत्र॥यस्यचनाम-थ्वह्लसयानामजा॥समन्ततभद्रः-समन्तभद्रधयागु॥
तस्यविदुष्य-थ्वह्लज्ञानीया॥सभागचरीयं-समानभागसचलेयाना॥इमुसर्वंकुशलं-
थ्वसंपूर्णपुण्य॥नामयमि-परिणामनायाये॥ ० ॥कायनुवाचमनस्यविशुद्धिश्चयं
विशुध्यपक्षेत्रविशुद्धिः॥यादृशनामभद्रविदुष्यताद्दशभोंतुसमंममतेन॥ ४३ ॥
यादृशनाम-गुगुप्रकारयानामजा॥भद्रविदुष्य-सकलयातकल्पाणयाईह्लज्ञानी

या॥ कायतुवाचमनस्यविशुद्धिः-कायवाकचित्तयाविशुद्धि॥ चर्याविशुद्धि-चर्यायावि
शुद्धि॥ अथक्षेत्रविशुद्धिः ह्यानंक्षेत्रयाविशुद्धि॥ तेनसमं-थ्वयासमान॥ तादृशभोन्तु-
ध्वथ्यंगुंजिज्ञुयमा॥ ० ॥भद्रचरीयसमंतभुभायमंजुश्रिरिप्रणिधानचरेयं॥
सर्वअनागतकल्पमखिन्नःपूरयता॥ क्रियसर्विअशेषान्॥ ४४ ॥समंतभुभाय-
सकभनंभुभथायनितिं॥ भद्रचरीय-भद्रचरीचलेयायेः॥ मंजुश्रिरिप्रणिधानचरेयं-
मंजुश्री प्रणिधानसंचलेयाये सर्वअनागतकल्प-सकलमवेनिगुकल्पसं॥ अखिन्नः १९
थकेमजुस्य॥ तान् अशेषान्-भुपिंशेषहेमदयक॥ क्रियसर्विपूरय-सकलक्रियापु

रेयाये॥ ० ॥मारप्रमाभुभवेयचरीयमारप्रमाणुभवेयगुणानां॥ अप्रमाणु
चरियपरिगृह्यजानेयिसर्विविकुर्विनुतेषां॥ ४५ ॥मारप्रमाणु-प्रमाणहेमद
यक॥ भवेयचरीयं-चर्याचलेयाये॥ मारप्रमाणु-प्रमाणहेमदयक॥ भवेयगुणा
नां-गुणदयके॥ अप्रमाणुचरिय-परिमाणहेमदयकचर्यास॥ परिगृह्य-थ्वना॥ ते
षां-भुपिंतभागतपिंगु सर्विविकुर्विनुजानयि-संपूर्णज्ञासियके॥ ० ॥
यावतनिष्ठमनस्यभवेयासत्वअशेषतनिष्ठतथैव॥ कर्मनुक्लेशनुयावततनिष्ठगाव
तनिष्ठममप्रणिधानां॥ ४६ ॥नमस्य-आकाशया॥ यावतनिष्ठभवेया-गुवले

तकस्थिरंच्वनी॥तथैव-ध्यथ्यंतुं॥सत्वअशेषततनिष्ठ-शेषहेमदयकप्राणिया॥स्थिति
गुवलेतकदयाच्वनी॥यावत-उवलेतकं॥कर्मतृक्लेशतुनिष्ठ-कर्मवृक्लेशया॥स्थिति
दयाच्वनी॥ममप्रणिधानं-जिगुप्रणिधान॥तावततिष्ठ-उवलेतकच्वन्पमा॥ ० ॥
यच्वदशदिशिक्षेत्रअनंतारत्नअलंकृतदद्युजिनानां॥दिव्यचमानुषसौख्यविशि
ष्टान् क्षेत्ररजोपमकल्पददेया॥ ४७ ॥यच्वदशदिशि-गुगुक्रिगुदिशास॥क्षेत्र
अनन्ता-अन्तहेमदयकक्षेत्रा॥रत्नअलंकृत-रत्नअलंकारंछ्रयपा॥जिनानांदयु- ४७
तभागतपिंतचहूयायु॥दिव्यचमानुष-देवमनुष्यया॥सौख्यविशिष्टान-उत्तमसुख

क्षेत्ररजोपमकल्प-क्षेत्रयाधूप्रमाणकल्पतक॥ददेया-चहूयायु॥ ० ॥
यश्वइमंपरिणामयराजन्श्रुत्वसकृज्जनयेदधिमुक्तिं॥बोधिचरेमनुप्रार्थयमाणे॥
अग्रविशिष्टभवेदस्यपुण्यं॥ ४८ ॥यश्वइमं-हानंगुगुप्य॥परिणामयराजनश्रु
त्व-परिणामयानाराजागुयाच्वंगुन्मना॥सकृत् अधिमुक्तिंजनयेत्-छ्कोजकश्रद्धा
उत्पत्तियायू॥बोधिचरीं अनुप्रार्थयमाणः-बोधिचर्याप्रार्थनायानागलिं॥अग्रविशि
ष्टभवेदयुपुण्यं-च्वकनागुसिकंश्वपुण्यउत्तमज्वी॥ ० ॥वर्जिततेनभवंतिअ
पायावर्जिततेनभवंतिकुमित्रा॥क्षिप्रसपश्यतितंअमिताभंपश्यमुभद्रचरींप्रणि

ध्यानं॥ ४९ ॥तिन-थुगुलिं॥अपाया वर्जित भवंति-नरकगति छुतेजुधी॥तेनकु
मित्रावर्जित भवन्ति-थुगुलिं कुमित्रनाशजुयू॥पश्यमभद्रचरीं प्रणिधानं-थ्वभद्र
चरीप्रणिधानस्वयागुलिं॥तं अमिताभं-थ्व अमिताभ तथागतयात॥क्षिप्रसपश्यति-
याकनं थ्वं दर्शनलायू॥ ० ॥लाभसुलब्धसुजीवितु मेषां स्वागतु ते इमु मानुष
जन्म॥याद्दृशसोहि समंतत भद्रसेपि तथान चिरेण भवन्ति॥ ५० ॥तेषां-थ्वन्त
द्रचरीसोपिनि॥लाभसुलब्धसुजीवितु-जीविकाजुयाया भिंगुला भजुल॥इमुमानु
षजन्म-थ्वमनुषजन्म॥स्वागतुते-भिंन कथुपिं जन्मजूवल॥सोहि समंतत भद्रः-थ्व

१८

समन्त भद्र॥याद्दृशा-गुजागु किसिमजुयाच्वन॥तेपि तथा-थुपिं नं व थ्वं तुं॥नचिरेण
भवन्ति-याकनं हेजुउ॥ ० ॥पापकु पंच अनंतरियानि येन अज्ञान वशेन कृ
तानि॥सोइमु भद्रचरीं भणमारण क्षिप्र परिक्षयुनेति अशेषं॥ ५१ ॥येन अज्ञा
नवशेन-गुगु अज्ञानया वशं॥कृतानि-यानातगु॥पापकु पंच अनन्तरियाण-पं
चमहापाप॥सोइमु भद्रचरीं भणमारण-थ्वभद्रचरी च्वनागुलिं॥अशेषं-शेषहे मद
यक॥क्षिप्रपरिक्षयुनेति-याकनं क्षयजुयावनी॥ ० ॥ज्ञानतु रूपतु लक्षण
तश्च वर्णतु गोत्रतु रूपतु भावः॥तीर्थिकमार गणेभिरधृष्यः पूजित भोंति सर्वत्रिलो

के॥ ५२ ॥ज्ञानगुरूपतुलक्षणानश्च-ज्ञानरूपलक्षणां॥वर्णातुगोत्रगुरूपगुभा
वः-वर्णगोत्ररूपभावंसंजुक्ज्वी॥तीर्थिकमारगणेभिः-तीर्थिकमारगणपिं॥अ
धृष्यः-हतेयायमफुल॥सर्वत्रिलोके-भुलसंपूर्णत्रिलोके॥पूजितभोन्ति-पूजाया
कलजुयू॥ • ॥क्षिप्रसगच्छतिबोधिद्रुमेन्द्रंगत्वानिषीदतिसत्वहिताय॥बुद्धि
यबोधिप्रवर्तेयचक्रंधर्षयमारससैन्यकसर्वं॥ ५३ ॥बोधिद्रुमेन्द्रं-बोधिवृक्षसि
मास॥क्षिप्रसगच्छति-याकनंश्वपुरुषवनी॥सत्वहिताय-सत्वहितयायत॥गत्वानिषी
दति-वनावसिमासच्वनी॥बुद्धियबोधि-बोधिज्ञानलाना॥प्रवर्तेयचक्रं-धर्मचक्रप्रव १९

र्तनायाथी॥मारससैन्यकुसर्वं-मारयासकलसैन्ययात॥धर्षयि-हतेयायफै॥ • ॥
याश्मुभद्रचरींप्रणिधानंधारयिवाचयिदेशयितोवा॥बुद्धविजानतियोत्रविपाकोबोधि
विशिष्टमर्कांक्षजनेथा॥ ५४ ॥याश्मु-गुलसांध्वा॥भद्रचरीप्रणिधानं-भद्रचरीप्रणि
धान॥धारयि-धारणयायी॥वाचयि-बोनी॥देशयितोवा-कनपिंनउपदेशबी॥योत्रवि
पाकः-थ्वपुण्यपाकया॥बुद्धविजानति-बुद्धलसियी॥ • ॥मंजुशिरीयथ्वाजानति
भूरसोत्वसमंतगभद्रतथैव॥तिषुअहंअनुशिक्षयमाणो॥नामयमीकुशलंश्मुसर्वं
॥ ५५ ॥भूरमंजुशिरी-भूराजुयाविज्याकलमंजुश्रीनां॥यथ्वाजानति-गुणप्रकारसि

याञ्चनानयैव-थ्वथ्वंनुं॥सोपिसमन्तनभद्र-थ्वह्मसमन्तभद्रंगथ्वसियाञ्चन॥तेफुञ
हं-थुमिकेजिनं॥अनुशिक्षयमाणाः-शिक्षास्यना॥इमुसकलंकुशलं॥थ्वसंपूर्णपु
राम॥नामयमी-जिनंपरिणामनायाये॥ ० ॥सर्वत्रियध्वगनेभिजिनेभियापरिणाम
नवर्णितुअग्राः॥जायअहंकुशलंइमुसर्वनामयमीवरभद्रचरीयां॥ ५६ ॥
सर्वत्रियध्वगनेभिः-सकलसंगुमार्गविज्यापिं॥जिनेभिः-तथागतगणपिसं॥यापरि
णामन-गुगुपरिणामनाया॥वर्णितुअग्राः-मुख्यवर्णनायानानल॥नायअहं-थु
गुजिनं॥वरभद्रचरीयं-उत्तमभद्रचर्याया॥इमुकुशलंसर्वं-थ्वसंपूर्णपुराम॥नामय

२०

मी-परिणामनायाये॥ ० ॥कालक्रियाच्चअहंकरमाणो॥आवरणान्विनिवर्त
यसर्वान्-सम्मुखपश्यगितंअमिताभंतंचसुखावतिक्षेत्रव्रजेयं॥ ५७ ॥कालक्रि
याच-समययाक्रियानं॥अहंकरमाणाः-जिंयाना॥आवरणान्-संपूर्णपाप॥विनिव
र्तयमाणः-नाशयाना॥तंअमिताभं-थुम्हअमिताभतथागतयात॥सम्मुखपश्यति-सं
मुखदर्शनलाये॥तंचसुखावतिक्षेत्र-थुगुसुखावतिभुवनेनं॥व्रजेयं-जिवने॥ ० ॥
तत्रगतस्यइमंप्रणिधानंआमुखिसर्वभवेयुसमग्राः॥तांश्चअहंपरिपूरिअशेषानस
त्वहितंकरियावतलोके॥ ५८ ॥तत्रगतस्य-उगुसुखावतिक्षेत्रेवंहस्या॥इमंप्रणि

धानं·भुग्ग प्रणिधान॥सर्वसमग्राः-संपूर्णसमग्र॥आमुखि भवेयु-संमुखञ्जौ॥यावत्
लोके-यावत् सकललोके॥सत्वहितंकरि-सत्वप्राणिहितयाना॥तांश्च अशेषान्-अशे
षभुवानमदयकचर्या॥अहंपारपूरि-जिनंपुरयाये॥ ० ॥तहिजिनमण्डलशोभन
रम्यपद्मवरेरुचिरेउपपन्नः॥व्याकरणंअऊगत्रलभेयासम्मुखतो अमिताभजिन
स्य॥ ५९ ॥तहिजिनमण्डल-उगुथासतथागतयामण्डल॥शोभनरम्य-शोभाद
यामनोरमजुयाव्वंगु॥पद्मेवरेरुचिरे-सुन्दरउत्तमगुपलेस्वाने॥उपपन्नः-उत्पत्ति २१
जुया॥तत्रअऊ-अनजिनं अमिताभजिनस्य-अमिताभतथागतया॥संमुखतः-सं

मुखे॥व्याकरणंलभेया-व्याकरणलाये॥ ० ॥व्याकरणंप्रतिलभ्यच तस्मिन्निर्मि
तकोटिशतेभिरनेकैः॥सत्वहितानि बहून्यऊकुर्यात्दिक्षुदशस्वपि बुद्धिबलेन॥ ६० ॥
व्याकरणंप्रतिलभ्य-व्याकरणलाना॥तस्मिन्निर्मित-अनदयकानयागु॥कोटिशते
भिरनेकैः-अनेकसलंसकोटिपुरुषं॥बुद्धिबलेन-बुद्धियाबलं॥दिक्षुदशस्वपि-झिगु
दिशास॥बहूनिसत्वहितानि-आपालंसत्वहित॥अऊकुर्यात्-जिनंयाये॥ ० ॥
भद्रचरींप्रणिधानपठित्वायत्कुशलंमम संचितकिंचित्॥एकक्षणेनसमृध्यतुसर्वं
तेनजगत्स्य शुभंप्रणिधानं॥ ६१ ॥भद्रचरींप्रणिधानपठित्वा-भुगुभद्रचरीप्रणि

धानघना॥यन् कुशलं किंचित्-गुणपुण्यंकिंचित्॥मम संचित-जिंमुनागदता॥तेन-धुगु
लिं॥जगस्य-जगत्या सर्वंशुभंप्रणिधानं-संपूर्णंभिंगुप्रणिधानं॥एकक्षणेन-छगु
क्षणं॥समृद्धतु-पुरेजुयमा॥ ० ॥भद्रचरिंपरिणामयदाप्तंपुण्यमनंतमतीवविं
शिष्टं॥तिनजगत् व्यसनौघनिमग्नं यान्त्वभिता भपुरीं द्रुतमेव॥ ६२ ॥भद्रचरिंपरिणा
म-धुगु भद्रचरिपरिणामना याना॥अनन्तं-अन्त हेमदुगु॥अतीवविशिष्ट-अत्यंतउत्त
मजुयाच्वंगु॥यत् पुण्यंआप्तं-गुलि पुण्यप्राप्तजुल॥तेन-धुगुलिं॥जगत्-संसारसत्वप्रा
णिगणपिं॥व्यसनौघ-दुःखयासमूहे॥निमग्नं-दुनाच्वंपिं॥द्रुतमेव-याकनं हे-अमिता
भपुरिं-अमिताभतथागतया भुवने यातु-वनेमा॥ ० ॥आर्य्यभद्रचरीमहाप्र
णिधानरत्नराजंसमाप्तम्॥ - ॥ ॥शुभम्॥

22

2835 *Āryabhadracaryāpraṇidhānarājadvibhāṣāsadṛkṣaputai*

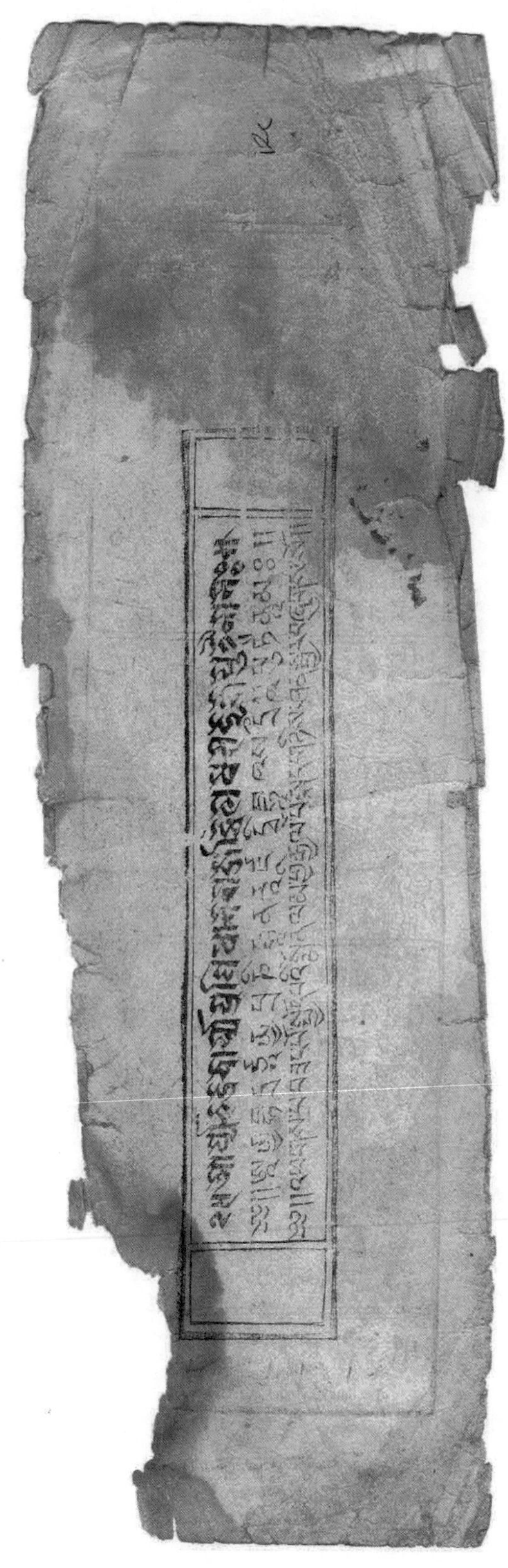

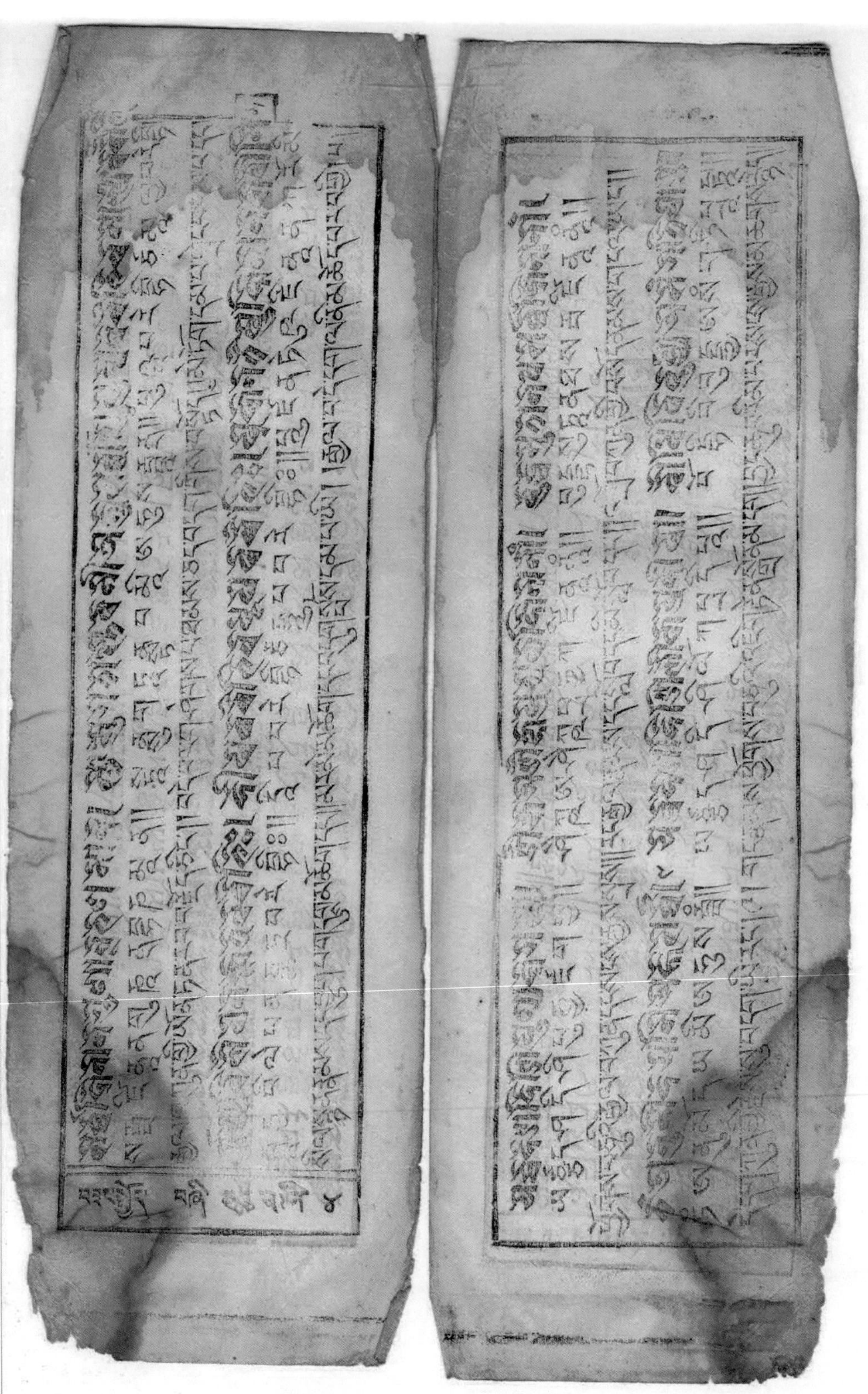

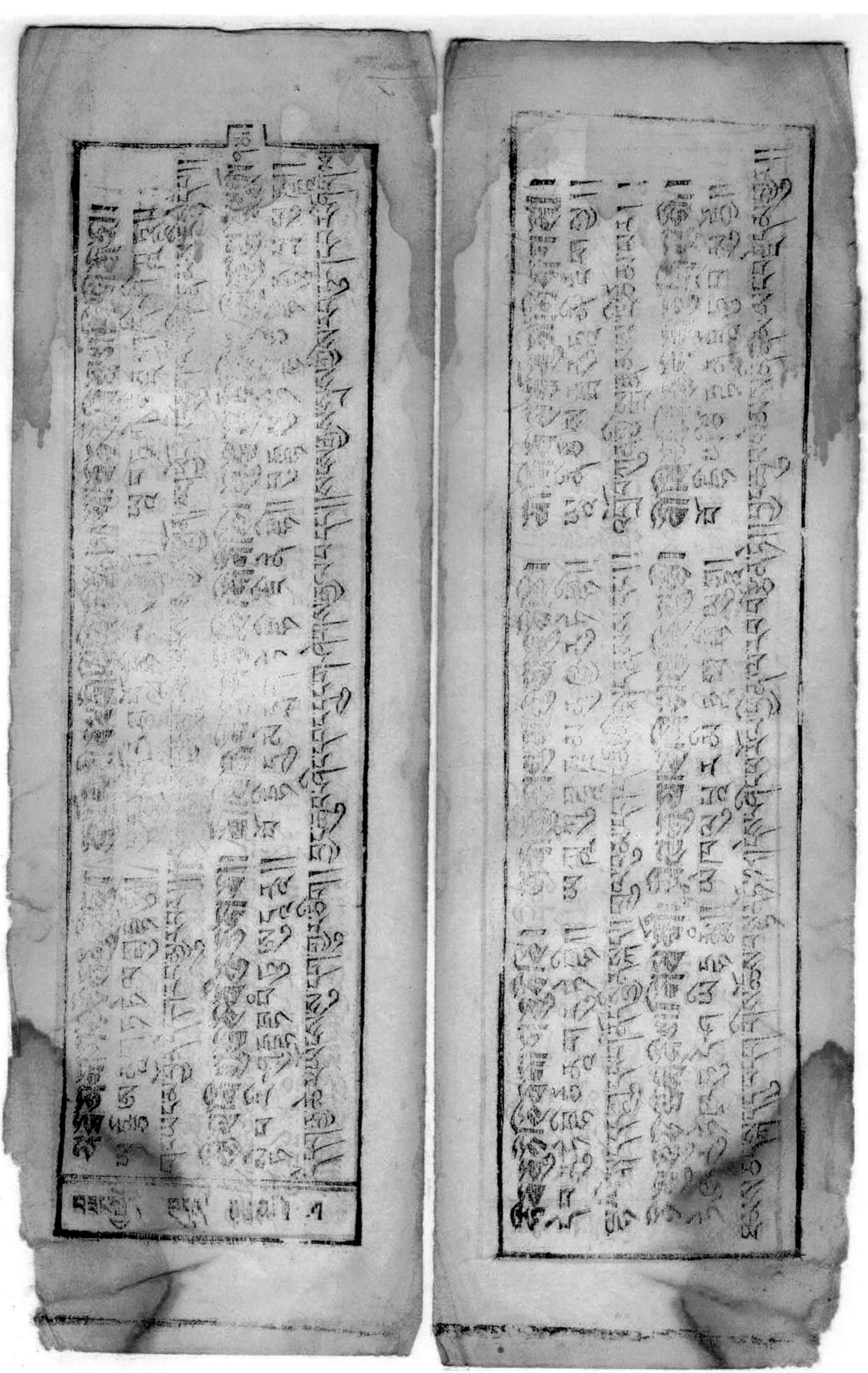

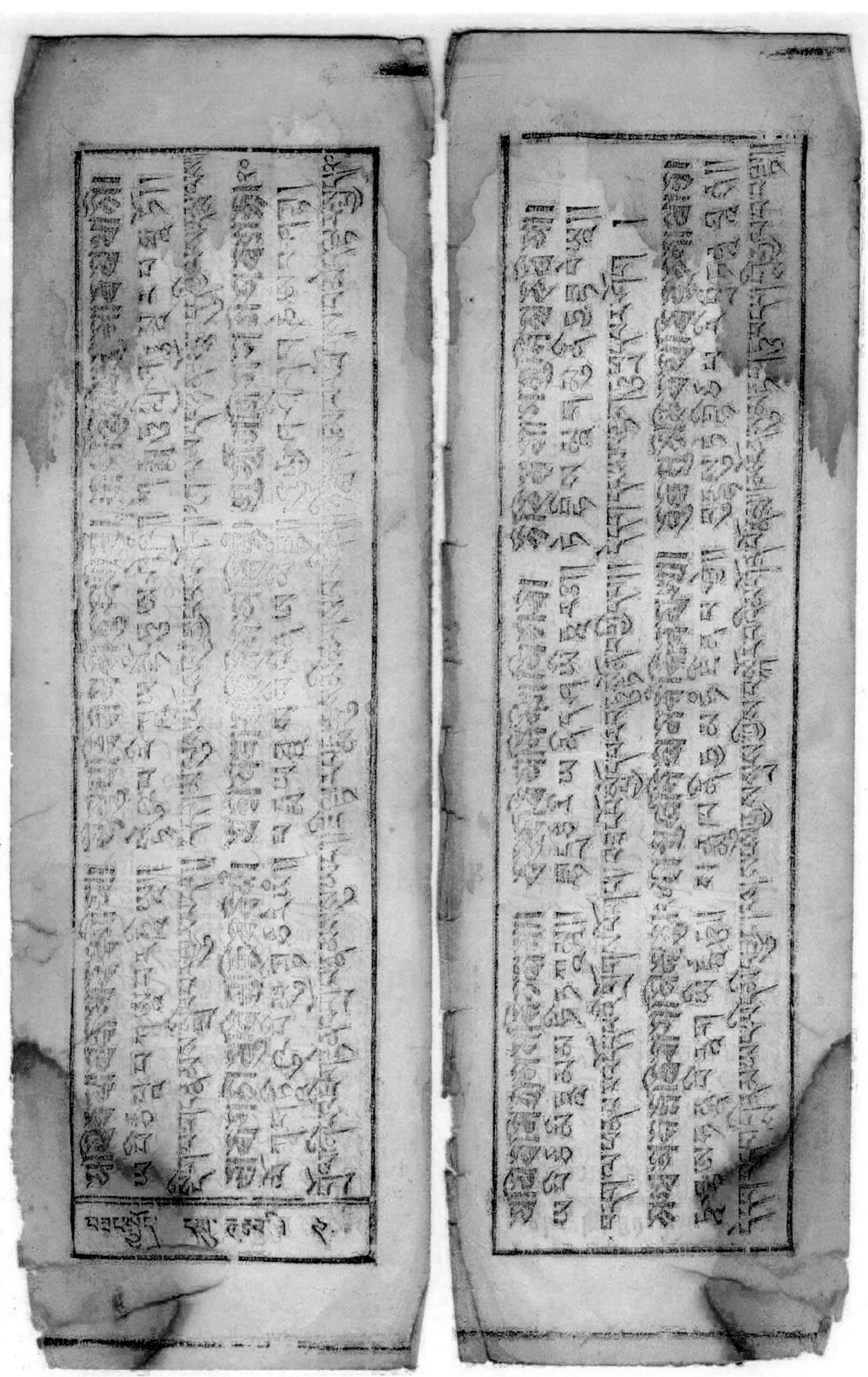

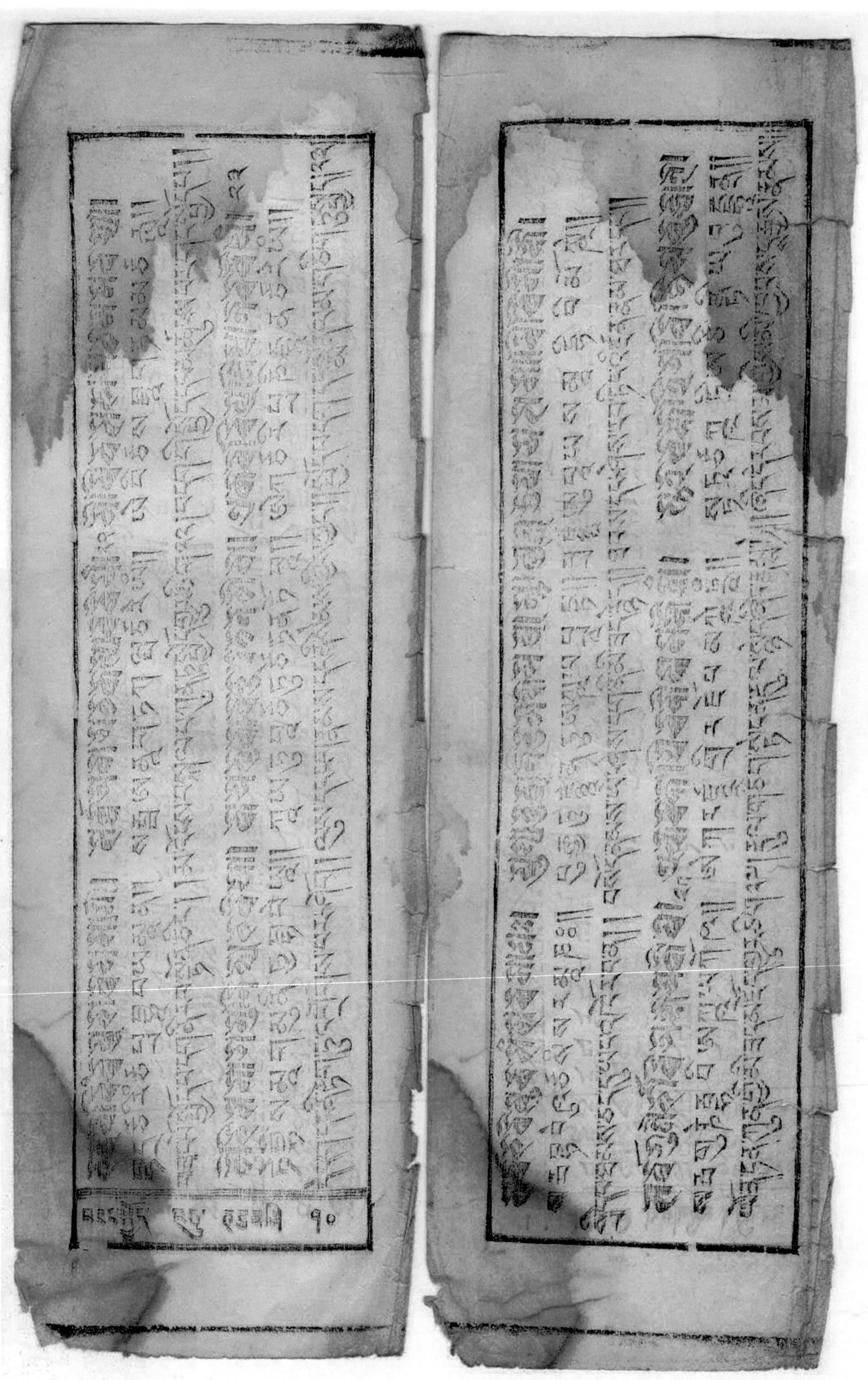

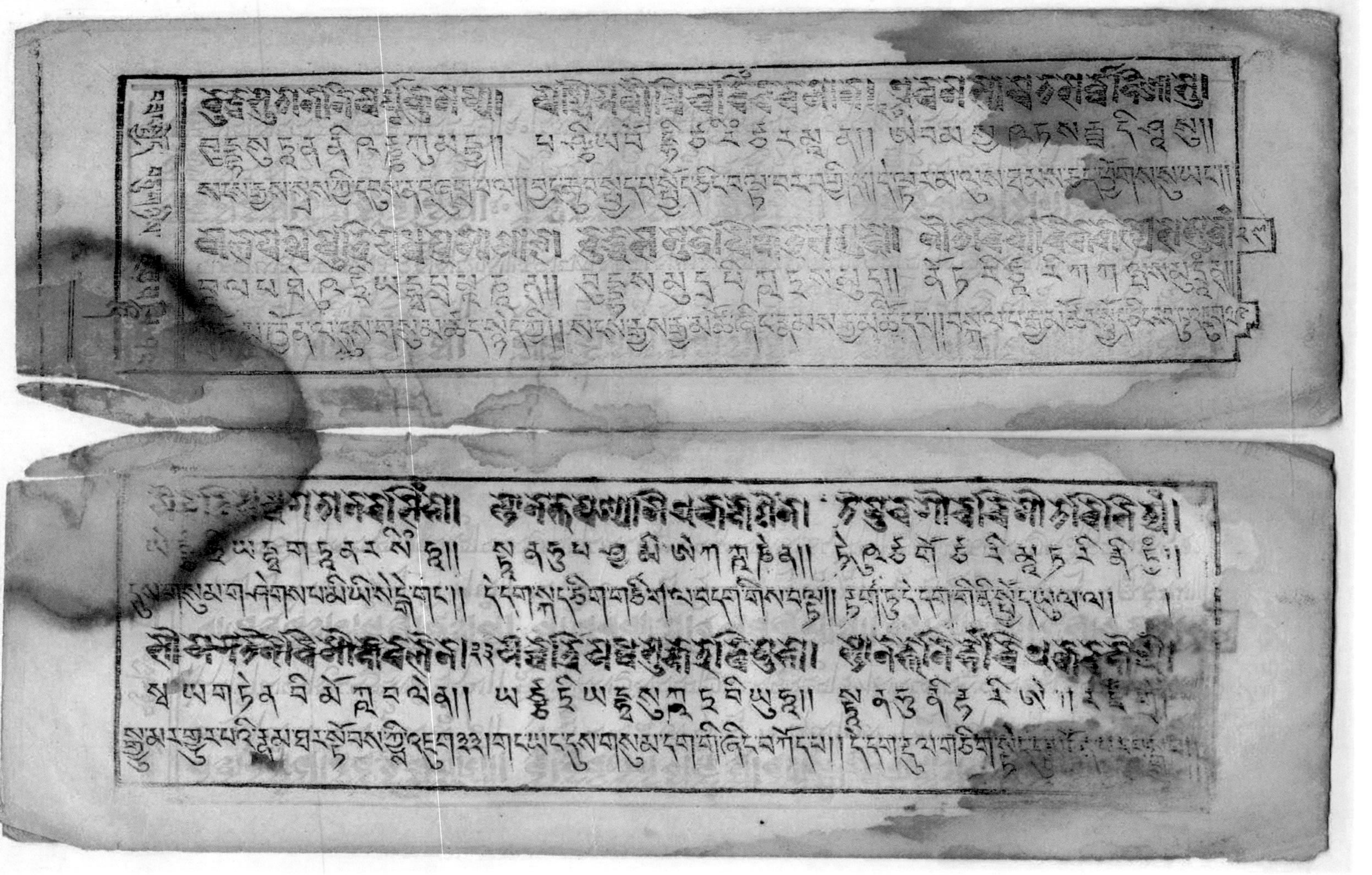

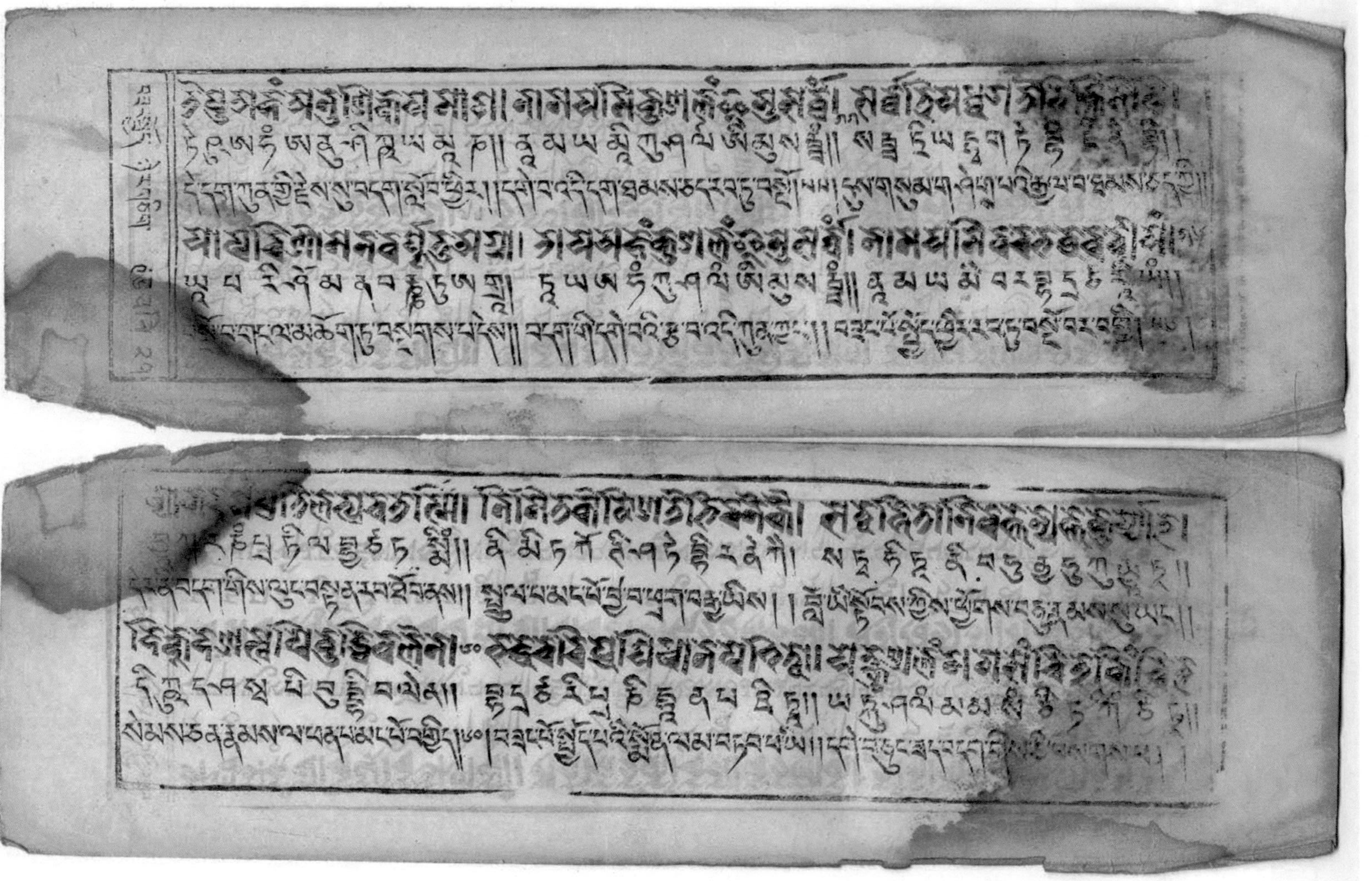

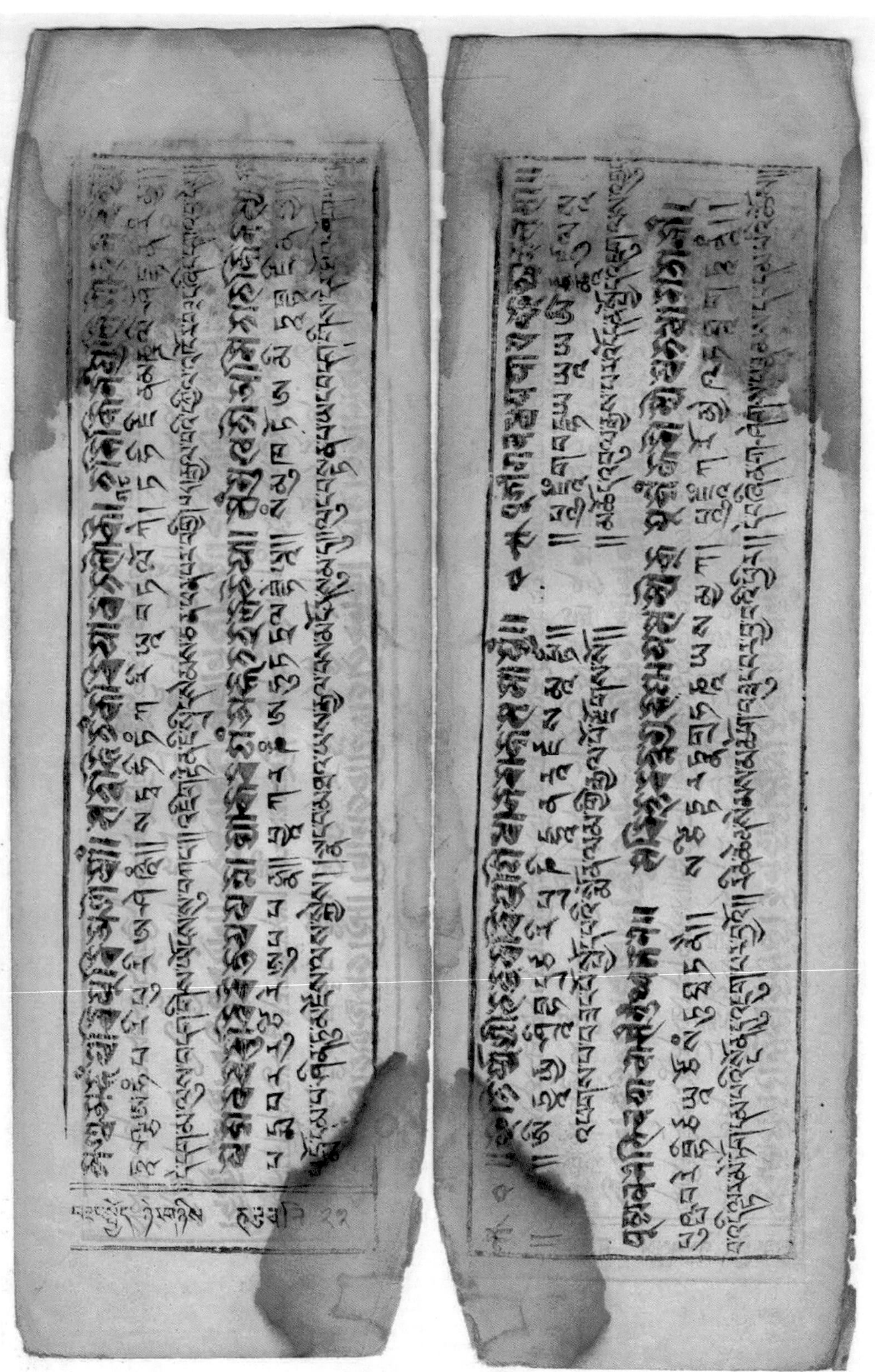

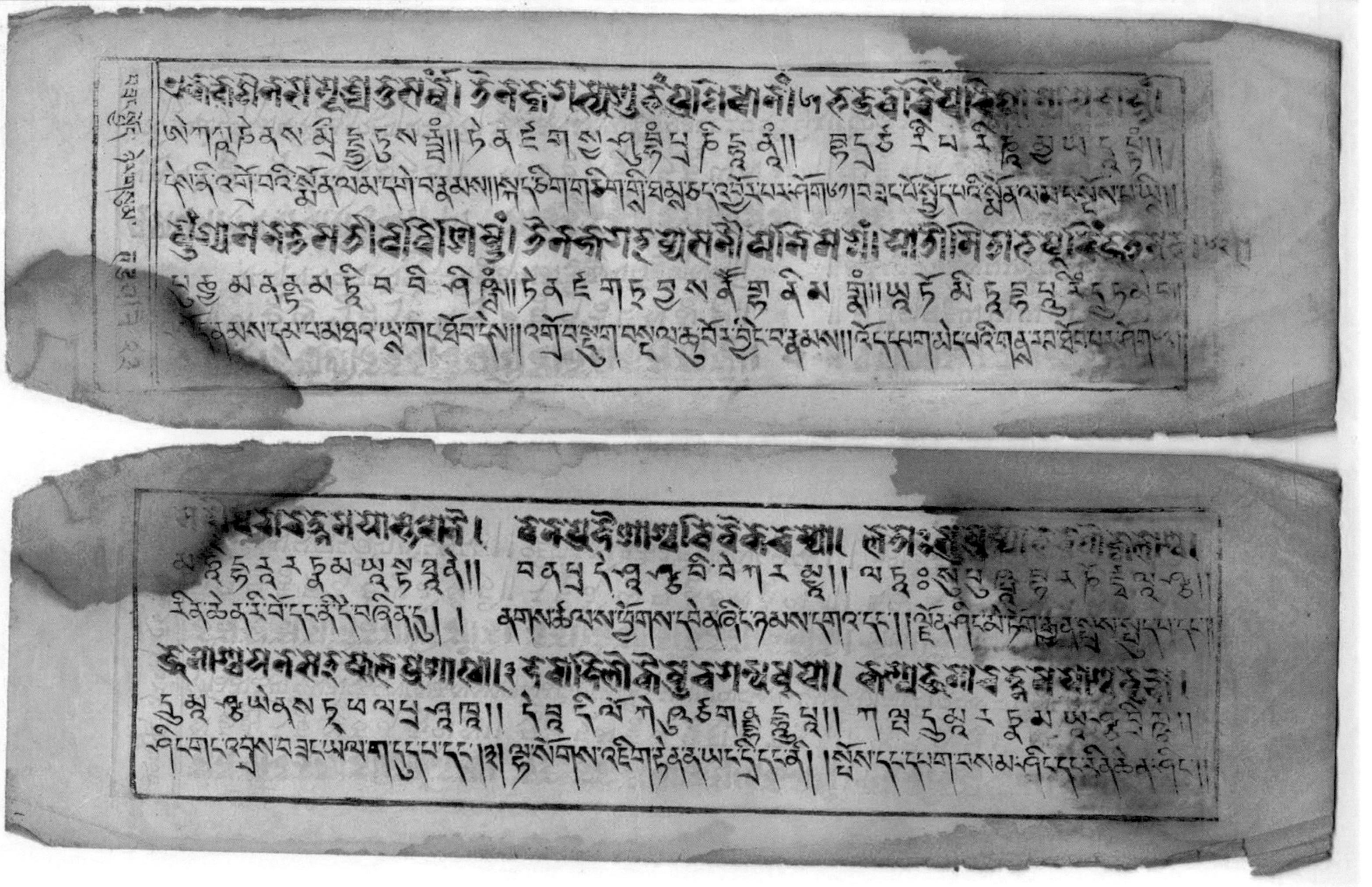

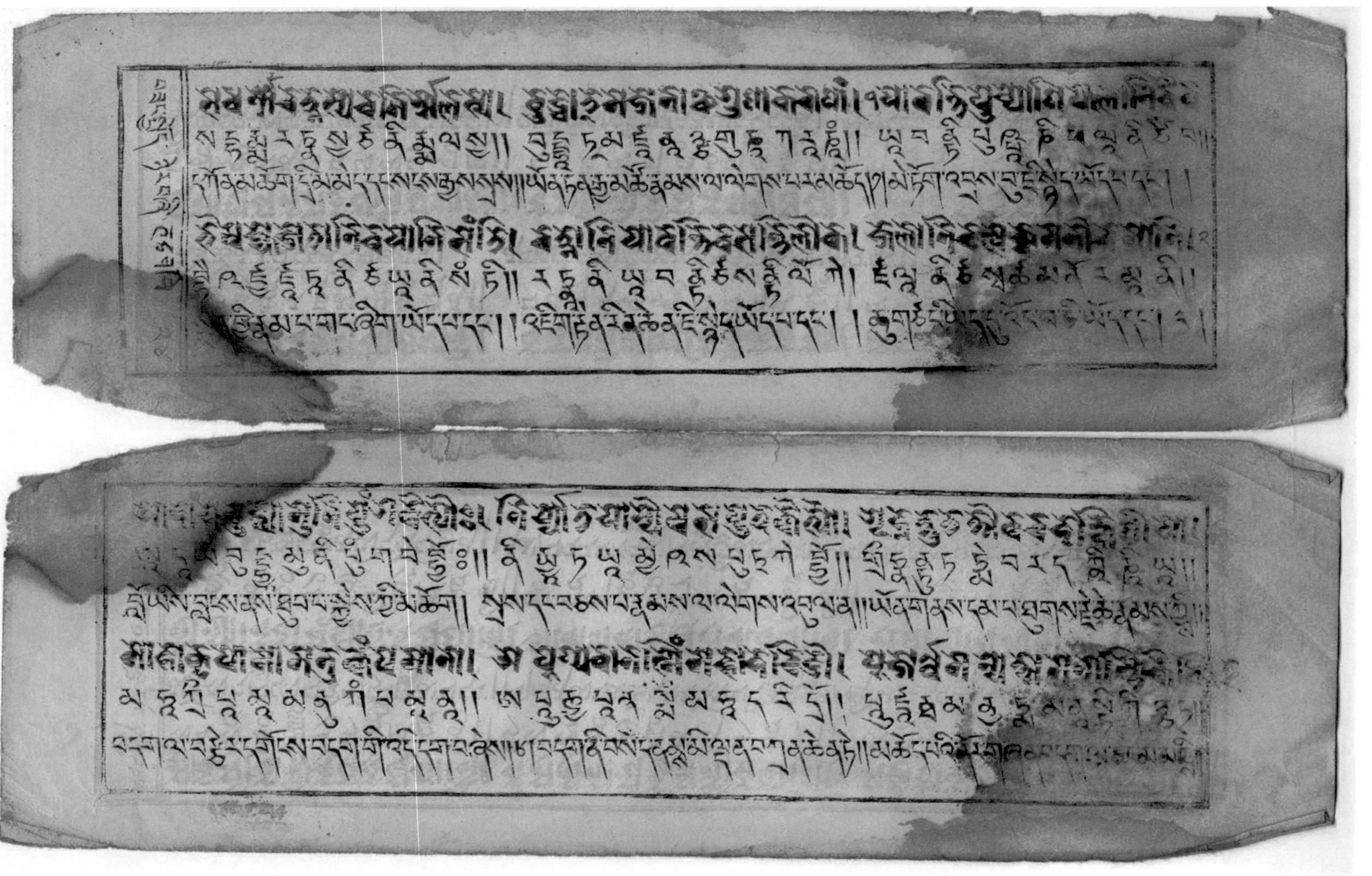

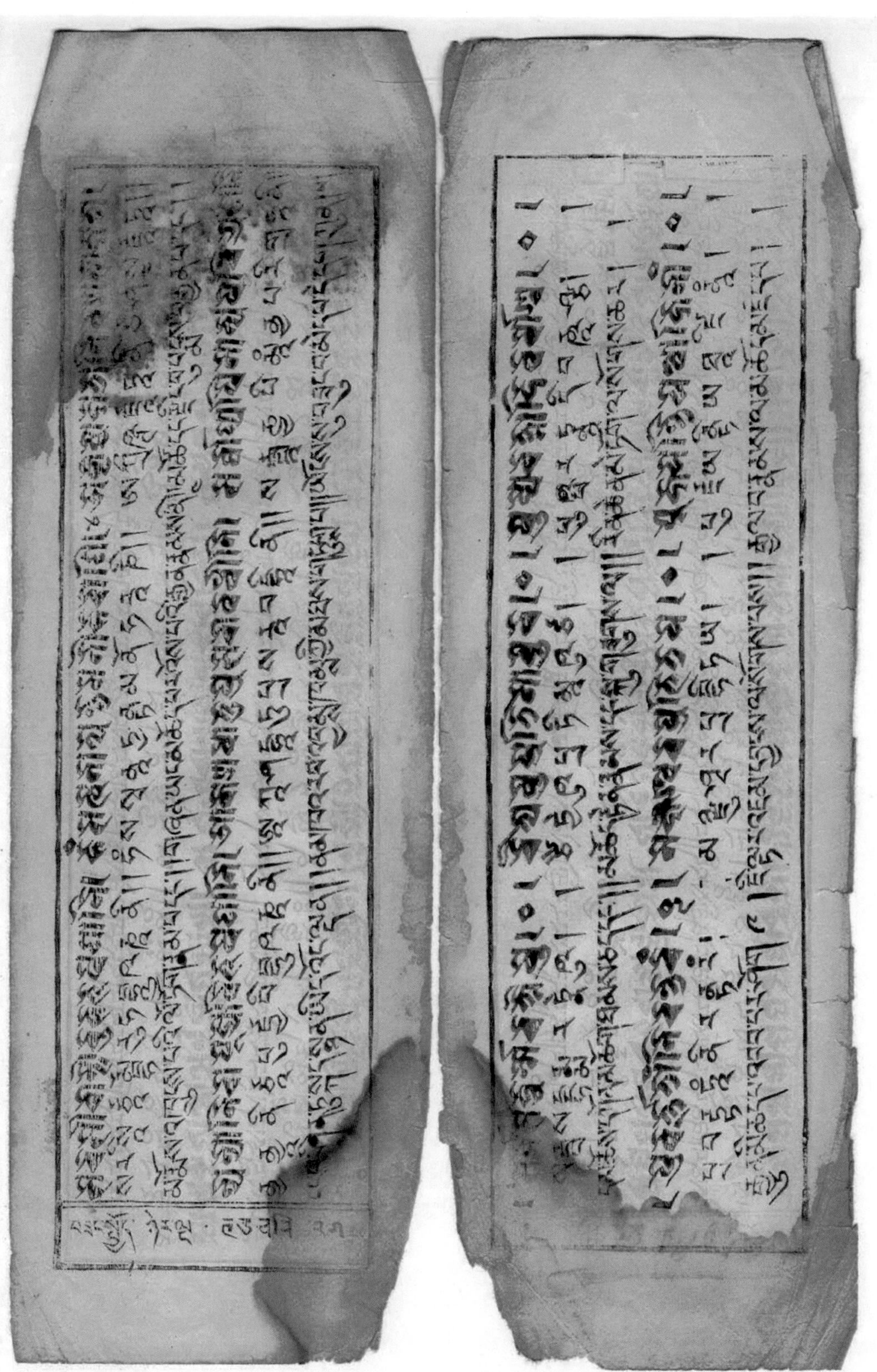

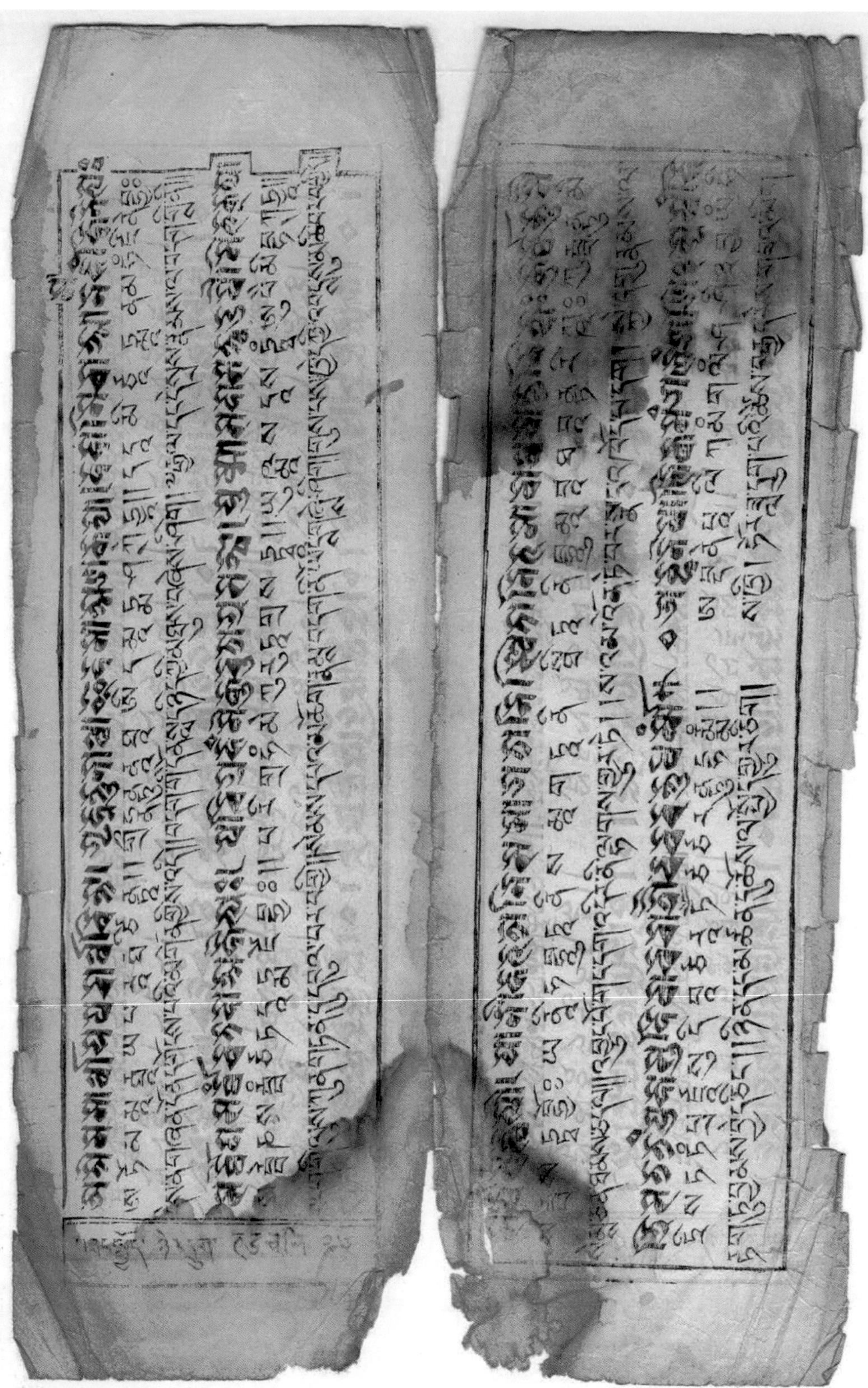

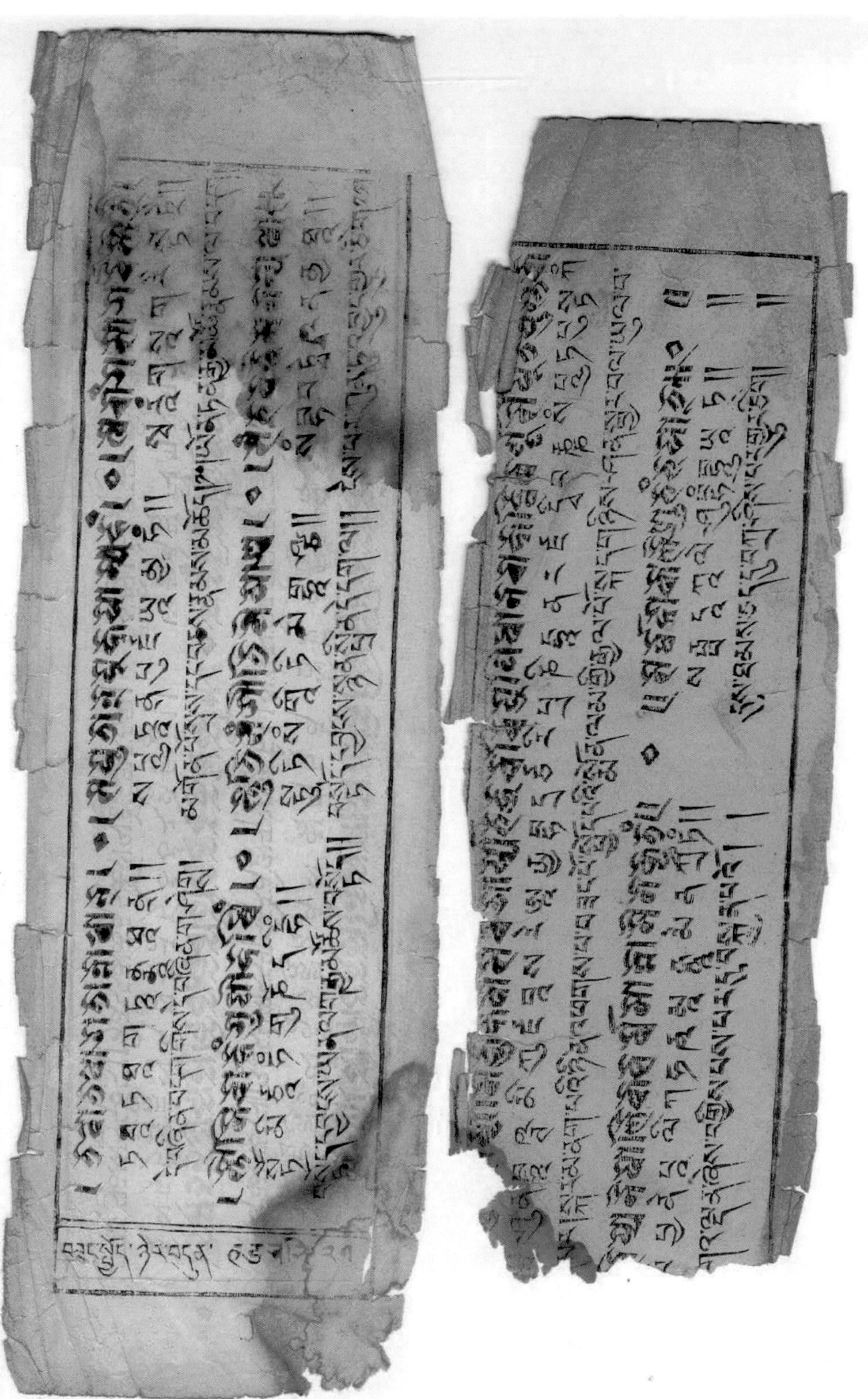

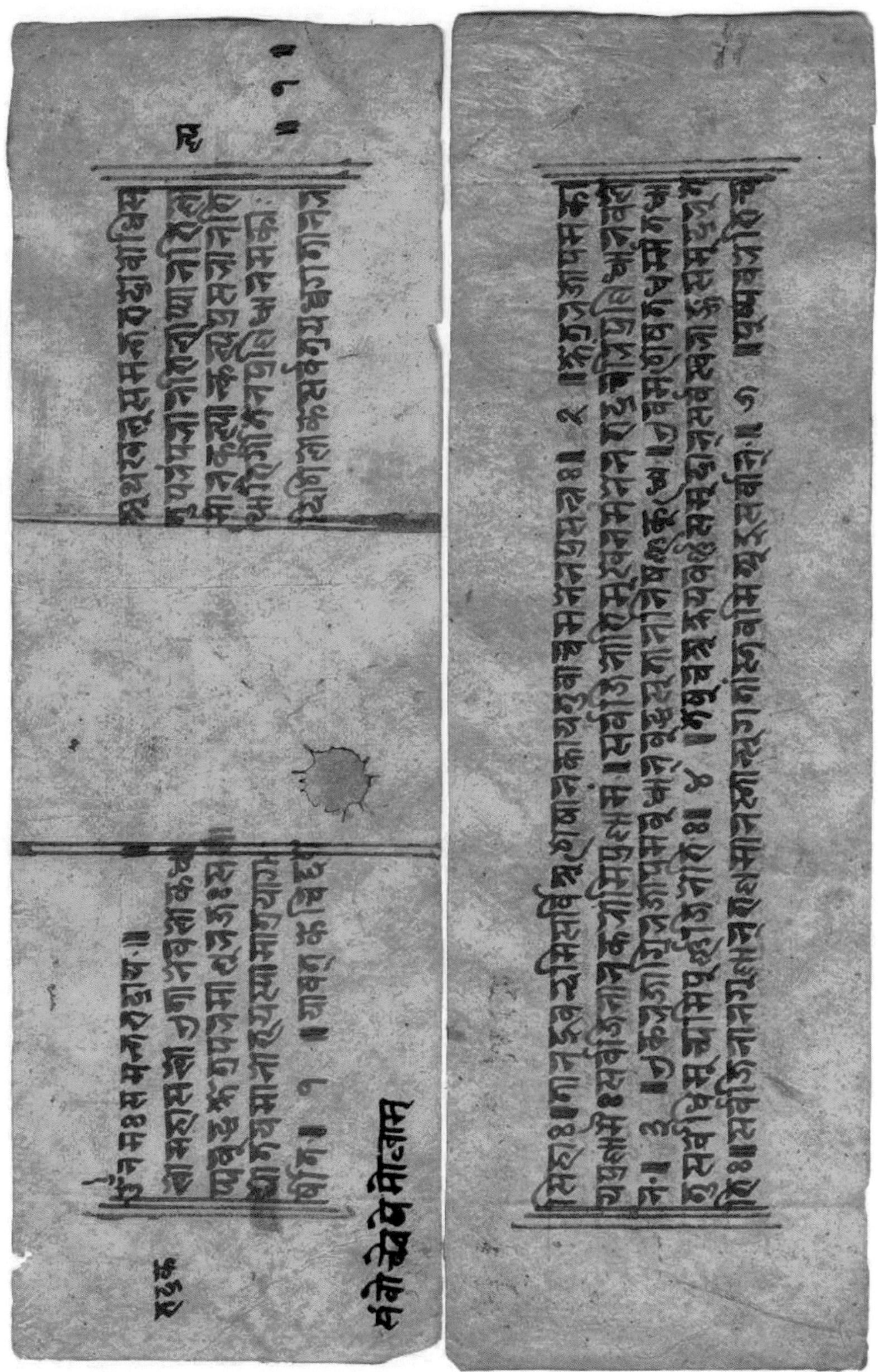

रादुक

माग्रवत्रहि वांद्यविलपत्र कत्रवत्रहि४॥ दिपवत्रहिच धूपवत्रहि४पूजत्रनमपूजिनानकत्रामि
॥ ६ ॥वस्नुवत्रहिच गन्धवत्रहिम्ब्र्ल्यपटहिग्चूमत्रूसमहि४॥सर्वविर्णीश्वियूहवत्रहि४पूज
नमपूजिनानकत्रामि॥ ७ ॥याचस्नूनूत्रुत्रपूजउदात्राणानधिमस्थमिसर्वजिनानां॥ रादुचत्रि
स्नुभिमुक्विवत्ननवन्द्धमिपूजयमीजिनसर्वान्॥ ८ ॥यचकृगमपिपापहत्रवयात्रागत्रुक्षषत्रुभाइ
वृणान॥ कायत्रुवाचमनत्रनगथ्यवनं प्रुगिदगयमिश्रूद्वसर्वं॥ ९ ॥यचदगदिगिलाकप्रदि

स्य

॥ २ ॥

पावाधिविवुध्य श्रूसंगगत्रापा॥ गानत्रूसर्विश्रूध्यषमिनाथ स्वकश्रूनूत्रुत्रवर्हनमाये॥ ११ ॥य
पिचनिर्वृगिदगत्रुकामात्मानत्र्याचमिप्रांश्चलिहरुत४॥ कृत्रत्रजापमकल्याथिहत्रुसर्वजगस्यहिता
यसूरक्षय॥ १२ ॥वन्दनपूजनदगनगायश्रूत्र माइनष्यपत्याचनमाय॥ यद्ब्रशुरुंमयिसञ्चिनीकि
ञ्चिरुगवाधयिनामयमिश्रूद्वसर्वान्॥ १३ ॥पूजिगराशुश्रुगिगकूबुद्धायचधिमियमिदगदिगीलाकं
॥यचश्रूनागगमंगलपूरानुपूर्णलमनामथवाधिविबुद्धा॥ १४ ॥याव रुंचिद्दगदिगि ऊत्रास्प

रादच्च

श्री

॥ ३ ॥

त्रिशुद्धरत्नत्रुउदाजा॥ बोधिद्रुमन्दुगमनी जिनाहि॥ बुद्धत्नमनि च ता-न्तुप्रपूर्णा॥ १५ ॥
याव स्कंचिदशदिशी सत्त्वा स्मसूवी नासदशा नु भूजागम॥ सर्व जगस्य च धार्मिकमूर्था॥ ता नुप्र
दकी नम्म्धनुख्याणम॥ १६ ॥बोधि चरिं च भूहं च यमा ल्हा नव जातिस्मरसर्वगतिषु॥ सर्व सू ऊ
न्मसूच्यायूपपत्रिप्रव्रजिणाभूडनिन्यरचया॥ १७ ॥सर्वजिनानन्तुशिक्ष्यमा ल्हा नदुचरिंपरि
पूत्रयमान॥ शीलचरिं विमलापरिशुद्धानि ल्युमत्वशुमाक्तिन्द्रबजय॥ १८ ॥देवरूतशि च ना
गरूत तिर्यक्कुम्भाण्ड मनूष्यरूतानि॥ यानि च सर्वरूतानि जगस्य तानि रूत्यष्यरूद शयि धर्म
॥ १९ ॥ यरत्नपारमितास्वभियुक्ता बोधयि चित्तु म जातु विमुह्नत्॥ यपि च पापकस्यावरणीया
स्तेषु परिक्षयुशाउत्त्रूतेष॥ २० ॥कर्मतुक्लेशतु मारपथा लोकगतिषु विमुक्ति चरेयं॥ प
द्मयथासलिलेनञ्चलिप्त॥ सूर्यशशि गगने व असक्त॥ २१ ॥सर्वि अपायद्रुखो न्युशमन्ता सर्व
जगस्त्विविसुखापयमान॥ सर्वजगस्यहिताय चरेयं यावत् क्षत्रपथाद्दिसु तास्ष॥ २२ ॥सत्व

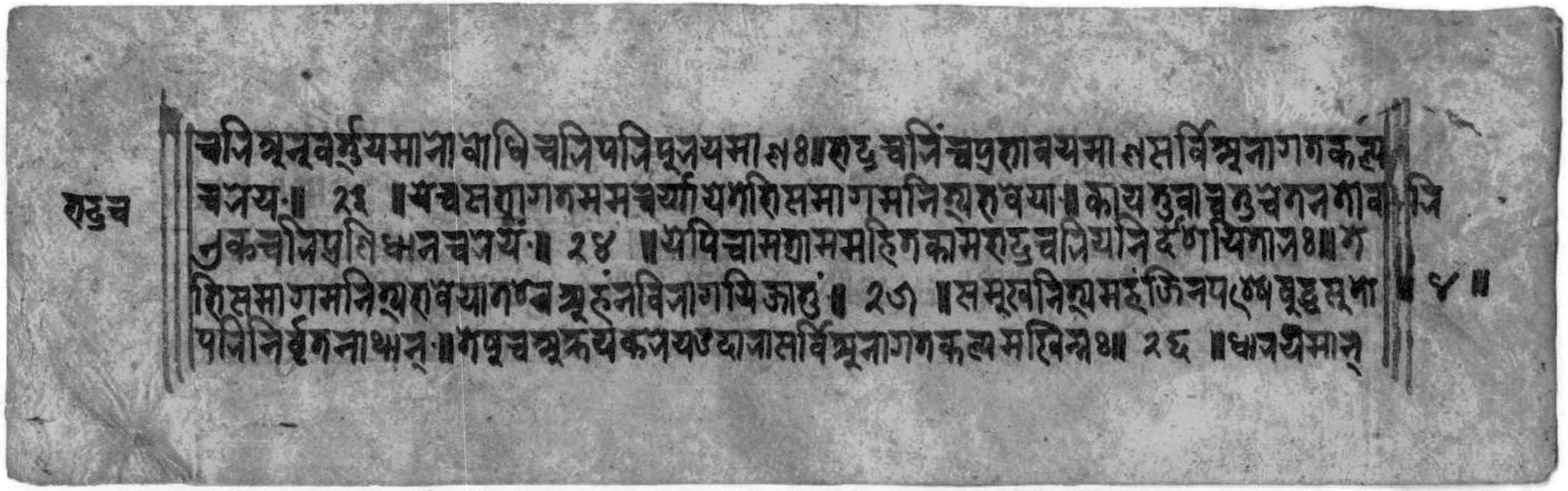

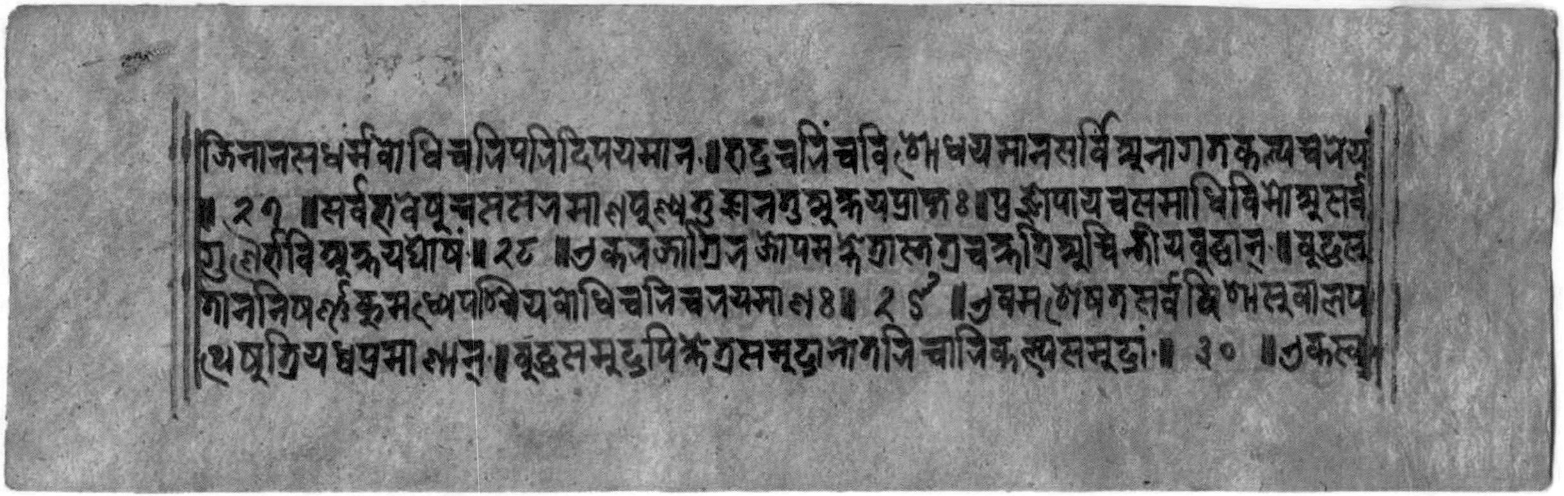

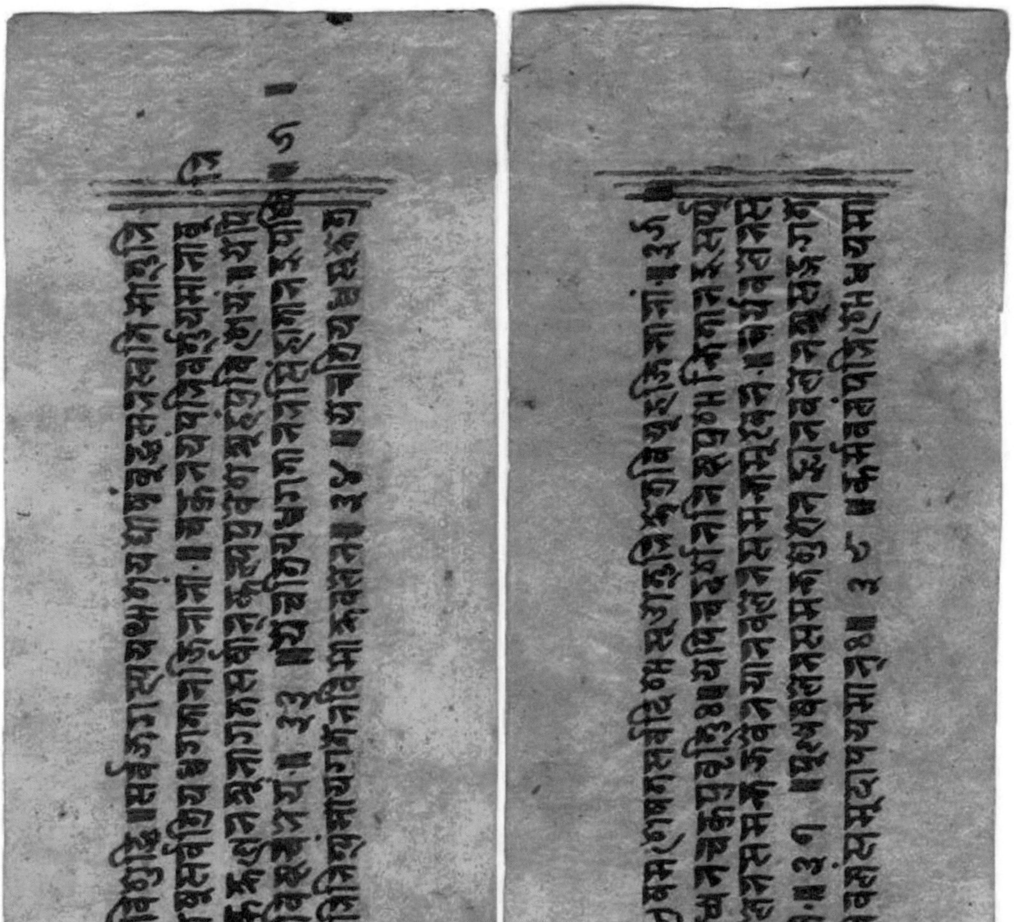

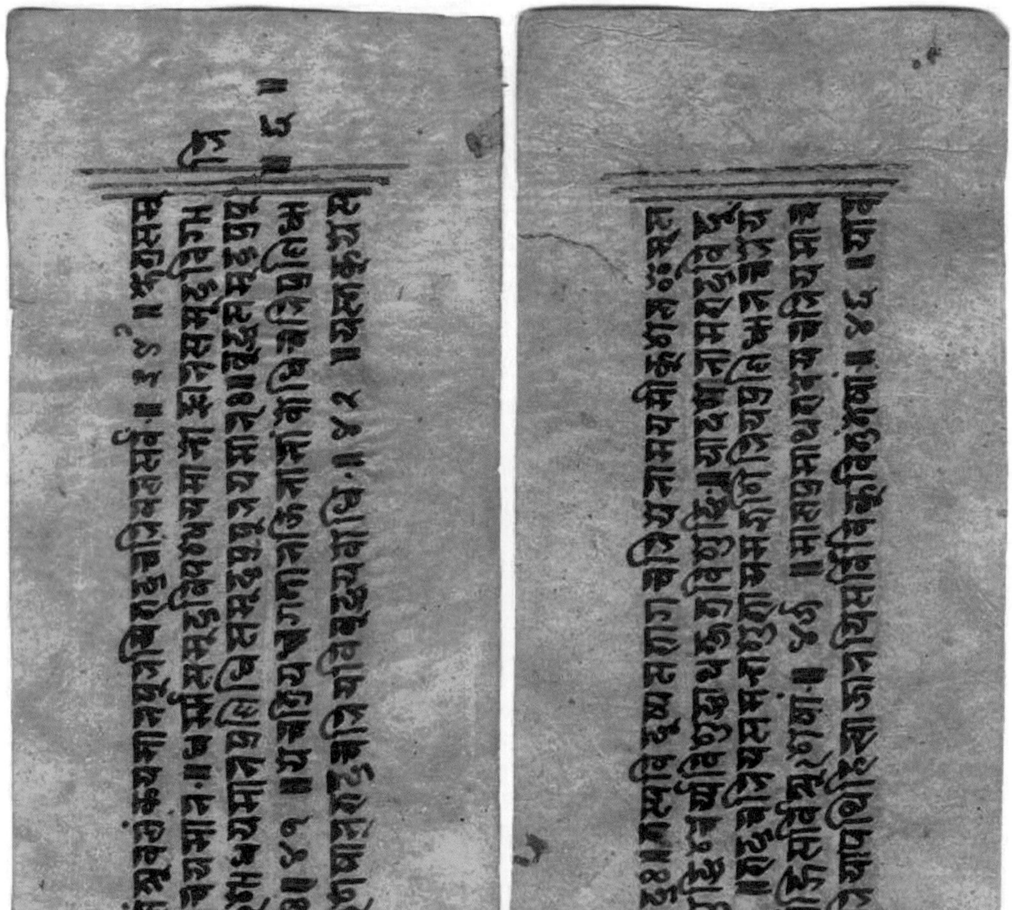

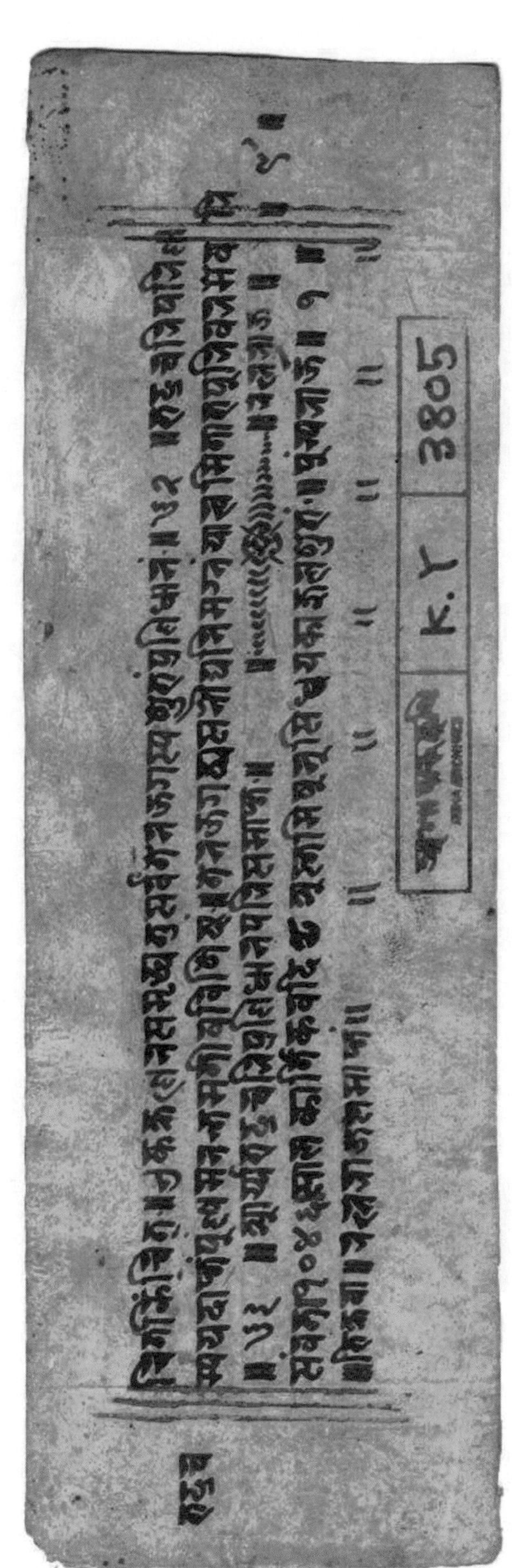
K.Y 3805

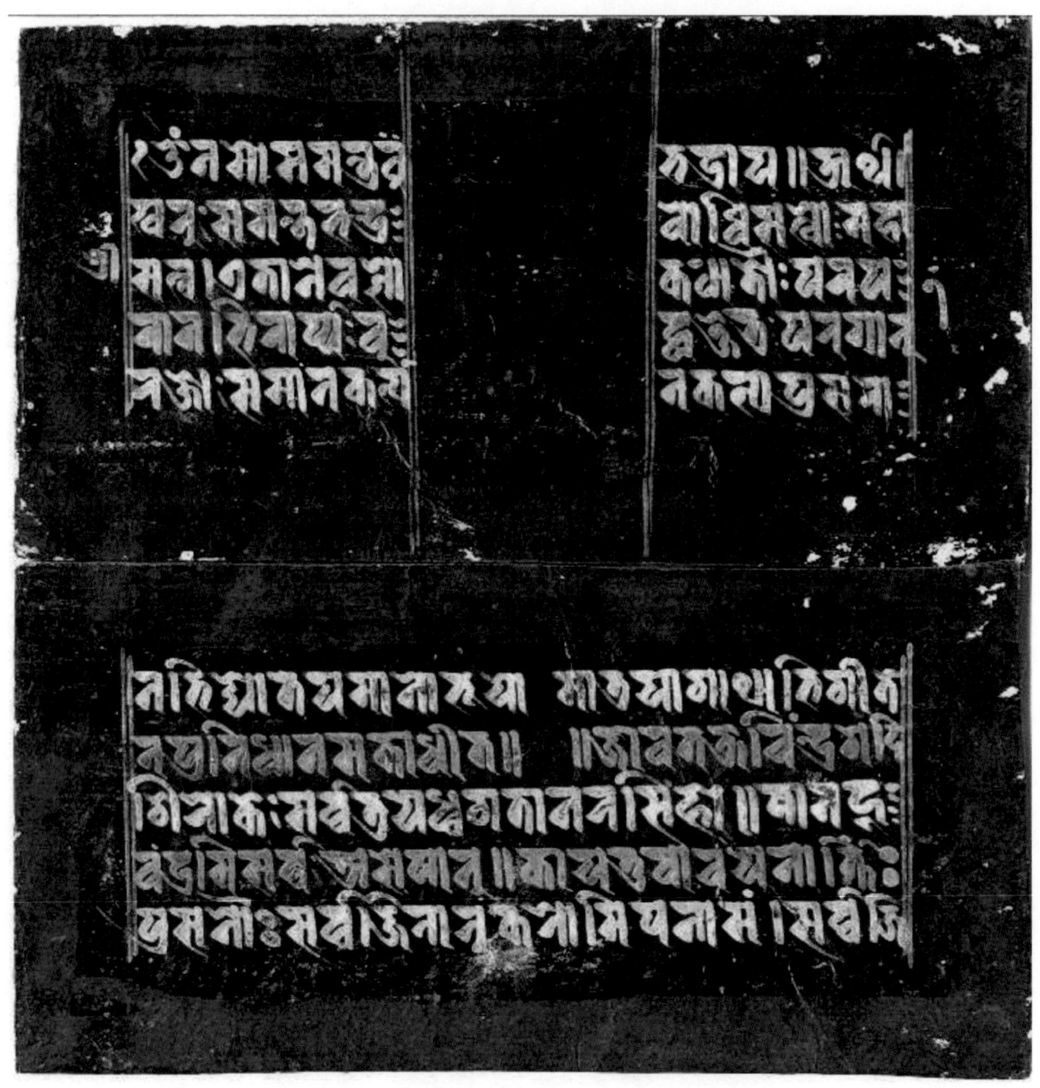

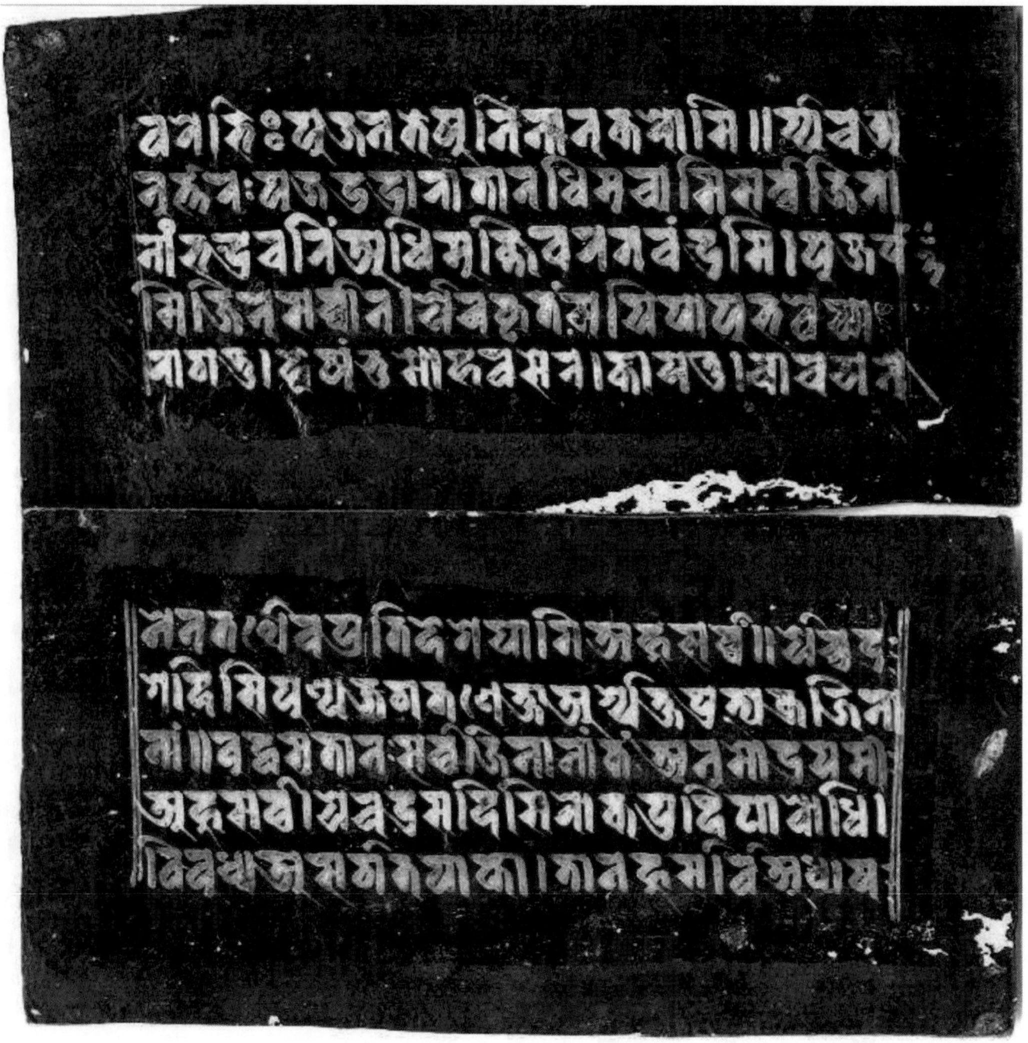

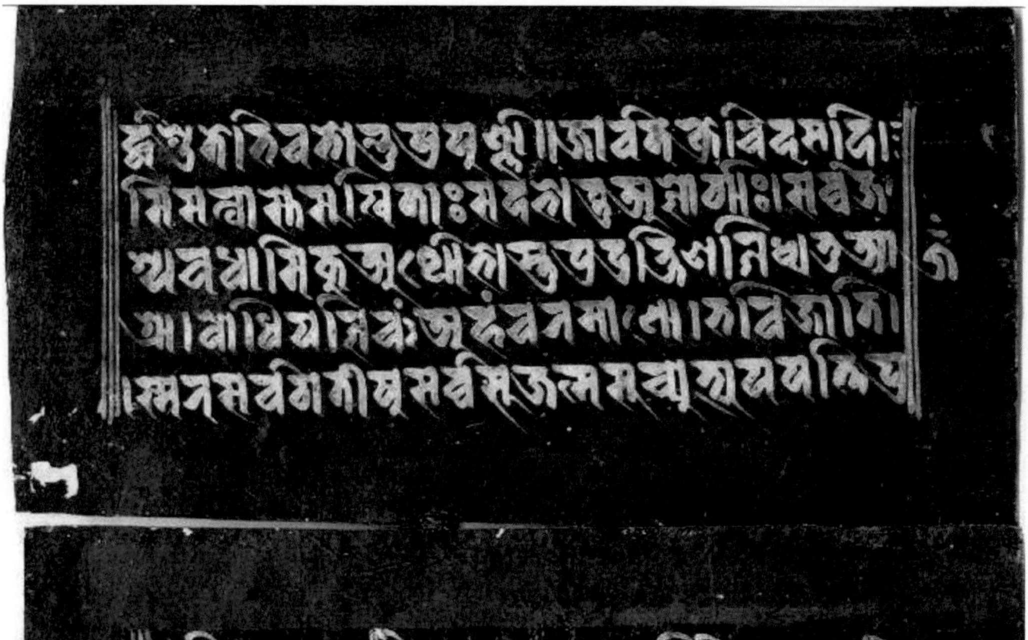

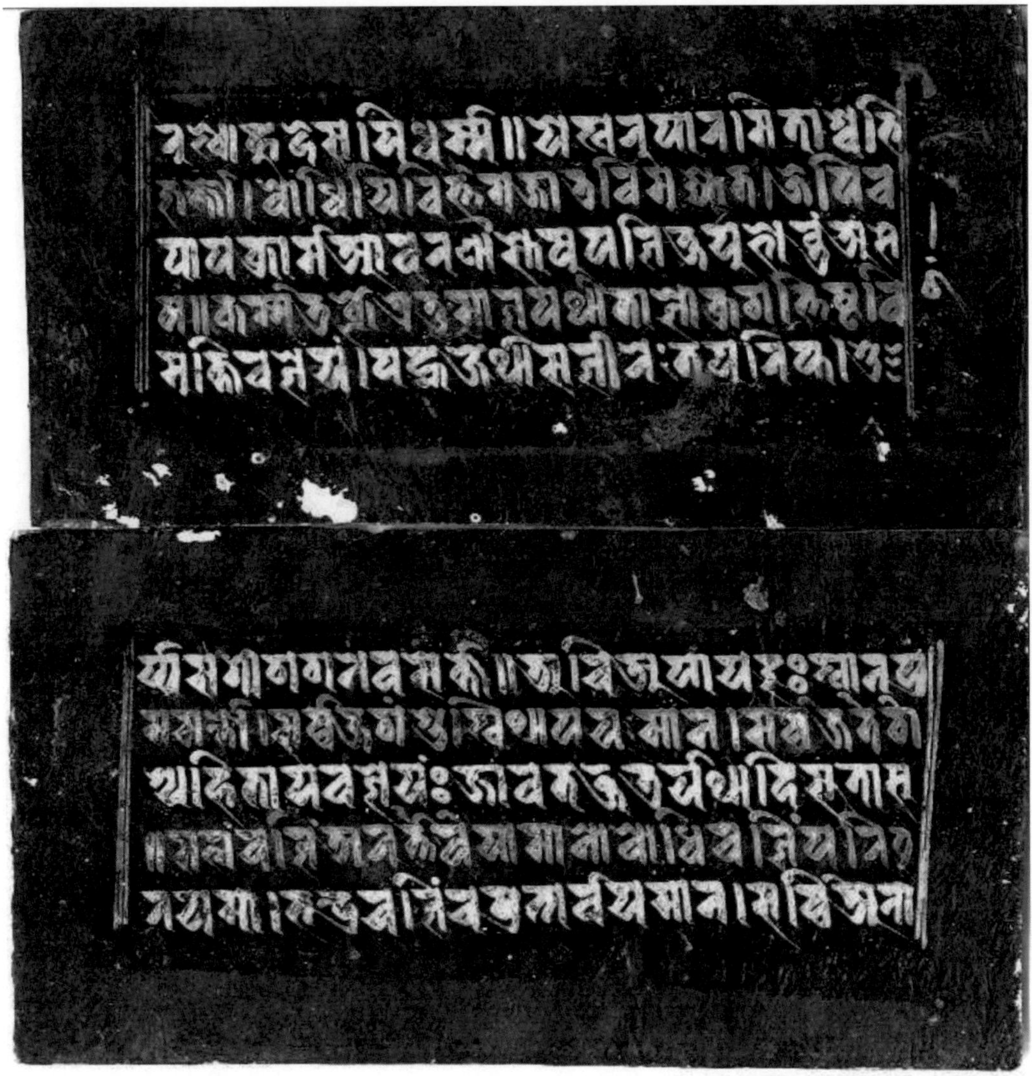

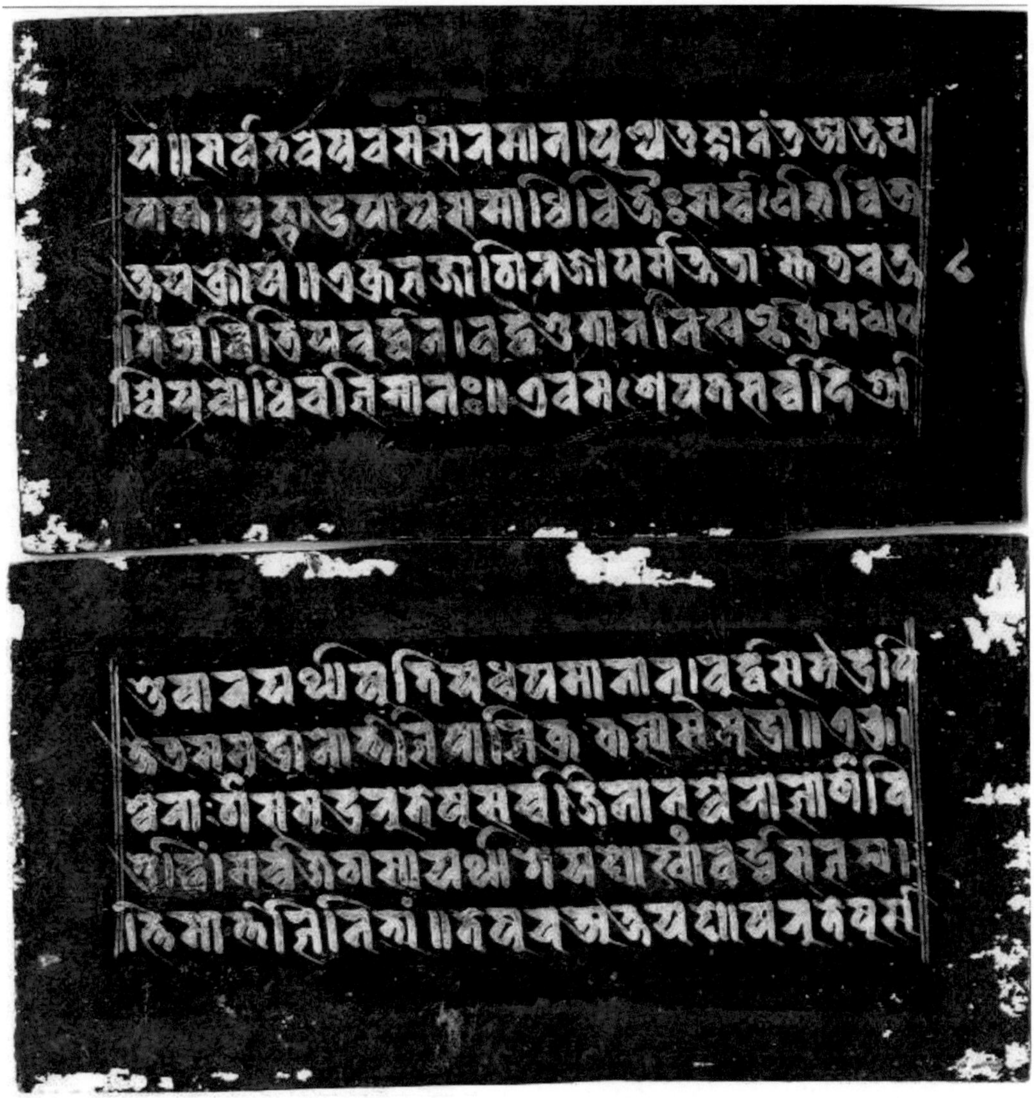

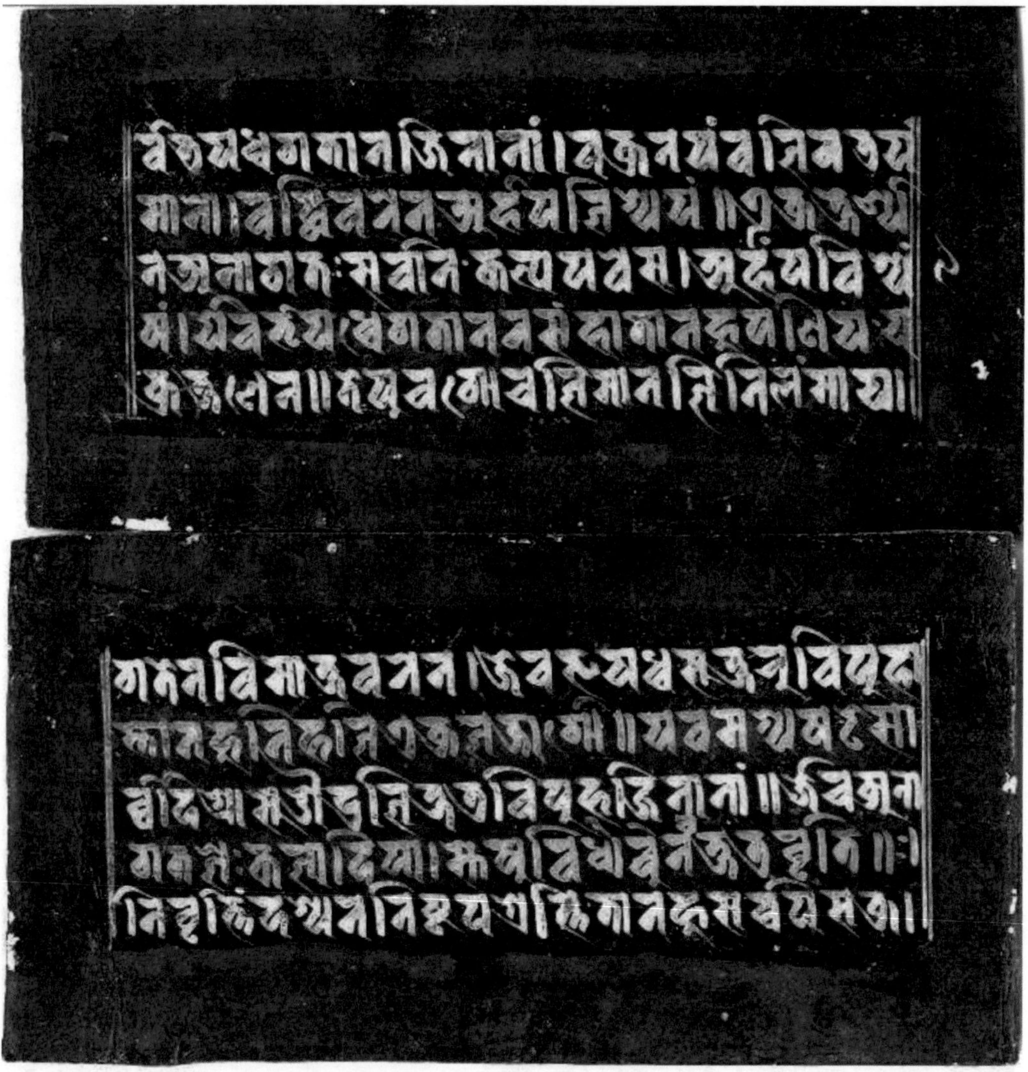

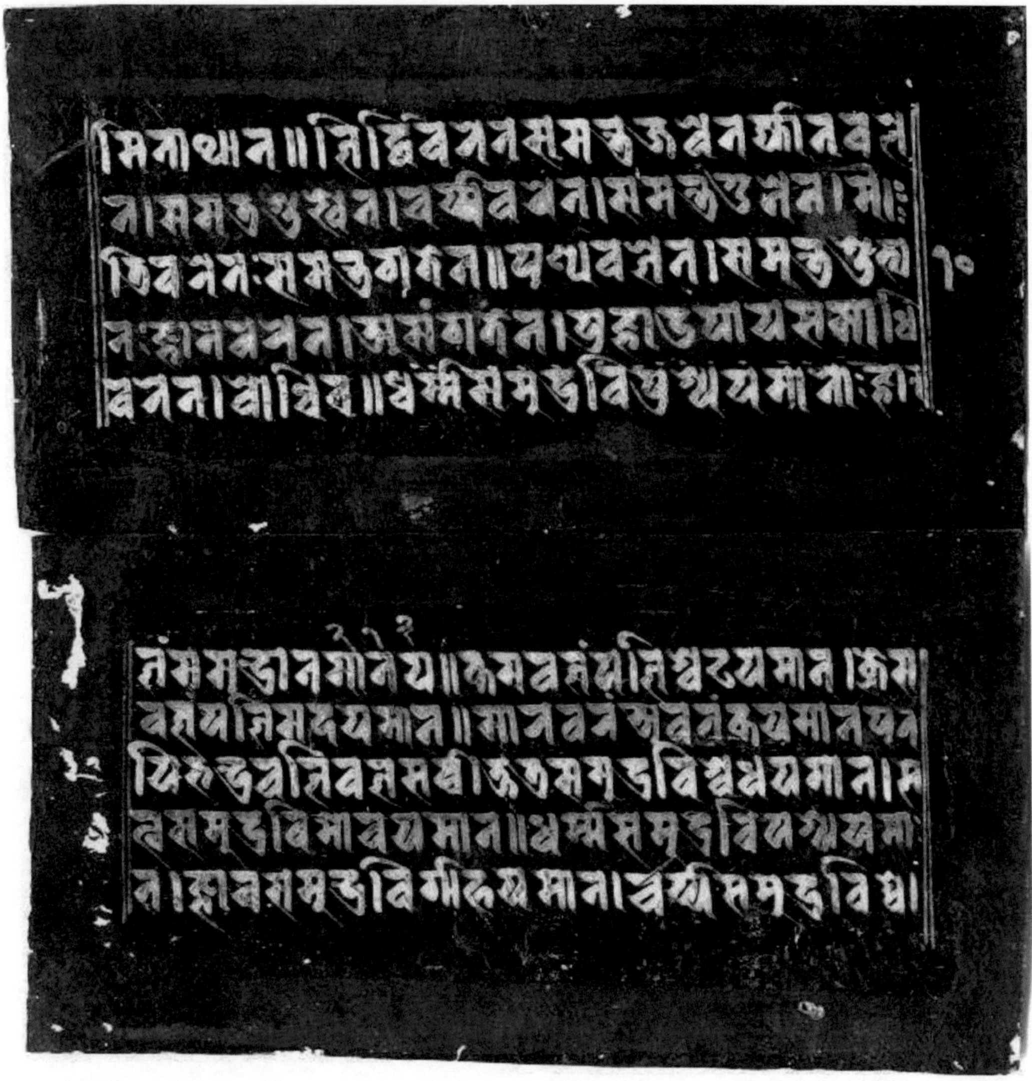

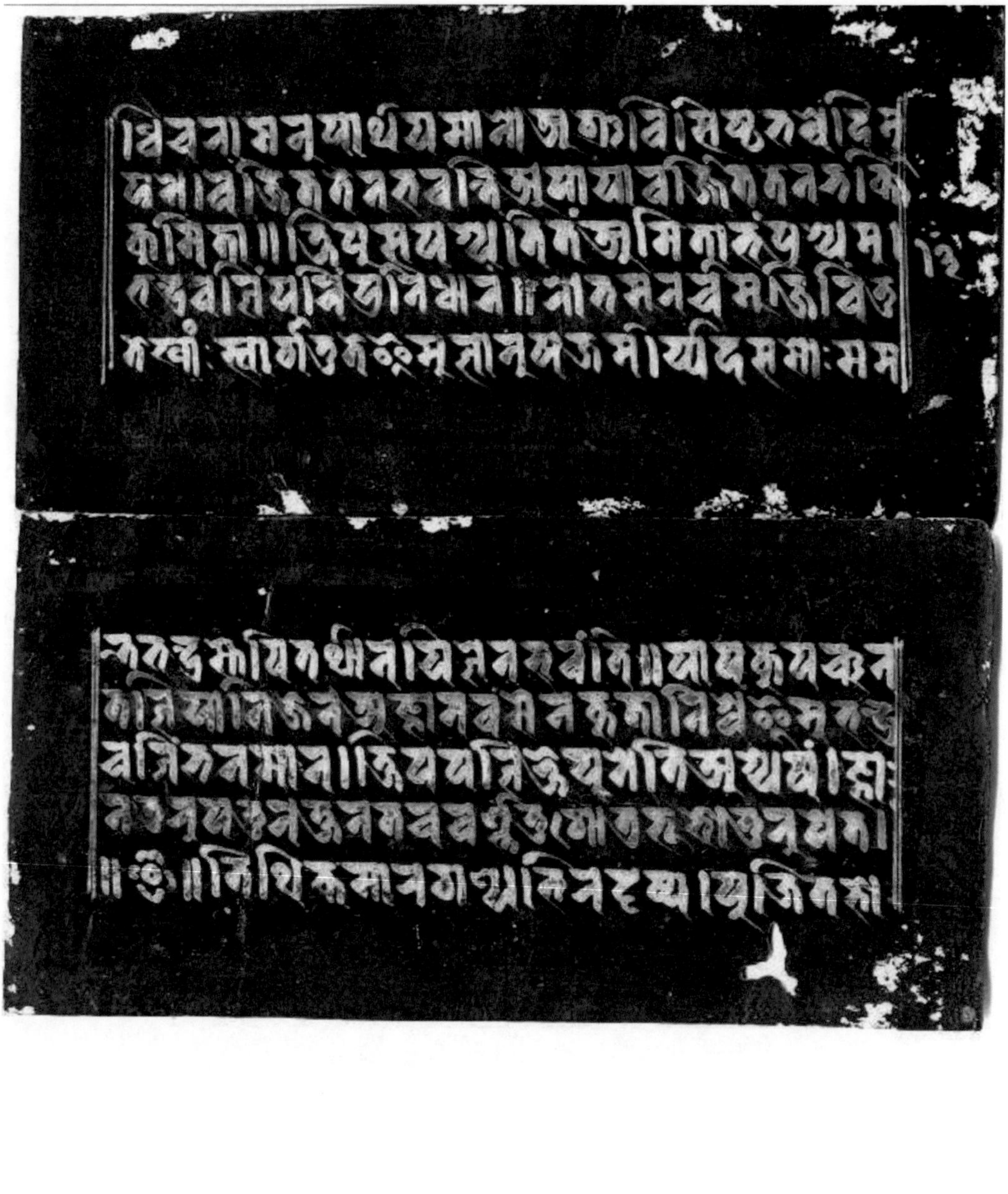

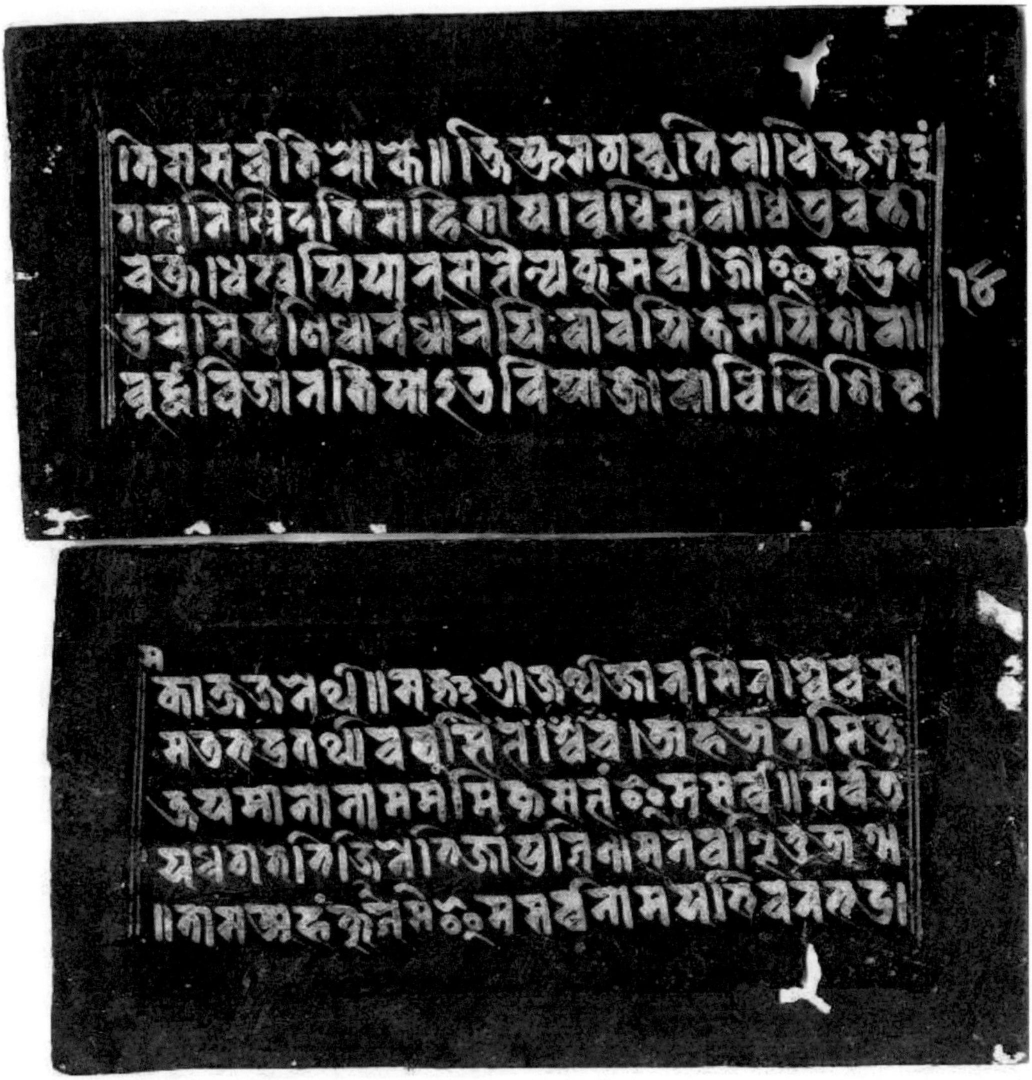

6571 *Bhadracarīpraṇidhānarājam*

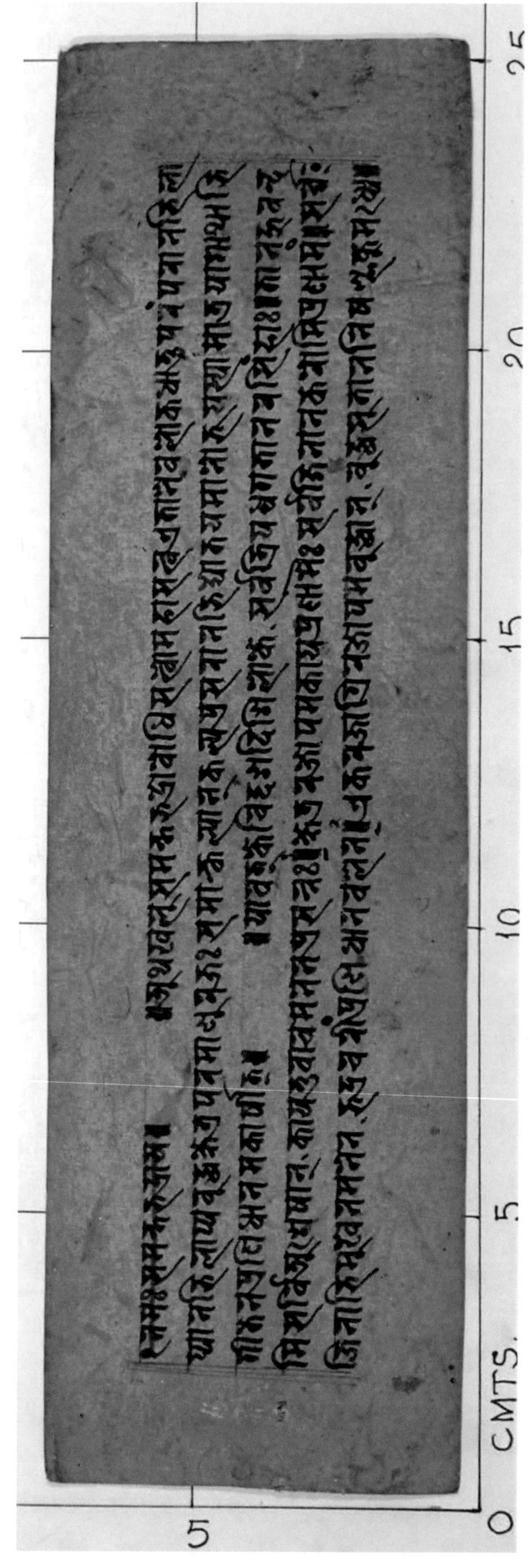

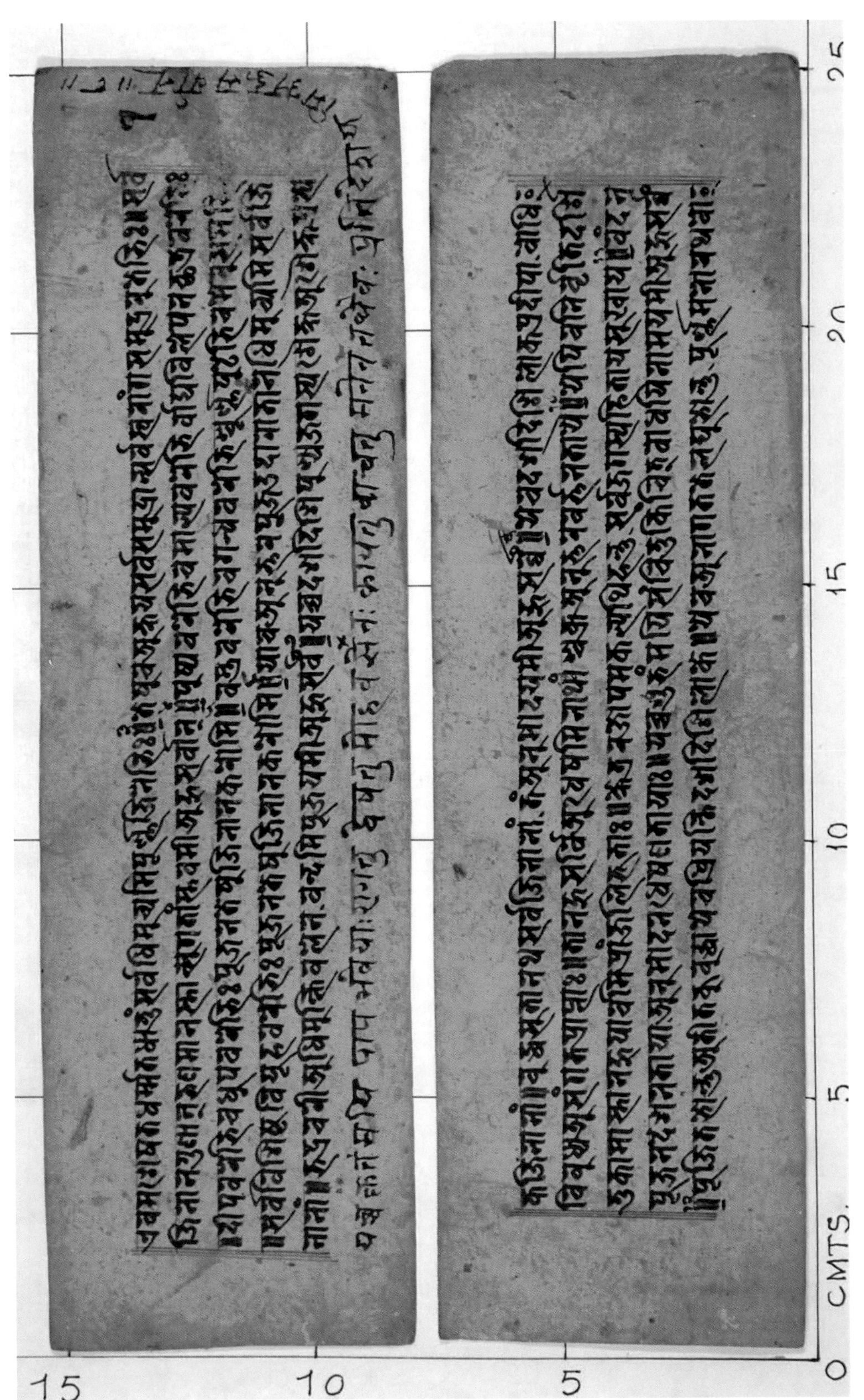

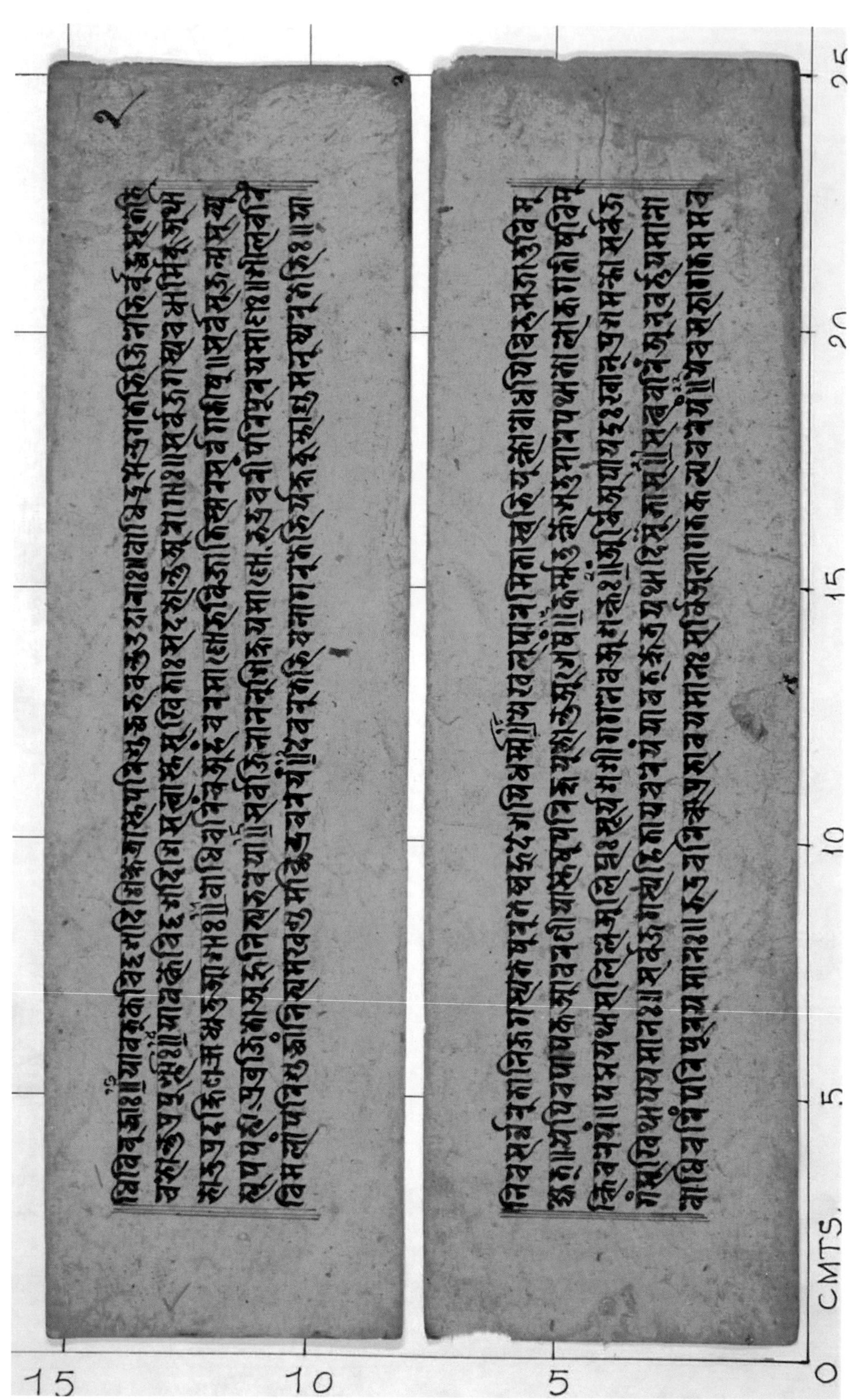

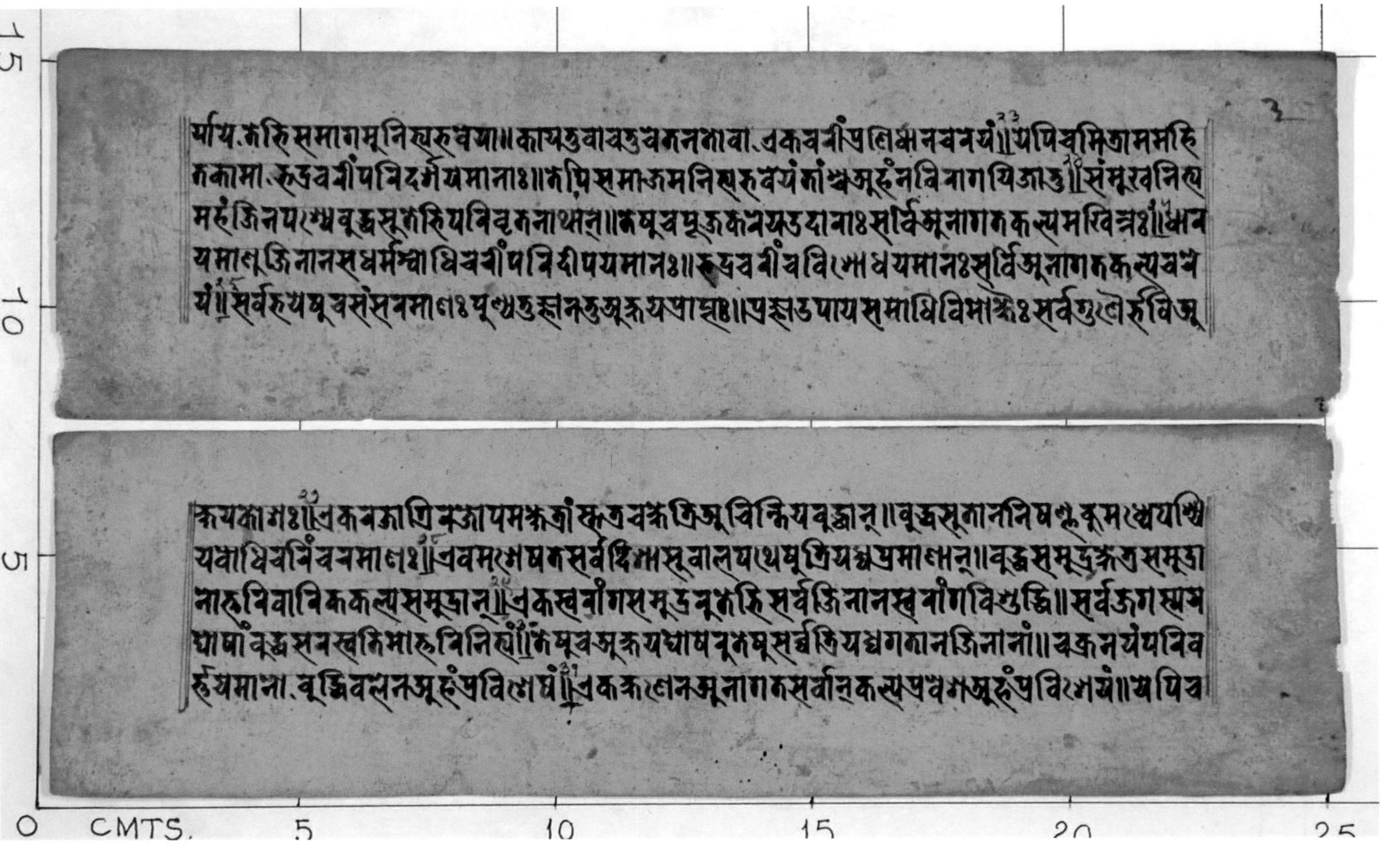

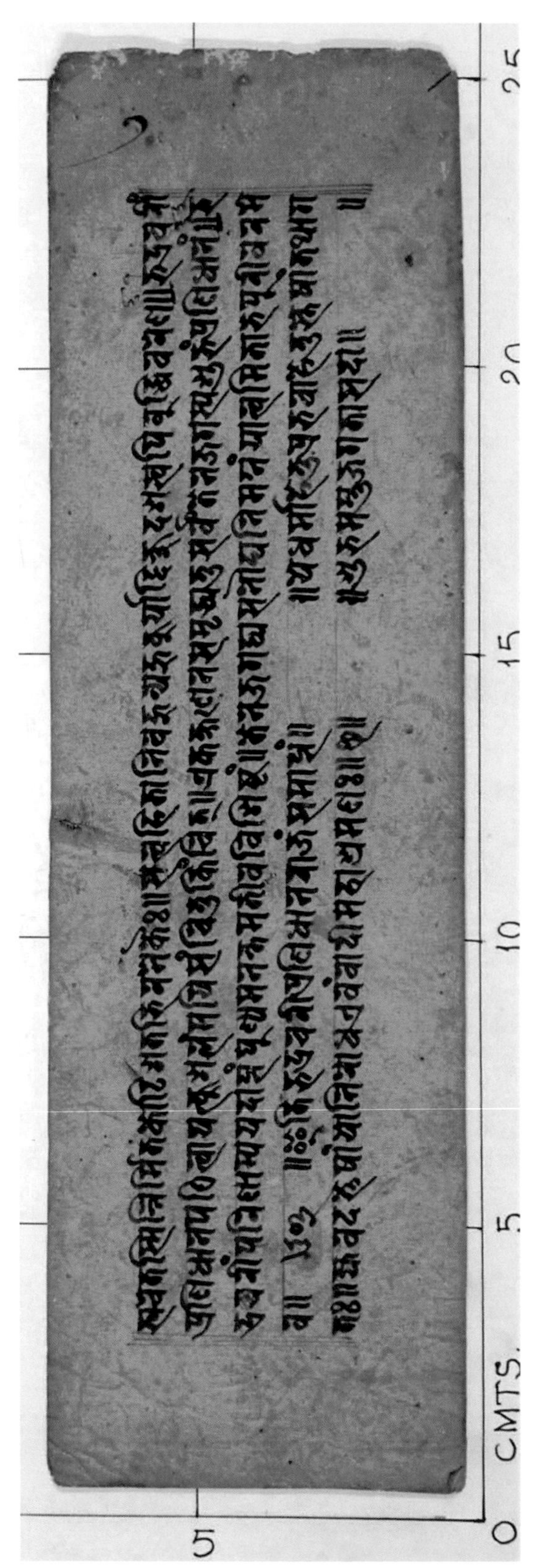

八事山仏教シリーズ 1
『普賢行願讃』のテキスト資料
Yagotosan Buddhist Series 1
Bhadracarīpraṇidhāna Text Vol. 1

価格　2,500円＋税

2022年12月10日　印　刷
2022年12月20日　発　行
編　者　周　夏

発行者　八事山仏教文化研究所
〒466-0825　名古屋市昭和区八事本町78
宗教法人興正寺
TEL: 052-832-2801／ FAX: 052-832-8383
発　売　株式会社あるむ
〒460-0012　名古屋市中区千代田 3 丁目1-12
TEL: 052-332-0861／ FAX: 052-332-0862

ISDN 978-4-86333-173-0 C3015